高职高专金融类专业规划教材

金融营销学

周　伟　主编
黑　岚　李静玉　副主编

電子工業出版社
Publishing House of Electronics Industry
北京·BEIJING

内 容 简 介

本书结合国内外金融营销创新发展的新形势和新特点，根据金融企业营销操作规程，具体介绍金融市场营销环境分析、金融营销中的客户行为分析、目标市场分析、金融产品策略、金融产品定价策略、金融产品促销策略、金融产品分销策略、金融服务营销策略、金融产品销售技术等知识，并通过实践教学，指导学员实训，强化应用技能培养。

本书具有知识系统、内容翔实、案例丰富、通俗易懂的特点，注重岗位技能与实践应用能力培养，并采取规范统一的格式化体例设计，因此既适用于高职高专金融管理专业的教学，也可作为银行、保险、金融企业从业人员的在职培训教材，对广大社会待业人员和创业者来说也是一本有益的自我学习、训练的指导手册。

图书在版编目(CIP)数据

金融营销学/周伟主编.--北京：电子工业出版社，2014.4
高职高专金融类专业规划教材
ISBN 978-7-121-22896-4

Ⅰ. ①金… Ⅱ. ①周… Ⅲ. ①金融市场－市场营销学－高等职业教育－教材 Ⅳ. ①F830.9

中国版本图书馆 CIP 数据核字(2014)第 066320 号

策划编辑：贺志洪
责任编辑：贺志洪
印　　刷：北京京师印务有限公司
装　　订：北京京师印务有限公司
出版发行：电子工业出版社
　　　　　北京市海淀区万寿路 173 信箱　邮编　100036
开　　本：787×1092　1/16　　印张：16.25　　字数：416 千字
版　　次：2014 年 4 月第 1 版
印　　次：2017 年 5 月第 2 次印刷
定　　价：36.00 元

凡所购买电子工业出版社图书有缺损问题，请向购买书店调换，若书店售缺，请与本社发行部联系，联系及邮购电话：(010)88254888。

质量投诉请发邮件至 zlts@phei.com.cn，盗版侵权举报请发邮件至 dbqq@phei.com.cn。

服务热线：(010)88258888。

序言

随着我国改革开放进程的加快和我国社会主义市场经济的快速推进，中国经济建设已经连续多年保持着持续高速增长的态势，金融对国家经济的贡献越来越大。金融是国家经济的命脉、也是现代经济的核心，金融服务于企业、惠及千家万户；金融保险在促进生产、开拓国际市场、拉动就业、支持外贸、赈灾救灾、推动经济发展、改善民生、构建和谐社会等方面发挥着极其重要的作用。

近年来，在经历了美国金融风暴、欧债加剧后，金融危机已席卷蔓延全球，而中国、印度、越南等国经济却始终保持着高速稳定发展，财富正在迅速向亚洲转移。海外资本已将目光转向亚洲、转向中国，大量国外资本和金融机构纷纷涌入我国金融市场。随着我国商业银行的整体上市，证券、保险业务的急速拓展，面对国内外金融市场激烈竞争的压力，不仅我国金融保险企业需要加快管理机制体制与运营模式的创新和整改，而且我国金融业和保险业也必须加速融入世界经济全球化发展的大潮之中。

为支持“中、小、微”型企业和文化创意企业发展，为适应中国经济国际化发展趋势，为配合国家经济体制和金融保险业的改革进程，国家出台了一系列关于“金融与保险”新的政策法规和管理制度及规定。金融业发展的新形势对金融服务企业人员提出了更高的从业要求，社会需求、市场呼唤有知识、会操作、能顶岗的实务型金融业务专业人才，本套书的出版有力地配合了高职教学创新和教材更新，也体现了高职办学育人注重职业性、实践性、应用性的特色，满足了社会需求，起到了为国家经济建设服务的作用。

本套系列教材作为高职高专教育金融管理专业的特色教材，包括商业银行和金融保险两部分，共计 16 本教材。每本教材遵循以科学发展观为统领，严格按照国家教育部关于“加强职业教育、突出实践技能与能力培养”的教育教学改革要求，依据高职高专的教学特点和培养目标，根据当前金融体制改革的新思路、新举措和发展趋势，结合国家正在启动的毕业生就业工程，针对市场对金融岗位用人的实际需求；组织多年从事金融保险课程教学的高职院校教师与具有丰富实战经验的金融行业企业专家共同编写。

由于本套教材紧密结合中国金融业的改革与发展、注重前瞻性，系统地对金融经营理念、组织结构、技术手段、服务功能、业务流程和市场监管及有效防范与化解风险等内容从理论到实践进行了阐述和分析，并以实例引导、图文并茂、通俗易懂、利于学生理解，因此本套教材既可作为高职高专学生金融、保险、工商管理、财税、经济管理等相关专业教学的首选教材，也可以作为金融保险企业从业人员在岗继续教育和参加各类专业资格证书考试的培训教材，对于广大社会读者也是非常有益的参考读物。

在教材编著中，我们参阅借鉴了大量国内外有关金融银行与保险方面的书刊资料和国家近年来新出台的关于“金融与保险”的政策法规及管理制度，并得到有关金融行业企业领导与专家教授的指导，在此一并致谢。希望全国各地区高职高专院校积极选用本套教材，并希望多提改进意见，以使教材不断得到完善与提高。

教材编委会

2014 年 2 月

前言

金融既是国家经济的命脉，也是现代经济可持续发展的重要支撑。金融服务惠及众多企业和千家万户，涉及各个经济领域。金融服务在促进生产，促进外贸，开拓国际市场，拉动就业，赈灾救灾，支持中小微企业发展，支持大学生创业，推动国家经济发展，改善民生，构建和谐社会等各个方面发挥着越来越重要的作用。因而，金融服务越来越受到我国各级金融行业主管部门和金融企业的高度重视。

国际金融业发展实践证明，金融业要发展，就要强化金融营销。金融市场营销经历了广告宣传、友好服务、金融创新、服务定位、分析计划和控制等阶段，逐渐形成了一整套完善的金融营销体系。当前，面对金融市场国际化的迅速发展与激烈竞争，对从事金融营销业务人员的素质要求越来越高，社会化金融服务和金融产业发展急需大量具有扎实理论知识与操作技能的复合型金融营销专门人才。

2008 年 5 月，北京市委、市政府出台《关于促进首都金融业发展的意见》，明确将把北京建设成为具有国际影响力的金融中心城市。首都金融业迎来一次飞速发展的重大契机。金融企业要想更好、更快地开拓国际市场，要想在金融市场竞争中取得优势，就必须改进金融服务，加强金融营销。

为了保障我国参与全球经济活动和国际化金融营销顺利进行，应当加强现代金融市场营销运作与管理从业者的应用技能培训，强化其专业综合素质培养，增强金融企业核心竞争力，加速推进金融产业化发展进程，提高我国国际金融营销管理水平，更好地为我国金融经济和金融教学实践服务，这既是金融企业可持续快速发展的重要战略选择，也是本书出版的真正目的和意义。

本书作为高职高专金融管理专业的特色教材，共分十一章，以学习者应用能力培养为主线，坚持以科学发展观为统领，严格按照国家教育部“加强职业技能培养”的教学改革要求，根据国际金融市场竞争新特点和金融营销的新发展，依照金融企业营销操作规程，具体介绍金融市场营销环境分析、金融营销中的客户行为分析、目标市场分析、金融产品策略、金融产品定价策略、金融产品促销策略、金融产品分销策略、金融服务营销策略、金融产品销售技术等知识，并通过实践教学，指导学员实训，强化应用技能培养。

本书融入了金融营销最新的实践教学理念，力求严谨，注重与时俱进，采用任务驱动、项目教学的教材编写模式，具有知识系统、内容翔实、案例丰富、通俗易懂的特点，注重岗位技能与实践应用能力培养等，并采取规范统一的格式化体例设计，因此既适用于高职高专金融管理专业的教学，也可作为银行、保险、金融企业从业人员的在职培训教材，对广大社会待业人员和创业者来说，也是一本有益的自我学习训练指导手册。

本书由李大军进行总体方案策划并具体组织，周伟主编并统改稿，黑岚、李静玉为副主编，由中国工商银行业务经理景玥审定。作者编写分工如下：牟惟仲编写序言，安芮编写第一章，丁虹编写第二章，王晓芳编写第三章，赵秀艳编写第四章，卜晓玲编写第五章，黑岚编写第六章，周伟编写第七章和第八章，李静玉编写第九章和第十章，杨向荣编写第十一章，曹敏编写附录；华燕萍负责文字修改和版式调整，李晓新制作课件。

在教材编著过程中，我们参阅了大量金融营销的最新书刊资料及国家颁布实施的相关金融政策法规和管理制度，并得到了金融行业协会和有关商业银行及保险业务经理的支持与指导，在此一并表示感谢。为了方便教师教学和学生学习，本书配有教学课件，读者可以从华信教育资源网（www.hxedu.com.cn）免费下载使用。因作者水平有限，书中难免存在疏漏和不足，恳请同行和读者批评指正。

编　者

2014年4月

目录

第一章

金融营销导论

学习目标

［知识目标］

通过本章的教学，使学生对市场营销和金融营销有一个概括的了解，能够正确理解和掌握金融营销的基本含义和特点，了解金融营销的演变历程。

［技能目标］

通过本章的教学，使学生具有金融营销重要性的认识能力，能够运用营销基本理念分析、评价一些金融营销的现实问题。

引言

营销是金融机构的一项重要经营管理活动，能否成功地运用营销策略开展营销对金融机构的经营至关重要。本章主要介绍金融营销的一些基本概念，回顾国内外金融营销的发展状况，并讨论金融营销的意义及如何发展我国的金融营销业。

第一节　金融营销的含义及特点

营销是商品经济发展的产物，到 20 世纪之后才开始出现。而金融营销的出现要比一般工商企业营销晚得多，也可以说，金融营销是企业营销在金融领域的应用。要了解金融营销的概念，先要了解什么是企业市场营销。

一、市场营销的含义

人们真正深入研究营销活动是在 20 世纪之后。1910 年，美国威斯康星大学的拉尔夫·斯达·巴特勒教授提出了“市场营销”一词，后来得到广泛应用，并逐步形成了市场营销学。目前，具有代表性的市场营销定义分为以下几类。

（一）美国市场营销协会的定义

美国市场营销协会（AMA）于 1960 年正式定义：“市场营销是引导物资与劳务从生产者流转到消费者或用户所进行的一切企业活动。”这是一个狭义的市场营销定义，它将“营销”混同于“销售”。

AMA 于 1985 年又提出："市场营销是对主意、货物与劳务等进行构想、定价、促销和分销的计划与实施的过程，由此产生满足个人和组织目标的交换。"这一定义大大拓展了市场营销的内涵，从流通领域扩大到了包括分析、计划与实施等管理活动。

2004 年 8 月，AMA 再次修订市场营销定义："市场营销既是一种组织职能，也是为了组织自身及利益相关者的利益而创造、传播、传递客户价值，管理客户关系的一系列过程。"这一定义围绕"客户价值"展开，强调了"管理客户关系"的重要性。

（二）菲利普·科特勒的定义

1967 年，美国营销大师菲利普·科特勒撰写了《营销管理》一书，至今已推出 13 版，译成 20 多种文字，并被 50 多个国家用做市场营销课程的教科书，堪称市场营销领域的经典读本。1983 年，他提出一个广义的市场营销定义："市场营销是致力于通过交换过程以满足人们需要与欲望的人类活动。"1994 年，他又定义"市场营销"是"个人和集体通过创造、提供出售并同他人交换产品和价值，以获得其所需所欲之物的一种社会和管理过程"。

（三）其他学者的定义

1910 年，威斯康星大学教授拉尔夫·斯达·巴特勒教授提出"把关于产品的分配、管理的科学定义为市场营销"。

1960 年，麦肯锡定义市场营销为："企业经营活动的职责，它将产品及劳务从生产者直接引向消费者或使用者，以便满足顾客需求及实现公司利润。"这一定义偏重于微观层面。欧洲的格隆罗斯于 1990 年提出："营销是在一种利益之下，通过相互交换和承诺，建立、维持、巩固与消费者及其他参与者的关系，以实现各方的目的。"这一定义偏重于市场营销活动中参与各方的关系。

从以上各种定义我们可以看出，市场营销的概念经历了生产观念、产品观念、推销观念、市场营销观念、顾客观念和社会市场营销观念等几个阶段。现代市场营销具有十分丰富的内容，并以客户需求作为营销管理的核心。

通过图 1-1，我们可以简要了解市场营销的基本活动过程。

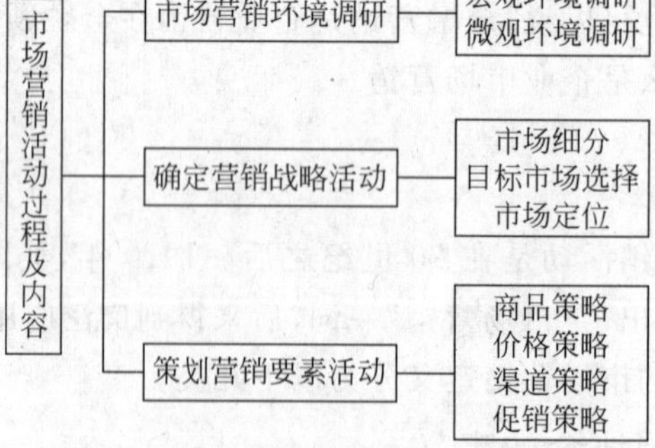

图 1-1　市场营销活动示意图

二、金融营销的含义

（一）金融营销的概念

金融营销是企业市场营销在金融领域的发展，最早是在银行界得到应用。1958 年，全美银行协会会议上最早提出了“银行营销”的概念，但直到 20 世纪 70 年代，人们才真正地意识到营销在金融机构中的重要作用，开始了以金融营销为中心的经营管理。

1972 年 8 月，英国的《银行家杂志》把金融营销定义为：“把可赢利的银行服务引向经过选择的客户的一种管理活动。”这里所说的“银行服务”，意指所有金融机构提供的服务，也就是金融服务的意思。

20 世纪 90 年代以后，中国一些学者也讨论了金融营销的概念。

龚维新认为：“金融企业营销是以金融市场为导向，通过运用整体营销手段，以金融产品和服务来满足客户的需要和欲望，从而实现金融企业的利益目标。”

陶婷芳等认为：“金融营销是指金融机构以分析金融市场客户需求的具体内容与细节特征为出发点，以其特定的金融营销机制为基本运作框架，用适应社会金融需求的金融产品或服务去占领金融市场，巩固和发展金融业务并实现其自身金融经营目标的动态管理过程。”

万后芬根据市场营销的定义，将金融营销定义为：“金融营销是指金融机构通过交换，创造和出售他人所需所欲的金融产品和价值，建立、维持和发展与各个方面的关系，以实现各方利益的一种社会和管理过程。”

王方华等依据营销大师菲利普·科特勒对市场营销的阐述，认为：“金融营销是指金融机构以市场需求为核心，各金融机构采取整体营销的行为，通过交换、创造和销售满足人们需求的金融产品和服务价值，建立、维护和发展与各方面的关系，以实现各自利益的一种经营活动。”

楼文龙认为：“金融营销是指金融企业设计营销策略，以赢得客户，获得合理利润，以顾客为导向的经营哲学和管理活动。”

以上定义各有侧重，综合之后，可以这样认为：金融营销是金融机构对金融产品的营销活动，指金融机构以市场需求为基础，以客户为核心，利用自己的资源优势，通过创造、提供与交换金融产品和服务，满足客户的需求，实现金融机构的赢利目标的一系列社会与管理活动。

小贴士

金融在国民经济，甚至在全球范围内的作用越来越重要。2008 年美国的次贷危机导致的金融危机席卷全球，使无数人的生活发生了翻天覆地的变化。全球经济一体化再一次得到体现，金融风险的警钟再一次响起，振聋发聩，金融的重要性也再一次得到体现。邓小平指出：“金融很重要，是现代经济的核心。金融搞好了，一着棋活，全盘皆活。”这一经典性的评价深刻地揭示了金融在现代经济中的地位和作用。金融适应经济的发展而产生，为经济服务，又反作用于经济，对经济的成长和运行发挥着举足轻重的影响。

（二）对于金融营销概念的理解

正确把握金融营销概念，需要注意以下几点。

1. 金融营销不等同于推销金融产品

我们不能简单地将金融营销等同于推销金融产品以获得赢利。因为这种观点是十分狭隘的，它以金融机构本身为出发点，强调金融机构的销售就是为了赚钱。而现代金融营销要求金融机构重视市场，以市场运作机制及规律为基础，灵活运用各种资源与多种手段，建立并维护与市场各方的关系。

2. 金融营销要以客户为中心

客户的需求是金融机构开展营销活动的出发点。金融机构的客户包括现实与潜在的客户，从业务规模上又分为两大类：一类是公司客户，如国内与国外的工商企事业单位、金融机构及政府部门；另一类是零售客户，主要是个人消费者或投资者。不同的客户面临不同的问题，也有着不同的金融需求，金融机构必须从客户的角度出发，认真分析、研究他们的需求，制定出与市场相符的营销战略，提供客户满意的服务。

3. 金融营销具有综合性

金融营销是一项复杂的工作，它包括了与金融市场及金融产品提供与销售相关的各项活动，如金融营销环境分析、市场研究、市场预测与市场细分，也包括产品开发、价格制定、销售渠道拓展和促销等，还覆盖了售后服务、组织管理等各项工作，是一项综合性的管理活动。

三、金融营销的构成要素

金融营销是金融机构以满足消费者需求为中心的活动，具有以下基本构成要素。

（一）金融营销的主体

金融营销不同于其他的企业营销，它以客户为中心，由金融机构开展（关于客户这一主体的详细分析，我们放在第三章中，在此仅讨论金融机构）。金融机构是从事金融业务的机构，它是一国金融体系中最重要的组成部分。随着现代经济的发展，金融机构的类型日益丰富。一般地，可以把金融机构分为存款型金融机构、契约型储蓄机构和投资型金融机构三大类。

1. 存款型金融机构

存款型金融机构是从个人和机构接受存款并发放贷款的金融机构，它能够创造派生存款，影响货币供应，因此在一国的金融系统中占有重要地位。这类机构又包括：

（1）商业银行，主要通过吸收支票存款、储蓄存款和定期存款等来筹集资金，用于发放工商业贷款、消费者贷款和抵押贷款或购买政府债券，提供广泛的金融服务。无论在哪个国家，商业银行拥有的总资产规模最大，提供的金融服务也最全面。

（2）储蓄银行，是专门办理居民储蓄并以吸收储蓄存款作为主要资金来源的银行。储蓄银行在西方不少国家是独立的金融机构，它们名称各异，如储蓄贷款协会、互助储蓄银行、国民储蓄银行、信托储蓄银行和信贷协会等。

（3）信用社，是一种互助合作性质的金融组织，其资金主要来源于合作社成员缴纳的股本和吸收的存款，资金运用主要是对会员提供短期贷款、消费信贷和票据贴现，还有一部分用于证券投资。

2. 契约型储蓄机构

契约型储蓄机构以合约方式定期、定量地从持约人手中收取资金，然后按合约规定向持约人提供服务或养老金。它又包括保险公司和养老基金。

(1) 保险公司，是专门经营保险业务的机构，主要分人寿保险公司以及财产和意外灾害保险公司。其资金来源主要是保费收入，资金运用主要有理赔和投资等。人寿保险公司主要以人的生命、身体健康等进行保险，其保险赔偿额可以准确地加以预期；而财产和意外灾害保险公司主要是对火灾、盗窃、车祸和自然灾害等各种事件造成的财产损失进行保险。

(2) 养老基金，一种向参加者以年金的形式提供退休收入的金融机构，其资金主要来自：

① 劳资双方的资金积聚，即雇主的缴款以及雇员工资中的扣除或雇员的自愿缴纳。

② 运营积聚资金所获得的收益。

3. 投资型金融机构

投资型金融机构主要以金融市场上的投资活动作为主要业务，包括：

(1) 投资银行，是最重要的投资型中介机构，主要从事一级市场的证券承销业务与二级市场的证券经纪和自营业务，同时开展资产证券化、私募、风险投资和并购等资本市场运作。

(2) 共同基金，又称投资基金，是一种间接的金融投资机构或工具。它们通过发行股票或者权证募集社会闲散资金，再以适度分散的组合方式投资于各种金融资产，以获取收益。投资基金可以发挥投资组合、分散风险、专家理财和规模经济等优势。

(3) 货币市场共同基金，投资对象仅限于安全性高、流动性强的货币市场金融工具的共同基金。

(4) 金融公司，通过出售商业票据、发行股票或债券以及向商业银行借款等方式来筹集资金，用于向购买汽车、家具等大型耐用消费品的消费者或小型企业发放贷款。

(5) 财务公司，是由企业集团内部集资组建的，主要是为企业集团内部各企业筹资和融资，促进其技术改造和技术进步。如华能集团财务公司、中国化工进出口财务公司、中国有色金属工业总公司财务公司等，其主要业务有：存款、贷款、结算、票据贴现、融资性租赁、投资、委托以及代理发行有价证券等。

(6) 信托公司，作为受托人，按委托人的意愿，以自己的名义，为了受益人的利益或者特定目的管理或处分信托财产，主要开展资金信托、动产信托和不动产信托等业务。

(7) 金融租赁公司，为解决企业设备添置过程中的资金不足而开展融资租赁业务的金融机构。金融租赁公司的主要业务有：动产与不动产的租赁、转租赁、回租租赁业务；租赁标的物的购买业务；出租物和抵偿租金产品的处理；向金融机构借款及其他融资。

不同金融机构的主要资产和负债如表 1-1 所示。

表 1-1　不同金融机构的主要资产和负债

金融机构的类型	主要负债(资金来源)	主要资产(资金运用)
商业银行	存款	工商信贷和消费者信贷、抵押贷款、政府证券
信用合作社	存款	消费者信贷
人寿保险公司	保费	公司债券和抵押贷款
财产保险公司	保费	政府证券、公司债券和股票
投资银行	股份	证券承销、经纪和自营业务
共同基金	股份	股票和债券
信托公司	受托资产	证券投资

(二) 金融营销的客体

金融营销的客体不同于一般的企业产品,而是金融产品与金融服务。

狭义的金融产品是由各家金融机构创造的在金融市场上进行交易的各种金融工具,广义的金融产品包括狭义的金融工具及各种无形的金融服务。金融产品是金融企业针对不同客户的不同金融需求提供的,是交易者在金融市场上实现货币资金转让的证明,反映了特定的筹资需要和筹资特点,也体现了一定的金融理念。

20 世纪 70 年代以来,国际金融创新不断推进,各种新型金融产品层出不穷。总体上讲,金融产品可以分为两大类:

一是基础金融产品,包括货币、黄金、外汇、票据、股票与债券等有价证券、存款与贷款、信用卡、信托和租赁等。

二是在基础金融产品之上派生出来的衍生金融产品,包括期货、期权、互换、远期和权证等,它们的交易必须依赖于基础金融工具。

金融产品作为金融市场的客体,一般具有四个基本特征,即偿还性、收益性、流动性和风险性。

1. 偿还性

金融活动体现的是一种信用关系,而信用最基本的特性是到期必须偿还。金融产品根据其性质不同有不同的偿还性。

一般来说,债务性金融工具(如票据、存单、债券)的债务人必须按预定期限偿还本金和利息,债权人有到期收回本金和利息的权利。所有权产品(如股票)或永久性债券一般不用归还本金,因此其偿还期是无穷大。对于银行活期存款,由于存款人可随时支取,因此其偿还期为零。

2. 收益性

收益性是指金融产品能给持有者带来一定收益的能力,收益由资本利得和资本增益两部分组成,前者是持有金融资产期间获得的利息、股息和红利等投资收益,后者为金融产品的取得价格与卖出价格(或赎回价格)之差。金融产品收益上存在的差异主要决定于产品性质(债券、股权)、收益计算方式、发行人情况、产品期限以及金融市场状况等因素。

收益一般以收益率来表示,即收益对本金的比率,根据计算方式不同又包括名义收益率、即期收益率、持有期收益率与到期收益率等。

3. 流动性

流动性是指金融产品可以在市场上随时变现且在价值上免遭损失的能力。

金融产品通常可以通过两种途径实现变现，即市场转让和赎回（包括到期赎回和未到期提前赎回）。金融产品在流动性方面的差异非常大，有的产品是现金的替代品，例如支票存款；有的产品具有很好的市场性，可以随时卖出；有些产品没有交易市场，但是可以要求发行者赎回；还有一些金融产品既没有公开的市场，也不可以赎回，持有者必须通过协议转让方式完成其流动。

金融产品的流动性取决于以下几个方面的因素：

① 二级市场的深度和广度。二级市场越发达，流动性越强。

② 偿还期，流动性与偿还期成反比，即偿还期长的金融产品，流动性差。

③ 金融产品发行者的信用等级。信用等级越高，流动性越强。

4. 风险性

风险性是指金融产品的本金和预期收益发生变动而给投资者带来损失的可能性。比如，证券价格下跌可能导致投资者投入的资金发生亏损。金融产品的风险最重要的是信用风险和市场风险。信用风险是指对手或相关人员不履行合约、不按期归还本金和利息的风险，与债务人的资信等级及经营状况有关。市场风险是指由于市场利率、汇率、物价水平和有价证券行情等市场变量发生变化而引发金融产品价格波动导致价值改变的可能性。

偿还性、收益性、流动性和风险性之间存在一定的矛盾。一般地说，流动性同风险性和收益性之间存在反向关系：流动性强的金融工具，风险性与收益性较低；而流动性差的产品具有较高的风险性与收益性。

由于不同客户对金融产品性质的要求存在很大差异，作为金融产品的提供者，金融机构总要想方设法不断地开发出不同流动性、收益性与风险性组合的产品，满足不同金融客户的需求。

（三）金融营销的基本过程

金融营销管理是一项复杂的工作，它包括了与金融市场及金融产品销售相关的各项活动，一般分为分析、计划、执行和评估与控制四个阶段。

（1）分析阶段是最基础的阶段，金融机构要通过对金融市场的调查研究，了解市场对金融产品、服务的需求及客户、竞争者的动向，为制订营销计划与战略提供依据。

（2）计划阶段是金融机构在分析的基础之上，根据自身条件，确立合适的营销目标，选择有利的目标市场，制定组合策略。

（3）执行阶段是按照既定的营销目标与策略进行具体的营销活动过程，也是实现预期目标的关键所在。在执行过程中，需要金融机构的营销部门与其他各部门之间密切配合，以提高营销活动的整体性与协调性。

（4）为了提高营销工作的效果，在制定营销计划时还应该设定衡量计划执行状况的标准，以便对执行过程进行合理的控制，及时发现问题，并采取有效措施对计划进行调整，使营销活动更加符合实际。同时，控制的结果可作为制订新营销计划的依据。

金融营销是由以上四个阶段组成的一个综合的、连续的过程，如图 1-2 所示。

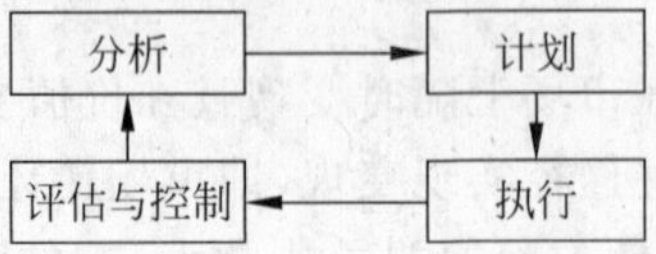

图 1-2　金融营销的基本过程

（四）金融营销系统

为实现金融营销目标所必需的各种经营要素组成的体系称为金融营销系统。一般来说，金融营销系统由金融营销环境与市场分析系统、金融营销战略与计划系统、金融营销组合系统、金融营销组织与控制系统四部分构成。

1. 金融营销环境与市场分析系统

金融营销是在一定的环境条件下开展的，不仅受到各种微观因素（即与金融营销有关的各个经济主体）的影响，也受到各种宏观因素（如经济发展状况、政府的政策改变）的制约。一般来说，与金融营销直接有关的经济主体包括金融机构本身、客户（包括现实客户与潜在客户）、竞争者以及提供设备、技术与服务的机构、政府、金融主管部门（如中央银行与货币监管当局等）等。它们的活动都会对金融营销产生一定影响。制约金融营销的宏观因素包括人口、经济、政治、技术、资源和法律等。金融机构必须对各种信息进行收集、整理、分析和判断。

2. 金融营销战略与计划系统

金融机构在营销环境分析的基础之上，可以结合自身实际情况制订营销战略与计划。当然，金融机构的营销战略形式是多种多样的，包括市场领导者战略、市场竞争者战略、防御型战略、市场进攻型战略、市场追随者战略、市场缝隙战略和市场渗透者战略等，不同的战略适用于不同金融产品与金融市场。

在营销战略指导下，金融机构可以制订营销计划，对资源的输入与输出进行具体配置，并规定时间进度与各方具体职责，以减少营销活动的盲目性，提高金融营销的效率。

3. 金融营销组合系统

这是指金融机构为了实现营销目标所选择的一系列营销方式和手段的组合。20 世纪 80 年代以来，市场营销理论发展迅速，出现了许多新的营销策略和思想，并被迅速地应用到金融机构的营销工作中，大大提高了金融营销的效果。

4. 金融营销组织与控制系统

为了实现特定的营销战略目标，更好地发挥营销功能，金融机构需要设置不同的营销岗位，确定相关人员的权责利，并对他们之间的关系进行一定的协调与控制，合理、迅速地传递信息；对营销计划的执行情况进行评估与反馈，并随时调整营销计划。当然，在整个营销活动中，金融机构要强调以人为本的金融企业文化，人在金融营销系统中是不可或缺的。

四、金融营销的特点

金融机构是特殊的企业，它以金融产品与银行信用作为经营对象，不同于一般的工商企业，其营销活动具有自己的特点。与一般工商企业相比，金融营销具有以下几个特点。

（一）金融产品和服务的不可分性

金融机构的经营活动不同于一般企业。普通企业产品的生产与销售在时间与地点上可以分离；而银行产品多是一种综合性的服务，产品的提供与服务的分配在时间、地点上同步，一旦金融机构向客户提供了金融产品，便将有关的服务配置给了客户。

金融机构不能储存、搬运金融服务，客户一旦错过了特定的时间与场合，就可能不需要这种服务了。因此，金融营销必须重视金融产品超越时空限制的特性，为客户利用这些产品提供便利。

金融服务的不可分割性使得金融产品一般都直接面向客户，因此，直接销售金融产品长期以来一直是金融企业的主要分销策略，设立直接的经营机构和营业网点是金融业扩大业务、占领市场通常采用的策略。但是近年来，信用卡、ATM、POS等的广泛应用使金融产品的提供与服务的分配出现了一定程度的分离，因而间接分销渠道得到了飞速发展。

（二）金融业务的非差异性

对于一般企业来说，生产的是有形产品，有自己的特性，可以申请专利，免受仿制或伪造。金融业务则不同，它们大多为无形产品，同一类金融机构提供的金融产品非常相似。金融产品和服务的创新因缺乏法律保护而独占性非常有限，金融机构之间可以相互模仿采用，这大大缩短了竞争周期，使顾客在接受金融服务时往往首先不是被金融产品功能带来的服务便利或赢利所吸引。

业务的非差异性对金融营销提出更高要求，更需要强调整体营销与品牌营销，树立金融机构的整体形象，让客户加深对金融产品的认识，接受其提供的金融服务，使其产品具有更大的市场。同时，一家金融机构若要长期维持其产品和服务特色的优势，就需要不断创新。

（三）客户地位的特殊性

金融服务的接受者不同于一般的企业客户，一方面，他们要求金融机构将服务一视同仁地提供给不同客户，不因客户的种族、肤色、性别、长幼、长相、身材甚至宗教信仰的不同而异；另一方面，客户所需服务具有很大的“不一致性”，对金融产品的需求各异。

这种特殊的状况使金融机构在营销中既要保持稳定的服务品质，向顾客提供标准化的服务；又要深入了解客户的实际需要，按照顾客的要求提供附加服务或特定的产品。另外，一般企业的客户多是单一的买方，而金融企业客户可能是双重的，一方面是资金和信用的买方，另一方面可能成为资金的卖方，这要求营销策略必须具有双重性。

（四）金融营销以安全性为前提

金融机构的营销对象是货币资金等金融产品及各种金融服务。金融机构对集中起来的资金大多只拥有使用权，到期必须足额偿还。金融机构投放的资金也要求借款人到期按时足额归还并支付利息。这种信用特征使得金融机构的营销面临着比一般企业更大的风险。这些风险包括借款人到期不能或不愿归还款项的违约风险；由于市场利率变动引起的价格风险；由于汇率变化带来的外汇风险；国家政策改变导致的政治风险等。

金融营销人员在营销活动中必须十分注意这些风险，避免到期出现大量损失。所以，金融营销必须以安全性为前提。

（五）金融业务受宏观环境的明显制约

对于一般的企业来说，营销活动所受到的其他限制相对较少，只要避免不正当竞争，不触犯法律，国家给它们的宏观环境比较宽松。而金融机构由于其地位特殊，对整个经济的影响较大，国家一般对其进行较为严格的限制，它们的营销活动受到货币信贷政策、金融规章制度以及金融监管等的约束，包括新业务的许可、分销网点的设置、产品价格的制定，都要经过严格的审批程序。因此，金融机构营销的宏观环境比较严格。

正是由于金融营销具有上述特点，使得它比一般企业营销更为复杂。金融机构的营销人员既要以企业营销理论与方法为指导，又要根据金融业的特点，不断拓展金融营销的理论与方法。

五、金融营销的成熟

进入20世纪70年代，整个西方的金融业发生了一场称为“金融革命”的大变革，它推动了金融营销的迅速发展。这一时期，西方金融营销的思想从简单的推销转变为广泛运用营销，营销的重点也放到了市场细分和市场定位上。

一些金融机构意识到金融创新是一项潜力巨大的营销活动。他们发现，要想在竞争中立于不败之地，必须向客户提供多种新型的金融产品以满足客户的需求。于是，金融机构从创新角度出发开展营销工作，吸引众多客户，扩大了金融机构的资金来源，提高了资金运用的灵活性。

金融机构逐步建立起市场营销部门，销售人员大量增加。大家开始意识到，金融机构经营业务的本质是满足客户不断发展的金融需求，营销创新成为这一时期金融发展的主流，新产品开发的速度大大加快。银行开发了大额可转让定期存单（CD）、可转让支付命令（NOW）、自动转账服务（ATS）、信用卡服务、上门贷款和共同基金（MF）等；保险公司不断推出新的险种；基金等机构不断开发新的基金品种。

但金融产品具有相似性与易模仿性，一项新的金融工具推出之后，很快就会被其他金融机构模仿，开发的新产品因此会失去原有的优势。于是，一些金融机构开始考虑引入不太容易被竞争者模仿的营销手段，以赢得在竞争中的有利地位。

金融企业逐渐认识到，没有一家企业能满足所有的消费者，向所有客户提供所需的一切服务。为了同竞争对手很好地区分开来，需要集中精力于自己领先的领域，提高在该市场上的份额，争取在该领域成为消费者心目中的最佳。

于是，金融营销进入了一个新的阶段——服务定位阶段。在此阶段，金融机构强调市场细分与市场定位，如有的把自己定位为商业银行，业务上偏重于保守的投资银行业务，强调自己精通各种金融技术；有的银行以大公司作为其主要客户对象；有的把服务对象限于中小企业；有的强调国际金融业务，通过树立鲜明的个性形象获得竞争优势。

20世纪90年代以前，金融营销更多的是侧重于战术而不是战略，一些金融组织更乐于采用市场营销的一些具体方法，营销在金融企业的整个组织活动中没有处于重要地位。80年代晚期，在经过了几十年的探索和发展之后，金融营销逐渐走向成熟。20世纪90年代开始，世界经济的一体化发展明显加快，尤其是在金融领域的自由化和国际化程度大大提高。货币自由兑换和各国金融市场的开放,形成了高度一体化的全球金融市场,有力地推动了世界经济一体化、金融全球化的新经济时代的进程。

首先,人们真正地意识到营销在金融机构经营中的重要作用。金融企业开始真正以市场营销为导向,以市场营销的观念指导企业的整体活动。金融营销成为金融机构经营管理的中心。

其次,金融机构对营销有了更为深入的理解。继广告促销、友好服务、产品创新和市场定位之后,它们开始思考金融营销的核心理念。为了获得良好的营销效果,保持持久的优势地位,金融机构必须整合企业的所有资源,培养企业的核心竞争能力,以谋求创立和保持与客户之间长期互利的合作关系,这就是“整合营销”。

最后,不同国家的金融营销重点出现了分化。由于各国的金融市场发展不同,为了更好地满足本国的客户需求,金融机构在营销活动中形成了不同的侧重点。

另外,人们对于在金融领域应用营销技巧和营销工具的兴趣不断增加,出现了大量有关金融营销的杂志和出版物,如英国的《国际银行营销》、美国的《银行零售业务》等。

综上所述,金融营销经历了一个由低到高、由浅入深、由零为整的发展过程。这一演变是与经济发展、客户需求变化、金融市场竞争激烈化、金融管制放松、科技进步等紧密联系在一起的。

小贴士

美国的金融机构认为,应向客户提供“一揽子的服务”,将各类金融产品和服务项目进行配套,从整体上满足和解决客户的各种需求,所以“一站式服务”在一些大的金融机构里成为吸引客户的重要口号;同时,美国的金融机构强调“公共关系”在金融营销中的作用,投入大量的广告费用,以赢得公众的舆论口碑。

欧洲的金融机构也主张提供综合性的金融服务,在德国、荷兰等国,银行一直遵循着“金融百货公司”的发展思路,向客户提供各种金融产品;英国银行业于20世纪90年代开始出现业务集中化的趋势,甚至有的银行将名称中的Bank改为Bancassurance,这些国家的金融机构都开始强调金融服务的全面化。日本的金融营销更侧重于市场细分。许多人认为,伴随着金融自由化和市场竞争的日益激烈,集中提供专门领域服务的金融机构会有大量的机会,综合化发展金融机构并不总是处在有利的地位,因此,它们强调在营销过程中要确立自己的优势产品,占据特定市场。

第二节　金融营销在我国的应用

金融营销最初运用于西方国家。在我国,由于金融市场发展较晚,金融营销的应用时间还不长,与国外相比存在较大差距,金融机构的营销活动也暴露出诸多问题。

把营销概念引入金融业,并成为金融业管理体制的一个重要组成部分,是标志着中国金融业进入市场经济轨道的一项大变革。

金融营销如果争取不到金融消费者的“选票”(钞票),就意味着“下课”,意味着被无情地淘汰出局!但是应清醒地认识到,我国金融业现行的市场营销还处于初级乃至十分原始的阶段，必然要经历一个痛苦的脱胎换骨的过程。

市场营销，最早是一般工商企业，尤其是生产消费品的制造商，在经营实践中逐步摸索创造和运用的。应该承认，长期以来处于“朝南坐”地位的我国金融企业，经过20多年的改革和开放，随着金融业经营环境的深刻变化，特别是同业竞争的日趋激烈，金融业的经营理念、经营目标和经营行为发生了明显的改变，等客上门、坐堂放贷的时代过去了，开发市场、主动营销是不可逆转的大趋势。

种种迹象表明，而今的我国金融企业已摒弃了“酒香不怕巷子深”的传统观念，不少金融企业已经认识到，要想在激烈的竞争中最终赢得胜利，市场营销至关重要，并悄然向市场低下了“高贵”的头。

一、我国金融营销的发展历史

国外的金融机构从20世纪50年代开始应用营销手段，但在新中国成立以后相当长的时间里，我国实行高度集中的计划经济，从根本上排斥金融营销。20世纪50年代中期至70年代末期，在严格的计划体制下，银行等金融机构的功能被弱化，金融结构单一，推行的是大一统的金融体制，由中国人民银行统揽一切金融业务，而且各级银行对资金毫无自主权，吸收的存款逐级上交，资金运用要严格遵循国家的计划。

在这种制度下，金融机构缺乏经营积极性，没有营销意识，根本不会也不必向市场推销自己的产品。改革开放以后，金融体制也在不断变革，金融市场发生了巨大的变化，金融机构在经营中逐步认识到营销的必要性。中国金融营销发展分为以下几个阶段。

（一）引进阶段

1979年开始，我国打破了传统的高度集中的金融组织结构，中国农业银行、中国银行和中国人民建设银行分别从中国人民银行中分离出来；1979年10月，国务院组建了综合经营金融贸易技术服务的中国国际信托投资公司；1980年国内保险业务开始恢复，我国的保险业获得新生；1984年，中国人民银行单独行使中央银行职能，新建立的中国工商银行承接了中国人民银行原有的普通金融业务；1986年，经国务院批准，重新组建了综合性、股份制的交通银行；1987年，新中国第一家证券公司深圳特区证券公司成立，之后陆续成立了上海申银证券公司、万国证券公司、海通证券公司和华夏证券公司等多家证券公司；1990年11月，上海证券交易所成立；1991年7月，深圳证券交易所正式开业。金融组织体系的变革揭开了金融业竞争的序幕。

在资金管理体制上，我国突破了原来的严格计划控制的做法。1985年，我国开始实行“统一计划，划分资金，实贷实存，相互融通”的信贷资金管理体制，银行可以在一定范围内进行资金的转让；1986—1988年，各地相继成立有形的同业拆借资金市场；1988年4月，国家允许1985年及1986年发行的国库券上市，从根本上改变了国债市场“有行无市”的局面。1988年后，各省市设立了外汇调剂中心，进一步扩大了外汇调剂范围。这种金融市场的发展大大扩展了金融机构的经营空间。

在经营过程中，各大金融机构逐渐认识到存在的困难，开始寻求业务拓展的渠道，于是中国的金融营销进入了早期的萌芽阶段，一些金融机构向客户推销产品，如银行通过一些促销渠道来扩大存款。同时，一些金融机构开始进行产品创新，如1986年中国银行推出了信用卡。

（二）发展阶段

1992年初邓小平发表南方谈话，10月，党的"十四大"确定把建立社会主义市场经济作为我国经济体制的改革目标。1993年12月，国务院发布了《关于金融体制改革的决定》，提出要建立与社会主义市场经济体制相适应的金融体系。我国金融领域发生了翻天覆地的变化。

1994年，随着三大政策性银行的建立，我国的四大专业银行开始向商业银行转化。商业银行与专业银行相比最大的区别在于要求银行追求赢利，出现的亏损不再由国家承担。营利性目标为金融营销机制的建立提供了内在动力，要实现更多的收益，必须扩大市场，因此对客户的争夺就成为金融机构竞争的焦点。

这一时期，金融机构也出现了多样化格局：中国光大银行、上海浦东发展银行和中国民生银行等一批全国性或区域性的商业银行相继成立。为促进中小企业、民营经济的发展，1995年7月国务院颁布《关于组建城市合作银行的通知》，许多城市的信用社改组成城市合作银行。1998年，城市合作银行更名为地方性的商业银行。这些银行的建立打破了原有的四大国有银行的垄断格局，加剧了银行业的竞争，为银行的营销活动提供了一种外在的压力。

中国的证券业在这一时期也有了较快的发展。为了加强对证券机构的管理，由经营证券业务的金融机构自愿组成的行业自律组织——中国证券业协会于1991年8月28日成立，中央的证券监管部门——国务院证券委员会与中国证监会于1992年10月成立。1992年起，中国证券市场突破了只在上海与深圳试点的限制，建立了全国性的证券市场，证券经营机构得到了巨大发展，沪深交易所的会员从1991年的40家增加到1998年的646家。

1998年4月，按照《证券投资基金管理暂行办法》设立的新基金开始上市，一批新设立的基金管理公司开始运作。1999年之后，证券经营机构出现了合并重组，如1998年8月18日国泰证券与君安证券组建为国内规模最大的国泰君安证券股份有限公司。1999年12月28日，由原苏州商品交易所改制而成的恒远证券经纪公司在苏州成立，它是国内第一家由中国证监会批准成立的经纪类证券公司。证券行业的竞争也不断加剧。

中国保险业也进入了一个新的发展时期。1991年4月，中国太平洋保险公司成立，成为我国第一家全国性、综合性的股份制保险公司；1992年9月，深圳平安保险公司更名为中国平安保险公司，业务范围扩大到全国；1996年7月，中国人民保险公司改制为中国人民保险集团公司；1996年，中国第一家中外合资寿险公司——中宏人寿保险公司成立。到2000年底，我国已有保险公司27家，其中国有独资4家，国内股份制保险公司9家，中外合资保险公司7家，外商独资保险公司7家。保险市场主体出现了多元化格局，有力地促进了保险公司经营观念的转变，强化了保险市场的服务意识与竞争意识。

这一阶段的金融营销工作取得了较大的成果，主要表现在以下几个方面。

1. 金融服务理念的树立

各大金融机构纷纷推广文明用语，改善工作人员的服务态度，推出微笑服务、限时服务、一米线服务、电话预约服务等形式多样的服务。特别是1996年4月以来，金融系统开展“讲改革、讲政治、讲法纪、讲效益，努力提高金融服务水平”的活动，使广大员工初步树立了“服务至上”的营销理念。

2. 金融产品价格的市场化趋势加强

金融产品的价格主要表现为利率和费率。原来，我国的利率管理较为严格。1996年，我国正式启动利率市场化进程，经过5年的发展，利率市场化改革取得了阶段性进展：1996年6月1日，中国人民银行放开了银行间同业拆借利率；1997年6月，放开银行间债券回购利率；1999年10月，国债发行开始采用市场招标形式，实现了银行间市场利率、国债和政策性金融债券发行利率的市场化。这些市场改革措施为金融机构的产品价格制定提供了一定的外部环境。

3. 金融产品创新的不断推进

为了满足客户日益增长的融资需求，各金融机构致力于金融产品的开发与应用。在银行业务上，存贷款的品种不断翻新，如本外币存款、大额定期存单、信用卡透支、委托贷款、消费信贷、保管箱业务、咨询业务、租赁业务和国际结算业务等，特别是1993年开展了“金卡工程”建设，使得信用卡成为银行业务的一种重要载体。

在证券市场上，短期国库券、定向国债、政策性金融债券、证券回购交易和证券投资基金等产品大大丰富了交易品种。同时，金融业之间的交叉产品大量出现，如2000年2月证券公司股票质押贷款的推出大大拓宽了券商的融资渠道，2000年9月国泰君安与中国工商银行联合推出了“银证通”业务。

4. 广告和公关等促销手段得到一定运用

为了鼓励客户购买自己的产品，各金融机构积极采取多种方式，激发客户的需求。如通过电视、电台、路牌等媒介向客户宣传产品与服务，树立金融机构的整体形象；改进柜面服务，热情向客户提供咨询，加强与客户的沟通。特别是1998年以来，各家银行相继推出客户经理制，标志着银行开始建立以市场为导向、从客户需求出发的服务理念，进一步密切与客户的联系。

5. 分销渠道的拓宽

随着金融产品的不断创新与科学技术在金融业的充分应用，金融机构的分销渠道呈现出多样化的趋势。在直接分销方面，各金融机构纷纷增设分支网点，形成庞大的营销网络，向客户提供更加方便的服务；在间接分销方面，自1994年中国银行设立第一台ATM以来，以ATM、POS为标志的间接分销渠道发展迅猛。20世纪90年代中期以来，各金融机构大力推广电话金融、网络金融等营销方式，延伸了服务空间。

小贴士

交通银行“2010沃德财富博览会”

交通银行始建于1908年(光绪三十四年)，是中国早期四大银行之一，也是中国早期的发钞行之一。1958年，除香港分行仍继续营业外，交通银行国内业务分别并入当地中国人民银行和在交通银行基础上组建起来的中国人民建设银行。为适应中国经济体制改革和发展的要求，1986年7月24日，作为金融改革的试点，国务院批准重新组建交通银行。1987 年 4 月 1 日，重新组建后的交通银行正式对外营业，成为中国第一家全国性的国有股份制商业银行，总行设在上海。

作为中国首家全国性股份制商业银行，自重新组建以来，交通银行就身肩双重历史使命，它既是百年民族金融品牌的继承者，又是中国金融体制改革的先行者。交通银行在上海国际会议中心举办"2010 沃德财富博览会"，此次盛会吸引了来自国内政府机构、金融界、企业界的数百位名流与近万名交行客户。

交通银行沃德财富管理的目标是：为高端客户提供高品质服务，为大众客户提供优质便捷服务。为实现这一目标，交通银行推进沃德财富管理发展的策略包括三个方面：一是发挥交通银行在国际化、综合化经营方面的先发优势，坚持客户分层服务策略，强化"5P"（产品、渠道、服务、推广、价格）服务体系；二是坚持以管理的个人客户资产（AUM）统领客户资产配置策略，并在考核激励体系方面形成以 AUM 为核心指标的个人财富管理考核管理体系；三是坚持集团内协同发展和与第三方合作联盟联动发展策略。发挥好子公司对个人财富管理的专业支撑，同时发挥上海"双中心"建设带来的政策和资源优势，建立起覆盖面广、合作较深、积极创新的第三方战略合作联盟，形成交行特色。

（三）深化阶段

2001 年 12 月 11 日，我国正式加入世界贸易组织，我国的金融对外开放进入一个新阶段。"入世"过程中，金融业做出了宽领域、分阶段的开放承诺，开创了我国金融业融入国际经济的新篇章，也促进了金融营销的不断深化。

随着金融改革的深入与金融管制的逐步放开，我国的金融市场发生了巨大的变化。利率市场化改革不断推进。2002—2004 年，人民银行不断扩大金融机构贷款利率浮动区间，提高贷款利率市场化程度；2004 年 10 月 29 日，金融机构（不含城乡信用社）的贷款利率原则上不再设定上限，贷款利率下浮幅度不变。

2005 年 9 月 21 日，央行部分下放了除活期、定期整存整取两种存款以外的利息定价权，国内银行的通知存款、协定存款、定活两便、存本取息、零存整取等存款种类，只要不超过央行同期限档次存款利率上限，计、结息规则由各银行自己把握。继 2000 年 9 月 21 日人民银行放开外币贷款利率之后，2003 年 11 月，小额外币存款利率下限放开；2004 年 11 月 18 日，1 年期以上小额外币存款利率放开。同时，人民币汇率机制改革取得重要进展。2005 年 7 月 21 日，中国人民银行宣布人民币汇率制度进行重要改革，人民币实行在一揽子货币基础上的管理浮动汇率制度。

中国金融市场的日益完善为金融机构开展营销活动提供了更大的灵活性，也加大了金融机构的经营风险，有助于金融营销活动的推进。随着农村与城市商业银行改革的深入，农村商业银行、农村合作银行和民营银行等新的银行形式涌现，银行等金融机构之间通过资本运作进行兼并重组，出现了一批金融性控股集团（如中信集团、光大集团等），使我国国内金融业面临重新布局；"入世"使得中外资金融机构之间的竞争日益加剧。

几年来，中国各家金融机构积极借鉴工商企业与外国金融业的营销经验，努力探索适合我国国情的营销方式，使金融营销机制得到长足的发展，新的营销理念不断引进，创新的营销方式不断推出。

案例 1-1

金融营销创新形式——理财工作室

随着金融业竞争的加剧，新的营销方式不断涌现，其中引人关注的是理财工作室这一营销方式的推广。

理财工作室是金融机构专门设立的为客户提供理财规划服务的办公场所。在理财工作室中，客户可以与专业的理财规划师交流，获得投资、保险、纳税、养老、财产分配与继承等方面的专业指导与建议，以及综合的财产规划报告。

2000 年，上海出现了以杨韶敏等 6 位工行上海市分行优秀理财员个人命名的理财工作室，开创了这一模式的先河。之后，中国银行"中银理财"、中国农业银行的"金钥匙理财中心"、中信银行"中信贵宾理财"、中国光大银行"阳光理财"、招商银行"金葵花理财"、中国民生银行"非凡理财工作室"等都成为响当当的银行理财品牌。

2004 年 12 月，中国工商银行还成立了"前途理财工作室"，为法人客户提供公司理财服务。该工作室拥有国内领先的货币市场交易技术平台，引进了国际领先的交易分析系统，交易员全部拥有国内外知名学府的教育背景，具有多年实际交易经验。同时，工商银行还推出了企业理财系列产品"工行债市通"，通过为企业提供资金增值服务，全面打造工行"前途理财"品牌。

此后，在保险及证券行业出现了大量的理财工作室，有的以个人命名，有的以团体命名。如中国平安金融集团设立"麒麟理财宝"，依托中国平安保险业务平台，建立了一支适应现在、着眼未来的专业化金融理财顾问师团队，为个人、家庭及企业提供证券、信托、基金、银行、保险等多元化金融理财业务。

当然也要清醒地看到，目前国内的一些理财工作室流于形式，打着理财规划的旗号，实际上是推销自己的银行或保险产品。真正的理财工作室，应该是以客户需求为中心的，以实现客户资产的保值、增值和财务自由等为最终目标。

二、当前我国金融营销中存在的主要问题

由于中国的金融营销起步晚，又缺乏系统的营销理论指导，因此，金融营销存在诸多问题，突出表现在以下几方面。

（一）认识不到位

目前，一些金融机构的领导与营销人员对市场营销观念的认识依然较为陈旧与片面，有的人把营销看作推销金融产品，没有认识到它是金融机构经营的中心环节；有的人把金融营销片面地理解为做广告，没有认识到广告仅是营销的一种方式，金融营销其实是一个完整的系统；有的人把营销看做仅仅是营销部门的事，在内部各部门之间缺乏配合，影响整体效力的发挥。

（二）目标市场不明确

金融企业明确的市场定位有助于提高营销活动的效率。目前，许多金融企业的营销

仍然比较盲目，跟随其他机构与市场热点，人云亦云，投入大量的人、财、物，在几乎所有的业务领域、所有的市场机会上都使出浑身的解数，缺乏明确的目标市场，没有建立在系统、科学的市场细分基础上的有针对性的客户目标和产品目标。这样，金融企业尽管耗费了大量投入，并未赢得竞争上的优势。

（三）营销组织与管理不健全

目前，我国许多金融机构的营销组织仍不完善，有的机构没有专门的市场营销部门来实施市场营销工作，而将其归入其他部门，其主要职能仅仅涉及金融营销中的某些内容，没有参与到新产品开发、渠道设计、广告宣传等整个营销过程；还有的金融机构虽然设立了营销部门，但没有明确这一部门在经营活动中的重要地位，和其他机构之间缺乏沟通与配合，必然会破坏金融营销活动的系统性，影响营销效果。

（四）产品开发受到制约

由于我国当前仍然实行分业经营，银行、保险、信托和证券等行业之间仍有一定的阻隔，造成金融机构的产品单一。另外，金融产品开发不规范，新的金融产品虽然不断涌现，但在推出的金融产品中，模仿的多、趋同的多，真正有创新的很少，有特色的少，科技含量高的少，形成品牌的少，无法很好地满足客户的多样化需求。

（五）对客户需求的调研与引导不够深入

客户的需求是金融营销工作的核心，但有的金融机构仍然对此没有予以充分的重视。在开发产品时缺少深入的市场调研，推出的金融产品不能完全满足客户的需求，无法获得真正的市场效益；有的金融机构对客户消费的引导工作不够，在倾注了大量的心血进行产品创新之后，忽略产品的推广，促销手段、宣传活动显得零碎，未能通过有效的营销工作使客户了解、接受和喜欢金融产品。

（六）不同地区之间发展差距较大

东南沿海城市经济发达，开放程度高，金融业较为发达，金融机构之间的竞争十分激烈。为了更好地争夺市场，各金融机构的营销意识较强，营销手段相对灵活。而在中西部地区，经济欠发达，金融营销观念相对淡薄，金融机构较少采用营销手段。这种在地区分布上的二元结构说明了金融营销在中国仍然处于严重的失衡状态。

第三节　我国发展金融营销的意义及对策

金融营销是金融业发展的必然结果，它对于促进金融机构的业务扩大、提升效益具有重大意义。因此，应抓住机遇，大力发展我国的金融营销。

一、发展金融营销的意义

目前，我国金融环境大为改观，金融业之间的竞争逐步增强。因此，在我国开展金融营销具有重大意义。

（一）开展营销活动可以提升金融机构的管理水平

现代金融机构的管理体系包括组织目标系统、外部环境分析系统、发展与控制系统和内部职能管理系统等四个部分。这四个系统相互关联、相互制约，实现金融机构的整体运作。

其中，内部职能管理系统是最基本的运作系统，发挥着日常管理职能；而营销系统是内部职能管理系统中最为重要的一个构成，它将不可控制的外部环境因素与金融机构的目标、战略紧密联系，既担负着对市场动向的研究、外部环境变化的分析职能，又承担金融机构战略的制定与具体实施，影响到金融机构最终目标的实现。因此，金融机构如果不建立完善的营销组织，必然妨碍其整体管理水平。

（二）有利于金融机构的集约化经营

目前，一些金融机构存在经营效益差、赢利能力较低的问题。这主要是由于金融机构长期以来只重视粗放式经营，而导致经营成本居高不下，影响了利润的创造。

案例 1-2

国有银行的经营状况

中国的四大国有银行由于战线过长、层次过于复杂、分支机构数量过多，其收益率相对偏低。2011 年底，中国工商银行的境内机构有 16227 个，但人均资产持有量仅为 3305 万人民币，总资产收益率与净资产收益率分别为 1.32％与 22.79％。

中国银行境内外机构共有 11058 家，员工 279301 人，人均资产 3345 万人民币，总资产收益率与净资产收益率分别为 1.14％与 18.87％。而花旗银行 2006 年年底的资产逾 18825.56 亿美元，国内分支机构约为 1000 个，其员工人数约为 30 万人，人均资产超过 600 万美元，其总资产收益率与净资产收益率分别为 1.57％与 34.8％。

由此可见，金融机构的营业网点设置要考虑地域与人口因素的需要。为了提高资本的经营效率，金融机构必须实行集约化经营，把经营重点放在内涵发展上，依靠经营效率的提高来实现利润最大化。金融营销有利于实现金融机构转向集约化经营，通过运用分销策略，促使金融机构的营业网点设置更为科学；并通过自动取款机、销售终端和电话金融服务等加快金融电子化步伐，提高资本配置效率。

（三）开展营销活动有利于金融机构适应金融市场变化

金融市场是进行金融产品交易与资金融通的场所。随着我国经济的快速发展与金融市场的不断深化，居民的收入及消费水平有了较大幅度的提升，对金融产品和服务的需求呈现出多样化的态势。他们不仅需要金融机构为其提供银行、证券、保险和基金等基本的投资产品，而且希望在理财咨询、投资顾问、融资规划、信息咨询等方面得到金融机构的支持。市场对金融产品的理财观更是不断变化。竞争的激化、金融政策的不断调整，使金融市场变得越来越复杂。

因此，金融机构必须真正面向市场，遵循市场规律，成为“自主经营、自负盈亏、自担风险、自我约束”的市场主体，树立科学的市场营销观念，对金融市场充分调研，不断提高市场信息的捕捉能力和对市场需求、发展趋势的预测能力，自觉提高对市场的适应性。制定与实施科学的营销战略是应对复杂多变的市场环境的一种必要的手段。

（四）有利于我国金融机构的国际化

进入 20 世纪 90 年代，全球经济、金融出现了一体化趋势，我国的对外贸易迅猛增长，国际资金流动加剧，对外投资与对外经济合作不断扩大，这都要求我国金融机构走向国际化经营。国际上一些著名的金融机构在全球设立了分支机构，开展国际营销活动，增加其利润。例如，到 2007 年底，美国花旗银行与 JP 摩根大通银行分别在全球设立 336 与 45 个分支机构，其海外资产业务比率分别达到 52%与 41%。

我国的金融机构在海外设立的分支机构极少，在国际金融市场上的份额较低。开展营销有助于增强我国金融机构在国际金融市场的竞争力。

首先，通过不断开发金融产品，提供多样化的服务，可促进国际化经营。

其次，通过在国际上选择目标市场，逐步建立起全球性的营销网络，可以扩大国际市场份额。

其三，通过引进营销新技术，拓宽业务覆盖面，能够在激烈的国际竞争中不断提高竞争力。

其四，通过企业形象设计(C1)、全方位质量管理等营销策略，有助于金融机构树立良好的国际形象与信誉，在国际金融市场上争取到更多的客户，推动经营的国际化。

（五）有利于迎接国际金融机构的挑战

从 2006 年 12 月 11 日起，中国根据“入世”协议的有关规定，取消了对外资金融机构开展人民币业务的地域限制，允许外资金融机构向中国客户提供相关的金融服务。金融业竞争加剧。国内的金融机构要想在这一竞争中找到立足点，必须适应现代营销的特点，学习国外金融机构的先进经验，制定合理的营销战略，向客户提供更好的服务，维持原有的客户并争取吸引新的客户。

案例 1-3

“入世”对我国金融营销的影响

2001 年 12 月 11 日，中国正式加入世界贸易组织(WTO)。到 2011 年 12 月，我国“入世”整整十年，随着中国金融业进一步开放，金融营销的作用日益显现。

根据有关协议，“入世”5 年后，中国将取消对外资金融机构开展人民币业务的地域限制，允许外资金融机构向所有中国客户提供服务，允许外国金融机构办理异地业务。因此，许多外资金融机构提前在中国布局，以便在中国金融业全面开放之后能占得先机。

截至 2006 年 9 月末，在中国注册的外商独资和中外合资法人银行业机构共有 14 家，并下设 17 家分支行及附属机构；来自 22 个国家和地区的 73 家外资银行在中国的 24 个城市设立了 191 家分行和 61 家支行；来自 41 个国家和地区的 183 家外国银行在中国 24 个城市设立 242 家代表处。《财富》杂志评选的“世界 500 强”企业中的 40 多家外国保险公司，已经有 27 家在我国设立了营业机构；19 个国家和地区的 128 家外资保险机构在华设立了 192 个代表机构和办事处。截至 2006 年 11 月底，中国已经批准设立 8 家中外合资证券公司和 24 家中外合资基金管理公司。上海、深圳证券交易所中有 39 家和 19 家境外证券经营机构直接从事B股交易，已有乐金投资证券公司、韩国现代证券公司、高盛（中国）等外资证券经营机构在北京、上海和深圳三地设立了100家代表处。

自2006年12月中国取消对外资银行开展人民币业务的地域限制以来，外资银行的营业网点数量更是不断增加。截至2011年9月末，外国银行在华已设立39家外资法人银行、93家外国银行分行和207家代表处。根据“入世”协定，我国保险业在外资企业设立形式、经营地域、业务范围、法定分保、营业许可发放等方面做出了分阶段开放的承诺。截至2011年11月末，我国有54家外资保险公司，各级分支机构近1300家。外资保险公司发展不断加快，在北京、上海等区域，外资保险公司的市场份额已超过10%，达到11.91%与13.54%。到2011年，国内合资券商已达到10家，其中瑞银2011年获得4.2亿元承销收入，位居全部券商排名的第11名……这些外资或合资金融机构对我国金融业的经营产生了许多积极的影响，但使得我国的金融市场竞争日益激烈。

激烈的竞争使国内金融机构面临前所未有的压力。为适应竞争，它们客观上必须面对市场，不断调整经营策略，增强创新能力，为客户提供多样化的服务来满足不同的需求；建立以“客户”为核心的经营理念，加强金融营销工作，已成为金融机构拓展业务、改善经营、提高效益的重要一环。

二、现代金融营销理念

金融营销发展到现在，已形成了丰富的理论，出现了多种理念。这些理念代表了金融营销的发展方向。

（一）服务营销理念

根据金融行业作为第三产业的特点，其营销活动的核心是“服务＋服务”。金融机构只有真正树立“大服务”的观念，强化“大服务”意识，积极改进和创新服务品种，提升产品质量，增加产品的附加价值，改进服务手段和服务设施，才能使本企业在行业中出类拔萃，赢得竞争优势，树立良好形象。

小贴士

不同特点客户的应对技巧

◆ 豪爽干脆型。这类客户乐观开朗，不喜欢婆婆妈妈、拖泥带水的做法，办事干脆果断，决断力强；但缺乏耐心，容易感情用事，有时会轻率马虎。

应对技巧：与这类客户交谈时，要把握火候。推销语言应干净利落，简明扼要地给出建议；对于他们关心的话题，应尽量一次性解决。如价格在可接受的范围内，大胆地卖，成交率极高；如果反反复复，容易招致对方不满，甚至拂袖而去。

◆ 沉默寡言型。这种客户老成持重，从容不迫（完美型），对销售人员的宣传劝说之词虽然认真倾听，但反应冷淡，不轻易谈出自己的想法，其内心感受和评价如何，外人难以揣测。

应对技巧：在遇到这类客户时，不能喋喋不休，应多创造对方讲话的机会和体验的时间；要循循善诱，着重提供逻辑性强、说服力强的权威资料和证明文件，供对方分析思考、判断比较，增强客户的购买信心，培养客户的购买欲望。特别要注意谈话的态度、方式和表情，给对方留下一个好印象。

◆ 吹毛求疵型。这类客户疑心重，不相信销售人员，喜欢唱反调、抬杠、争强好胜。

应对技巧：与这类客户打交道，要采取迂回战术，先与他交锋几次，佯装败阵；对对方高见表示心服口服，并赞赏对方体察入微。在满足其吹毛求疵的心态后，再转入销售话题。

（二）客户满意理念

“客户满意”的概念起源于20世纪60年代的美国，当时有人提出，客户有四项权利，即安全的权利、认知的权利、选择的权利和反馈的权利。对金融机构而言，其客户享有保护资产安全的权利，有了解其可得到的服务和所拥有的金融产品相关情况的权利，有选择服务方式和金融产品的权利，以及对金融服务及产品提出意见的权利。

20世纪80年代，这种“客户满意”的概念开始融入金融机构的经营决策思想之中。目前，这已成为许多金融机构营销管理的指导思想。

（三）关系营销理念

西方国家的金融营销重点更多地由战略转向关系的研究。关系营销是指金融机构在营销活动中应与各方主体建立稳定的良好关系，开展有效的战略合作，以获取更大的经济与社会效益。这一观念认为，作为金融企业营销环境的各个方面，包括最终顾客、供应商、分销商、政府部门、监管部门、合作者、竞争者、内部员工、新闻单位及其他社会公众等，都会影响到其经营效果。因此，必须将他们作为营销对象，全方位地开展营销活动。通过实施关系营销，贯彻双赢甚至多赢的原则，实现不同主体之间相互的支持和合作。

（四）品牌营销理念

现代营销理论认为，品牌是一种巨大的无形资产。金融品牌营销是指金融机构通过对金融产品或金融机构整体的品牌创立、塑造，树立品牌形象，提高在金融市场的竞争力。

金融机构作为经营货币的特殊企业，与其他服务行业一样，服务的需求弹性较大，产品易被模仿。要想在激烈的竞争中独树一帜，金融企业的形象与品牌显得尤为重要。金融品牌有利于提高金融企业的商誉，增强金融消费者的认同感，继而为金融企业创造更多的利润。

（五）社会营销理念

这一观念认为，金融机构的营销活动不仅要满足客户的欲望和需求，而且要符合全社会的长远利益。因此，营销活动要转变为以社会为中心。金融机构在营销中要搞好市场调查研究，通过对市场的现实需求和潜在需求的了解，开发适销对路的产品，以避免重复开发、重复生产带来社会资源的浪费；同时，在经营中要主动确保消费者的身心健康和安全，防止环境污染，保持生态平衡，促进经济社会的和谐发展。只有将市场需求、机构优势与社会利益三者有机结合，才能真正实现金融企业的经营目标。

（六）知识营销理念

金融产品具有较强的专业性，特别是随着金融服务客户面的拓展及高新技术手段在金融领域的广泛应用，客户感到有些迷茫，甚至有的还不知如何使用这些产品。因此，金融机构在努力开发出知识含量高的新型金融产品和服务的同时，还必须对客户进行正确的引导，提供专业的知识服务来加强与客户的交流，使客户了解金融产品，知道如何使用金融产品，以及清楚因使用该产品所带来的便利，增强客户的忠诚度。

（七）整合营销理念

整合营销是指金融机构对各种营销工具和营销手段进行系统化的结合，根据环境进行即时性的动态修正，使各方在交互中实现价值增值的营销理念与方法。

整合营销强调金融机构与客户的沟通，增加消费者和金融机构品牌之间的"接触点"，使消费者在使用产品的过程中对产品有更深的了解，获得更多的销售机会。因此，金融机构必须在充分调查研究的基础上，整合所有资源，整合营销过程、营销方式及营销行为，实现物流与信息流的一体化。

三、我国发展金融营销的对策

近年来，我国金融机构的营销活动迎来了机遇与挑战，也面临着冲击和考验。为了更好地适应竞争，必须积极采取对策，大力发展金融营销。具体来说，主要从以下几个方面入手。

（一）更新金融营销理念

金融营销在很大程度上是观念之争。营销观念是一种经营哲学，它始终贯穿于金融企业的经营管理活动中。金融机构作为一种特殊的企业，必须树立正确的营销理念，最终实现利润最大化目标。针对我国金融营销起步晚、营销意识薄弱、营销知识欠缺的现状，应采取多种形式加强金融营销宣传，强化金融企业的金融营销观念，使之成为金融企业员工的自觉意识和行为，推动我国金融业的发展。

（二）采用灵活多样的营销手段

为了实现企业的经营目标，金融机构应灵活运用多种营销手段与营销方式，实施营销组合策略。在科学的营销目标指导之下，综合运用市场细分、产品、定价、促销和分销等策略，通过渠道、人员、过程、品牌和有形展示等营销因素，从整体上满足顾客的需要。

（三）建立完善的营销组织体系

金融营销是一项系统性的工作，高效、灵活的营销组织是保证各个环节高效运作、协调一致的润滑剂。

随着金融营销在金融企业中重要性的不断增强，它将渗透到金融企业活动的方方面面。在西方，有的学者将了解消费者的需求，设计出满足消费者需求的产品并以符合消费者心理的方式传递给消费者称为"外部营销"；金融企业内部建立合理的组织，决策层和领导层通过科学管理，帮助下属做好工作，则属于"内部营销"的概念。完整的营销工作应是这两者的有机结合。

（四）改进营销技术

科学技术的发展使社会经济产生了跳跃式的前进，也为金融营销的发展提供了强有力的支持。电子通信技术与网络新技术在金融交易中的应用使金融企业的经营方式、金融产品的形式发生了重大的变化，不仅降低了运营和交易成本，提高了金融企业的经营效率，也使得金融机构突破了传统营销的时空限制，为客户提供一流的快捷服务。

可以说，在现代社会，谁拥有高科技，谁就拥有强大的竞争优势，也就可能更多地拥有顾客和市场。因此，金融机构应主动依靠科技进步，借助现代科技成果，加快电子化建设，大力拓展ATM、POS、电话银行、家庭银行、手机银行和网上银行等业务，实现营销技术的现代化，提高经营效益与竞争力。

（五）培养与引进金融营销人才

金融产品竞争的背后是金融人才的竞争。在知识经济时代，集知识、科技、经济为一体的金融企业应重视金融人才的培养。在当今社会，金融企业在营销活动中更强调“新型复合型人才”，这是指掌握并熟练运用现代科学技术，精通并能创造性运用现代营销技能，且能不断汲取、积累和更新知识的人才。从人才学的角度讲，就是“通才”。

营销人员的素质必须具备全面性和综合性：基本素质好；专业知识全面，熟悉相关金融产品的特征和操作规程；社会交际能力强。能否造就一批具有高素质的金融营销人才队伍，是关系营销战略及金融企业经营成败的关键。

（六）形成鲜明的营销特色

金融业的竞争日趋激化，金融企业必须在市场细分的基础上明确定位。实施差异化营销的观念已深入人心。金融机构必须对目标市场合理细分，综合考虑本企业的经营水平、客户需求、市场竞争和宏观经济等实际情况，选择合适的营销战略。

只有找准自己的优势，突出自己的特色，选准合适的目标市场，才能在服务内容、服务渠道和服务形象等方面凸显针对性与创造性，提高企业在客户中的知名度，给客户留下深刻印象。通过差异化营销定位在社会公众心目中树立起良好的形象与信赖感，将成为其他金融机构无法仿效的核心竞争能力和长期的利润来源。

案例1-4

招商证券：以“入世十年”搭建智囊平台

2011年，是新世纪下一个十年之始，亦是“入世”十周年之际。

新世纪的第一个十年，“中国崛起”被视为最重要的关键词；下一个十年，“中国如何影响世界”将成为最核心的问句。

十年来，“中国崛起”因素有多种，包括人口红利、全球化红利、改革红利等。“入世”无疑是催化剂，金融、电信、汽车等各个行业，乃至国民经济在全面开放中受益巨大。

2011年，招商证券论坛结合“入世”十年的背景，采用系列巡展的方式，汇集业内专家、行业领袖、投资精英和媒体主编，共同探讨这十年“中国崛起”的根源，中国与世界经济形势变化的脉络，以及下一个十年的机会和挑战，为业内献计献策，为投资者拓展思路。

案例点评：

“入世”十年，沧海桑田，“中国崛起”成为世界的话题。第一个十年，在诸多红利因素促动之下，发展虽然多有起伏，但大势可测；第二个十年，资本市场日趋复杂，红利因素亦显乏力。搭建智囊平台，共论发展大势，为业内人士提供了解国内外经济形势及重点行业发展趋势的良好平台，推动金融行业和资本市场健康发展。

本章小结

本章界定金融营销的涵义并对其特征作了总结；介绍西方金融营销的发展历程，并分析其对我国金融营销发展的启示作用；在此基础上，探讨金融营销的研究基础和研究对象；最后通过金融营销的基本内容，从理论分析到理论策略，再从实证战略到管理和发展战略，阐述了《金融营销》的结构思路。

复习思考题

1. 金融营销的构成要素包括哪些？

2. 开展金融营销的金融机构有哪些类别？

3. 简要说明西方金融营销走向成熟的原因。

4. 金融营销与一般工商企业相比，具有哪几个特点？

5. 现代金融营销理念主要有哪些？

6. 请联系实际谈谈我国金融营销中存在的主要问题。你认为应该如何发展中国的金融营销？

7. 通过下面的案例，深刻理解金融业的竞争日趋激化，金融企业必须在市场细分的基础上明确定位，实施差异化营销的观念已深入人心。金融机构必须对目标市场进行合理细分，综合考虑本企业的经营水平、客户需求、市场竞争和宏观经济等实际情况，选择合适的营销战略。

泰华国际银行“弃大就小”

泰华国际银行从1992年在中国汕头成立之初到2001年年底，一直都在做外商投资企业的业务。2002年6月，泰华国际银行全面开展中国的中小企业业务。2002年初，一家在上海设有厂房的台商投资企业欲收购内蒙古一家小厂，急需启动资金。台资企业拿厂房作担保，找到很多家银行，包括中资银行、外资银行，但是都没能成功，其中原因各不相同。

外资银行的限制其实并不森严，只要这家台资企业的母公司能够提供担保就行，但是台资企业的老总说：“我的母公司就是自己。”没有母公司的担保，外资银行自然不能提供贷款。

中资银行不肯贷款的原因则是地域的限制。由于中资银行的分行之间关系相对独立，一般情况下，上海的银行是不愿意把钱贷到遥远的内蒙古的。另外，台商欲收购的这家内蒙古小厂是家分厂，属于二级法人而不是一级法人，也是不能得到贷款的原因之一。

最后，这位台商找到了泰华国际银行。通过银行详细、周密地考核，最终获得了贷款。目前，这家内蒙古的小厂经营得非常顺利。泰华国际银行于是成为当时中国唯一一家将业务方向明确定位在中小企业的外资银行。

泰华国际银行之所以可以这样大胆地贷款给中小企业，是因为它们有一套非常严密的软件。只要客户填写好一张表格，泰华国际银行就可以给客户作出各种敏感性分析，预测出对还款的影响。泰华国际银行并不是对所有中小企业都提供贷款的。

泰华国际银行对于单个客户的要求包括以下几点：年销售额约在人民币5000万元到5亿元的中等规模企业，包括三资企业、各类非国有制企业，或各类非国有相对控股的股份制企业；净资产率不低于30％，销售净利率不低于2％～3％；明智而又专注的经营策略；良好的市场需求和增长潜力；有行业经验和经营能力的管理团队；基于资产的良好的保证，如预购设备抵押、部分保证金质押等；可靠的财务报表和其他良好的遵纪守法记录。

实训题

王小虎是某金融机构的营销部门主管，他经常向几个业务员灌输“金融营销就是向客户推销金融产品以获取赢利”的思想，在对业务员的考核中也以业务量指标作为考核标准，那些能最多地将金融产品推销给客户的员工就是他眼中的营销人才。请你谈谈对他的观点与行为的看法。

第二章

金融市场营销环境分析

学习目标

[知识目标]

了解金融营销环境的定义，熟悉金融企业对环境机会和威胁的评估和对策，掌握金融营销环境分析的特征和过程。

[技能目标]

通过本章的教学，使学生具有对营销环境重要性的认识能力，能够掌握对营销环境分析的基本方法。

引言

金融营销作为一种营销活动，和其他任何行业一样，都是在一定的社会政治、经济、文化环境中进行的，既受到环境的影响，又会对环境产生一定的反作用。就像人类处于动态的生态系统中一样，金融机构不断受到来自环境变化而带来的挑战，成功或失败取决于金融机构对于环境的认识和分析。因此，只有了解营销环境的特点，才能更好地认识到环境对金融机构的作用，并以此作为依据，分析这些作用如何影响金融机构的营销活动。

第一节　金融市场营销环境概述

综观全球金融行业，成功的金融机构永远是那些能够放眼于未来、能够认识在宏观环境中尚未被满足的需要和趋势，并能做出积极反应的机构。变化的营销环境一直在不断地创造机会和涌现威胁，特别是在日新月异的中国，金融机构正面临着巨大的挑战。这些挑战不仅来自其处理环境变化的能力不足，也来自实力雄厚的国际金融巨头。但同样充满着希望，中国巨大的市场对任何金融机构而言都极具吸引力。机会和威胁并存，无疑需要我们更好地进行金融市场营销环境的分析。

一、金融营销环境的概念和特点

（一）金融营销环境的概念

美国著名市场学家菲利普·科特勒在《营销管理》一书中对营销环境的定义是这样

的:“企业的营销环境是由企业营销管理职能外部的因素和力量组成的。这些因素和力量影响营销管理者成功地保持和发展同其目标市场顾客交换的能力。”也就是说,金融市场营销环境是指与金融机构有潜在关系的所有外部力量的一个体系。因此,对环境的研究是金融机构营销活动最基本的课题。

由于金融产品与一般商品有所区别,金融营销活动与一般商品的营销活动也是有所不同的,但它们都属于这个社会的经济活动,它们所处的环境也是相似的。因此,金融营销环境是指对金融营销及经营成果有着潜在影响的各种外部因素或力量的总和,它是金融机构的生存空间,也是金融机构开展营销活动的基本条件。

包括银行、保险公司和证券公司在内的任何金融机构,都不是独立存在于经济社会中的,它们周围的环境是复杂多变的,同时又是稳定的,可以说是处于一个动态的平衡系统之中。就像人类处于一个动态的生态系统中一样,金融机构会不断受到来自环境变化而带来的挑战,成功或失败取决于金融机构是否能对环境进行正确的认识和分析。显然,只有了解营销环境的特点,才能更好地认识到环境对金融机构的作用,从而着手分析这些作用如何影响金融机构的营销活动。

对待环境变化的正确态度概括为如下几点。

1. 应该把环境变化看成是正常的现象

从总体来看,环境的变化是好事,它不改变,就不会有社会进步,金融机构也就不会找到其业务发展新的增长点。因此,否认环境变化只会是掩耳盗铃。

2. 决策时不要触犯环境的限制

金融机构制定新的营销策略时,要尽可能地避免脱离现实,既不要违反现实环境的制约条件,也不要太超前地设计和营销一些在很长时间内不适应市场状况的金融产品。要从环境变化中识别出金融机构可能招致的商业风险,避免投资浪费。

例如,不要再开发和推广那些金融市场已经饱和或随着环境的变化即将被淘汰的金融产品。保险公司在这一点上要尤为注意。随着外部环境的不断变化,一些原有险种已经失去了对消费者的吸引力。

3. 对环境变化持积极态度

努力从变化中识别出金融营销的机会。当察觉到变化给自己的企业带来好处时,就要主动促使变化的发展,并设法加以利用。

(二) 金融营销环境的特点

1. 差异性

市场营销环境的差异性不仅表现在不同金融机构受不同环境的影响,而且同样一种环境因素的变化对不同金融机构的影响也不相同。由于外界环境因素对金融机构的作用有差异性,因此金融机构为应付环境的变化所采取的营销策略也各有其特点。

比如,工商银行可能会选择增加分支网点来满足日益增长的个人业务,花旗银行则可能根据自身的特点开发 ATM 设备和网上银行来应对这一环境的变化。

2. 多变性

构成金融营销环境的因素是多方面的,每一个又都随着社会经济的发展而不断变化。这就要求金融机构根据环境因素和条件的改变,不断调整其营销策略。

3. **动态性**

通常，营销环境都是在不断发生变化的。尽管根据其变化程度的不同，可以分为较稳定的环境、缓慢变化的环境和剧烈变化的环境，但变化是绝对的。从总体上说，变化的速度呈加快趋势。每一个金融机构小系统都与社会大系统处在动态的平衡之中，一旦环境发生变化，这种平衡便被打破，金融机构必须快速反应，并积极适应这种变化。

4. **复杂性**

金融机构面临的市场营销环境具有复杂性，具体表现为各环境因素之间经常存在着矛盾关系。同时，金融企业还必须遵守政府制定的各项法律和规定，既要创造和满足个人和企业用户的需求，又要使企业的行为与政府的要求相符合。

5. **相关性**

金融营销环境不是由某一个单一的因素所决定的，它要受到一系列相关因素的影响。比如，金融产品的价格不仅受到市场供需关系的影响，还要考虑国家政治经济政策的影响。金融营销因素相互影响的程度是不同的，有的可以评估，有的难以估计和预测。

二、营销环境与金融营销的关系

金融行业作为一个开放的组织系统，与外部环境有着千丝万缕的联系。同时，金融行业又是一个区别于一般企业的特殊行业，受环境的影响和制约更为深切。一般工商企业为社会提供的是具有使用价值和价值的有形商品；金融机构经营的却是具有社会一般等价物职能和作用的货币、凭证、股票和保险，并提供包括货币的收付、借贷以及各种与货币运动有关的或者与之联系的金融服务。因此，金融机构的业务活动更具有广泛性，几乎涉及社会经济的任何一个角落，受到的微观影响更为明显。

金融机构的业务活动影响着整个社会的发展。随着世界经济的发展，特别是对于中国这样发展迅速的国家，社会对金融机构的依赖程度越来越大。此外，金融机构也是国家和世界联系的重要途径。

正是由于金融机构的这些特殊性，决定了金融机构对整个社会经济的影响要远远大于任何一个企业。反过来，金融机构受整个社会经济的影响较任何一个具体的企业更为明显，更为灵敏。

金融营销的环境是不断变化的。这种变化对金融机构营销活动产生的影响主要有两类：一类是有利影响，给金融机构造成新的市场机会；另一类则是不利的影响，给金融机构带来环境的威胁。对于环境威胁，金融机构如果不能及时发现并采取针对性的营销策略，就会影响其生存和发展。

必须指出的是，金融机构面临的许多营销机会并不具有相同的吸引力，也不是所有威胁因素对金融机构构成同样的压力。金融机构必须根据其影响程度和发生的可能性进行分类，予以评价，即通过分析环境的方法，认识哪些环境因素的威胁最大或最小，哪些环境因素的机会最具吸引力，从而采取相应的营销策略。

第二节　宏观环境因素分析

金融营销的宏观环境与其他企业面临的环境相似，主要包括政治和法律环境、经济环境、社会环境和技术环境等，如图 2-1 所示。

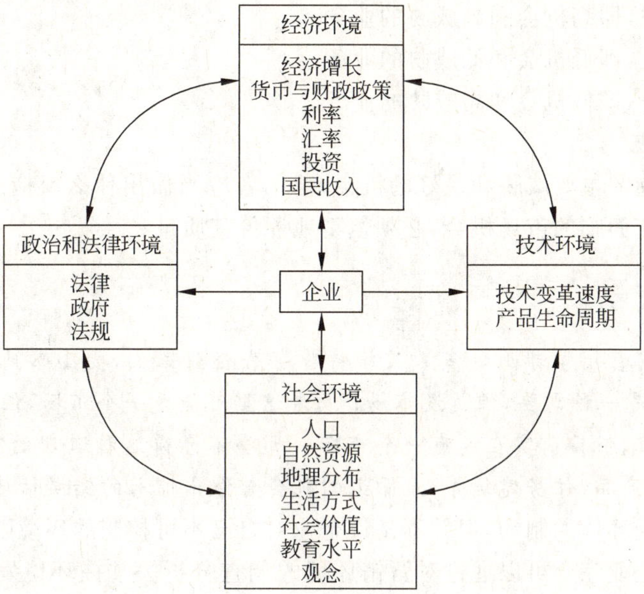

图 2-1　宏观环境分析四大类

当然，在这些环境中我们还可以进一步细分，比如社会环境中包括和金融机构息息相关的社会、文化、人口和自然环境。这些因素不仅作为社会宏观环境影响企业的营销活动，还影响金融机构微观环境中的各个因素。它们通过微观环境的作用，对金融机构的营销活动进行限制和制约。

小贴士

菲利普·科特勒指出：宏观环境是影响企业微观环境中所有行为者的大型社会力量。

因此，研究金融机构所面临的宏观环境，不仅可以对营销活动进行指导，也可以对研究微观环境打好基础。比如，技术环境除了直接对金融机构的营销活动提供机会外，也大量地通过客户、竞争企业等对金融机构的营销活动发生作用。社会的规范、价值观、信念等影响着人们对金融机构的态度、兴趣，对金融产品的好恶，因此在一定程度上能增大或减少消费者对这些产品的选择机会。

任何企业都面临着若干环境威胁和市场机会。然而，并不是所有的环境威胁都一样大，也不是所有的市场机会都有同样的吸引力。营销者可以按照企业业务的分类、评价图来加以分析、评价，如图 2-2 所示。

理想业务	冒险业务
成熟业务	困难业务

图 2-2 企业业务的分类、评价

(1) 理想业务,即高机会和低威胁的业务。

(2) 冒险业务,即高机会和高威胁的业务。

(3) 成熟业务,即低机会和低威胁的业务。

(4) 困难业务,即低机会和高威胁的业务。

2. 企业的对策

对企业所面临的主要威胁和最好的机会,营销者应当做出什么反应或采取何种对策呢? 营销者对企业面临的市场机会,必须慎重地评价其质量。

小贴士

美国著名市场营销学者西奥多·莱维特曾警告企业家们,要小心地评价市场机会。他说:"这里可能是一种需要,但是没市场;或者这里可能是一个市场,但是没有顾客;或者这里可能有顾客,但目前实在没有一个市场。那些不懂得这种道理的市场预测者对于某些领域(如休闲产品、住房建筑等)表面上的机会曾做出惊人的错误估计。"

企业的营销受环境的制约,但并不是说企业对自己不可控制的环境因素无能为力,只能被动地适应。企业完全可以通过对营销环境的调查分析去掌握环境发展趋势,因势利导,将环境中的某些不利因素变为有利因素。

企业对所面临的主要威胁有以下三种可选择的对策:

(1) 反抗,即试图限制或扭转不利因素的发展。

(2) 减轻,即依据环境变化,通过调整市场营销组合等来改善环境适应,以减轻环境威胁的严重性。

(3) 转移,即决定转移到其他赢利更多的行业或市场。

一、政治、法律和政策环境

从一定意义上说,金融机构是在"政治环境"的"包围"之下生存发展的。政府的行政管制,法律、政策的规范,政治事件的影响构成了左右金融机构生存的"制度体系"。不言而喻,金融机构若想在社会中生存发展,必须研究、分析外部的政治环境,必须遵守这样或那样的制度,并且要在现有条件下充分利用这些制度。政治环境中的些许变化,往往意味着金融机构营销获利机会、获利条件的重大变故。所以,深入研究金融机构的政治环境,是非常必要的。

(一) 政治环境分析

政治环境是指企业市场营销的外部政治形势和状况给金融机构市场营销带来的,或可能带来的影响。对国内政治环境的分析要了解党和政府的各项方针、路线、政策的制定和调整对金融机构市场营销的影响。

金融机构的特殊性质，决定了它受国家政治环境影响的程度是相当高的。以银行业为例，政治环境是否稳定是银行经营成败的保障性条件，政局不稳会导致社会动荡，经济混乱和低迷，对银行的业务相当不利。政局的不稳还会导致国家在世界舞台上地位下降，造成货币大幅贬值，加重银行的资金负担。

例如，政治活动和突发的政治事变可能使银行遭受巨大的违约风险和挤兑风险。因此，银行必须高度重视和密切关注政治环境的变化，以便及时采取防范和应变措施。

小贴士

对于发展国外事务、进军海外的金融机构而言，需要分析的不仅仅是本国的政治环境，国际政治环境同样应该成为考虑的重点。对国际政治环境的分析要了解“政治权力”与“政治冲突”对企业营销的影响。政治权力指一国政府通过正式手段对外来企业权利予以约束。政治权力对市场营销活动的影响往往有一个发展过程，有些方面的变化，企业可以通过认真地研究、分析预测得到。政治冲突指国际上重大事件和突发性事件对企业营销活动的影响，包括直接冲突与间接冲突两种。

直接冲突有战争、暴力事件、绑架、恐怖活动、罢工、动乱等给金融机构营销活动带来的损失和影响。间接冲突主要指由于政治冲突、国际上重大政治事件带来的经济政策的变化，国与国、地区与地区观点的对立或缓和常常影响其经济政策的变化，进而使企业的营销活动或受威胁，或得到机会。

（二）法律和政策环境分析

世界各国都颁布法令法规来规范和制约金融机构活动。金融机构一方面可以凭借这些法律维护自己的正当权益；另一方面，应该依据法律规定来进行日常的营销活动。

与金融机构市场营销活动有关的法令很多，因此金融机构在开展业务时要受到法律，特别是金融法律的制约。金融法律环境主要包括国家和中央银行颁布的有关法律、法规和规章制度，如《中国人民银行法》、《商业银行法》、《票据法》、《担保法》、《贷款通则》、《证券法》、《保险法》等。这些法规都是金融机构经营和营销活动的行为准则。银行必须自觉接受中央银行的监管，证券公司必须接受证监会的监管，保险公司必须接受保监会的监督，金融机构需要依法依规运作，保护客户利益，严格执行各项业务操作程序，防范和化解金融风险。政府制定这些法令，一方面是为了维护金融市场秩序、保护平等竞争；另一方面是为了维护顾客的利益，保证社会的稳定。

作为我国的金融机构，对国内市场营销法律环境的分析，主要内容包括国家主管部门及省、市、自治区颁布的各项法规、法令、条例等。金融机构了解法律，熟悉法律环境，既可以保证自身严格按法律办事，不违反各项法律，有自己的行动规范，又能够用法律手段保障自身权益。

金融机构营销人员应熟悉和了解有关经济法规、条例。对法律环境的研究，除了要研究各项与国际、国内市场营销有关的法律、规定，研究有关竞争的法律条例规定外，还要了解与法律的制定和执行有关的监督、管理服务于企业市场营销活动的政府部门的职能与任务，这样才能使金融机构的营销人员全面了解、熟悉企业所处的外部环境，避免威胁，寻找机会。

小贴士

法律以规范、调整较为稳定的经济关系、利益关系和行为关系为主，具有连续性和强制性调控的特点。而政策以调整具有波动性、易变性的经济利益关系为主。一般说来，在较长时期内适用的规定和制度，多采用法律规范、法律约束的方法；短期内适用的规定和制度，通常采取政策的形式。

对金融机构来说，国家政策的影响是相当明显的。我国的市场开放和市场经济政策，为我国的金融机构带来了质的变化。我国目前政治稳定，同时正在加大力度为金融机构创造良好的外部环境，这都给金融机构带来了发展的大好机遇。

（三）其他需要考虑的政治和法律环境因素

目前在我国金融营销中需要考虑的政治、法律和政策环境因素有：政府部门更换领导人，改变重要的政策；不同行业、不同部门的利益群体的变动；国家经济体制改革的进程，国有企业改革的政策；政府改革；对待私营企业的政策倾向；西部开发法律的出台和变化；等等。

案例 2-1

人民日报发文称：民营银行将改写金融版图

随着国家逐步放宽民营资本进入金融业的限制，众多民资涌入金融领域的热情被迅速点燃，各地掀起民营银行申办热潮。专家认为，遵循自由准入原则，自下而上组建民营银行，能够彻底地实现政企分开，更好地按照市场机制运作。这有助于提高金融资源配置效率，缓解小微企业融资难，对于打破金融垄断、改善金融生态、完善多层次金融机构体系有着重要的现实意义。

多家机构积极申领牌照

自7月初“金融国十条”公布以来，多家机构积极申领牌照，目前纳入民营银行“候选名单”的企业仍在增加。继8月21日苏宁云商宣布设立苏宁银行后，湖北荆州凯乐科技公司成为第二家发公告称要设立民营银行的上市公司。此前，8月15日，“苏南银行”的名称被国家工商总局核准，媒体披露其幕后主角是红豆集团。另有报道称，国内的互联网巨头腾讯集团也在积极申请民营银行，已获省级政府同意并上报银监会。同时，来自安徽省金融办的消息，目前合肥、芜湖、六安、马鞍山、亳州等地都有民企申办民营银行的申请。

“通过对国际经验和中国历史、现状的比较可以判断，当前已基本具备开展民营资本发起设立中小银行试点的条件。”中国人民银行研究局局长纪志宏认为，宜按照“开放准入、严格监管、试点先行、有序推进”的总体思路，选择民间资本发达地区启动民营银行试点。

“让民营资本进入银行业更重要的意义在于宣示改革进程，释放改革预期，这对当前仍处在转型发展中的中国尤其重要。”国务院发展研究中心宏观经济研究部副部长魏加宁表示。

在当前中国经济结构矛盾日益突出，转方式、调结构压力不断加大的背景下，民营银行等中小银行的发展，对改善金融竞争生态，增加金融服务供给，缓解民营经济、小微企业和“三农”面临的融资约束，提高宏观融资效率具有重要意义。

专家同时表示，民营银行要真正“落地”，目前尚需出台配套政策，敲定准入门槛并发布实施细则。另外，由于国内民营银行筹办经验不足，在吸储能力、客户资源等方面，均存在先天不足。“在民营银行试水初期，给予相应的保护措施和政策过渡期，给民营银行一段时间适应‘水温’，是很有必要的。”中国社会科学院副院长李扬建议。

二、经济环境

金融行业本身就是社会经济中的重要环节，它必然会受到经济环境的影响。经济环境指金融机构营销活动所面临的外部社会经济条件，其运行状况和发展趋势会直接或间接地对金融机构营销活动产生影响。经济环境的一般研究包括经济发展阶段、消费者收入、消费者支出、消费者储蓄和信贷的变化等。

（一）经济发展阶段

经济发展阶段的划分，比较流行的是美国学者罗斯顿的经济成长阶段理论。他将世界各国的经济发展归纳为以下五个阶段：

① 传统经济社会；

② 经济起飞前的准备阶段；

③ 经济起飞阶段；

④ 迈向经济成熟阶段；

⑤ 大量消费阶段。

凡处于前三个阶段的国家称为发展中国家，处于后两个阶段的国家称为发达国家。

（二）消费者收入水平

在我国这样一个人口众多的大国中，金融机构的个人业务占据相当大的比重，而这些个人金融业务完全来自消费者的收入，但他们并非把全部收入都用来购买金融商品和接受金融服务。消费者的金融支出只是他们收入的一部分。因此，在研究消费收入时，要注意以下五点。

1. 国民收入

国民收入是指一个国家物质生产部门的劳动者在一定时期内（通常为1年）新创造的价值的总和。

2. 人均国民收入

用国民收入总量除以总人口，得到人均国民收入。这个指标大体上反映一个国家的经济发展水平。根据人均国民收入，可以推测不同的人均国民收入相应地消费哪一类金融产品或服务，以及在什么样的经济水平上形成怎样的金融消费水平和结构会呈现出的一般规律性。

3. 个人收入

个人收入是指所有个人从多种来源中所得到的收入，对其可进行不同方面的研究。一个地区个人收入的总和除以总人口，就是每人平均收入。该指标可以用作衡量当地消费者市场容量的大小和对金融产品吸引力的高低。

4. 个人可支配收入

个人可支配收入，即在个人收入中扣除税款和非税性负担后所得余额。它是个人收入中可以用于投资、购买保险等金融产品和服务的部分。

5. 个人可任意支配收入

个人可任意支配收入，即在个人可支配收入中减去用于维持个人与家庭生存不可缺少的费用（如房租、水电、食物、燃 料、衣着等项开支）后剩余的部分。这部分收入是消费需求变化中最活跃的因素，也是金融机构研究营销活动时所要考虑的主要对象。

因为从个人可以支配的收入中开支的维持生存所必需的基本生活资料部分，一般变动较小，相对稳定，即需求弹性小；而满足人们基本生活需要之外这部分收入所形成的需求弹性大，可用于购买保险、金融投资产品等，所以是影响金融产品销售的主要因素。

（三）消费者金融支出模式

消费者的金融支出模式（也称金融消费结构）是指消费者用于各种金融消费支出的比例。它对金融市场营销有着至关重要的作用。

小贴士

根据德国著名的统计学家恩格尔的研究，支出模式主要决定于消费者的收入水平。收入减少时，食品支出的比例就增大；反之，收入增加时，食品支出的比例就下降，而服装、交通、保健、文化娱乐、教育和储蓄等需要的支出比例会相应增加。

这种趋势被称为“恩格尔定律”。我们同样可以运用“恩格尔定律”来解释金融支出模式——收入的减少和增加必定会影响消费者金融消费的结构和层次，并从中总结出规律，使金融机构进行更有针对性的营销活动。

随着我国经济体制改革的深入和市场经济的发展，我国传统的温饱型消费格局正在逐渐改变，消费者的收入水平正在拉开档次，形成了不同的消费层次和日趋合理的消费结构，而与娱乐、文化教育、旅游等相关的商品和服务，其需求量无论从绝对数还是从相对数来看，都有所提高，正在形成巨大的潜在市场。

我国的消费者已基本上满足了最基本的温饱需要，开始向安全需要以及更高层次的其他需要跃进。金融机构必须密切关注这种变化，适时地调整自己的营销策略，只有这样才能争取更大的市场份额，在竞争中立于不败之地。

（四）消费者储蓄和信贷水平

储蓄是长期以来中国银行业的主要资金来源之一。虽然随着经济发展，我国的银行开始认识到中间业务对于银行的重要性，但是中国有着 13 亿人口，老百姓的储蓄观念很难改变，因此存款业务依然是银行目前赖以生存的重要资金来源。

小贴士

影响储蓄的因素有：

1. 收入水平

对于一个人、一个家庭来说，只有当收入超过一定的支出水平时，才有能力进行储蓄。

2. 通货膨胀的因素

当物价上涨接近或超过储蓄存款利率的增长时，货币的贬值将刺激消费、抑制储蓄。

3. 市场商品供给情况

当市场上商品短缺或产品质量不能满足消费者需要时，储蓄上升。

4. 对未来消费和当前消费的偏好程度

如果消费者较注重将来的消费，他们宁愿现在较为节俭而增加储蓄；如果消费者重视当前消费，则储蓄倾向较弱，储蓄水平降低。然而，随着人们对资本的理解日益成熟，消费者不仅以货币收入购买他们所需要的商品，还可以通过借款来购买商品，所以消费者信贷也是影响金融机构特别是银行营销活动的一个重要因素。

5. 宏观经济走势

一个国家或者地区的宏观经济走势对于金融机构的日常营销活动同样具有举足轻重的影响。这种经济趋势对于金融机构的业务影响最为明显。在经济快速发展，形势大好的时期，金融机构往往不愁业务的开展，各行各业都离不开各种金融产品或服务，可以说是供不应求，因而金融机构往往只需要加强金融产品的风险控制即可实现业务的发展；而在经济低迷、形势不容乐观的时期，金融机构直接地受到影响，经济活动的减少影响了它们的业务量，因此金融机构更需要在营销活动上下苦工夫，保证在宏观经济走势下降的情况下维持企业的发展。

（五）需要考虑的经济环境因素

目前在我国金融营销中需要考虑的经济环境因素有：宏观经济走势；再就业状况；私营企业发展扶持；股票市场趋势；货币政策；财政政策；国民生产总值变化趋势；经济转型；通货膨胀率；不同地区和消费群体间的收入差距；对不同类别产品和服务需求的转变；劳动生产率水平；居民储蓄和可支配收入水平；人均收入；平均可支配收入；居民的消费倾向；消费模式；等等。

三、社会环境

社会环境是指社会中人口分布与构成、受教育程度、传统风俗、道德信仰、价值观念、消费模式与自然环境变化等。这些社会条件和文化背景与政治环境和经济环境相比相对稳定，对金融机构营销活动的直接影响较小，尽管其变化不是很明显，但是不能忽视这些因素的不断变化。

比如，近来我国一些城市老龄人口的增加造成了人口结构的变化，对金融行业造成一定的影响，受其影响最为明显的是保险公司。又比如，随着教育水平的提高，人们的消费观念以及对金融消费的偏好也发生变化，使他们对银行产品和服务的选择相应地改变。

此外，社会文化因素直接影响员工的政治思想、道德观念、服务态度和敬业精神，从而影响金融机构的营销活动。

（一）社会文化环境

社会文化是企业环境重要的组成部分。从某种意义上讲，一定时间、空间的社会文化状态，总是决定着这一特定时空条件下的金融机构营销行为。社会文化环境主要是指一个国家、地区或民族的文化传统，如风俗习惯、伦理道德观念、价值观念、宗教信仰、审美观、语言文字等等。

文化是在人们的社会实践中形成的，是一种历史现象的沉淀。人们在不同的社会文化背景下生活和成长，在不知不觉中形成了各自不同的基本观念和信仰，成为他们的一种行为规范。金融营销同其他行业的营销活动一样，是在一个非常广阔且复杂的社会文化背景下进行的，它面对的是形形色色不同的价值观念、伦理道德观念、风俗习惯等。因此，要做好金融营销工作，必须了解和熟悉不同的社会文化环境。

首先，人们的生活方式、价值观念、风俗习惯和购买行为影响每个成员的生活和工作，因此不同社会阶层的顾客有着不同的购买行为。根据收入、财产、文化教育水平、职业和社会名望等社会标准，可以分出不同的社会阶层。同一阶层通常有相同的价值观念、生活方式和相似的购买行为。

小贴士

对于金融行业而言，在营销活动中识别不同顾客所属的不同社会阶层，有助于更好地进行市场细分和定位，能够为不同层次的顾客和企业提供优质的服务。比如，对于我国广大的农民群众，保险公司的业务可能更集中在农作物上；对于城市中的中等收入者，保险业务可能更集中在养老方面；对于那些中高收入者，可能要集中于健康和财产的保险业务。

银行业务同样如此，对于社会层次较高的顾客，银行仅仅提供普通的金融业务显然是不能满足他们的；对于低收入、社会地位较低的顾客而言，为他们提供复杂的金融服务同样可能是浪费营销资源。因此，要加强营销活动的针对性。只有认识到不同阶层的特征，才能在营销过程中做到有的放矢。

其次，在不同的文化背景下，顾客的购买行为有较大的差异。由于地域的差异，各个地区和民族的人们在长期生活习惯的影响下，产生了不同的文化背景。他们在不同的价值观、风俗习惯和审美观以及与核心文化同时存在的亚文化影响下，对金融产品和服务的认知度和态度也是不同的。

这一点对于中国的金融机构而言的确是一个巨大的挑战。我国幅员辽阔，各个地区和民族的文化差异给金融机构的营销活动造成了一定的困难，如何分析这些文化环境对营销的影响，是金融机构拓展新地区、开发新业务过程中的关键。

同样，对文化背景的研究在金融机构拓展海外市场过程中也是相当关键的，在这一点上，世界著名的花旗银行和友邦保险都是我们应该借鉴的对象。他们进入中国之前做了大量的文化背景调查，根据中国顾客的特点制定针对性的服务和本土化的企业文化。

此外，作为金融机构内部的文化环境，企业文化同样影响金融机构的营销活动。企业文化不仅在金融机构中确立营销的观念，还决定了金融机构的市场营销策略。但是企业文化并不是一朝一夕形成的，它需要金融机构确立目标并经过长期的坚持才能有效树立起来。

（二）人口环境

人口作为社会经济生活的主体，与社会经济发展有着密切的联系。一切社会的经济活动都离不开一定数量的人口，人口是包括金融产品在内的一切产品的消费者，金融机构的活动要围绕着人口的需求展开。人口与社会经济发展的关系在宏观上界定了人口与金融机构发展的关系。

金融市场同普通的消费品市场一样，是由具有购买欲望与购买能力的人所构成的，因而，人口的数量、分布、构成、教育程度以及在地区间的移动等人口统计因素，形成了金融营销中的人口环境。人口状况将直接影响到金融机构的营销战略和营销管理，其中，保险公司的市场营销与一国人口环境的联系更为密切。

因此，多角度、多侧面地正确认识人口环境与金融营销之间所存在的无可避免的深刻联系，把握住人口环境的发展变化，是金融机构把握自己的行业特点和资源条件，正确选择目标市场，成功开展市场营销活动的重要决策依据之一。

小贴士

人口环境对于金融营销的影响主要体现在人口规模和人口结构两个主要方面。人口规模即人口数量，指总人口的多少。人口绝对量的增减（即人口规模的大小）虽说只是从数量上影响金融机构的业务量，但由于人口数量的增减会导致社会总体消费增减，进而促进或者阻碍消费品生产企业的业务，最终还是体现在金融业务量的增减上。作为世界上人口最多的国家，我国金融市场的发展具有极为广阔的前景，目前世界著名的金融机构已经认识到我国的巨大市场，正接踵而来，并且扩展其相关业务，值得引起我国金融业的关注。

人口构成包括自然构成和社会构成，前者如性别构成、年龄结构；后者如民族构成、职业构成、教育构成等。以性别、年龄、民族、职业、教育程度相区别的不同消费者，由于在收入、阅历、生活方式、价值观念、风俗习惯、社会活动等方面的差异，必然产生不同的金融消费需求和消费方式，形成各具特色的消费群体。

（三）其他需要考虑的社会环境因素

目前在金融营销中需要考虑的社会环境因素有：主流价值观及变化，平均受教育水平，购买习惯，就业观念，生活方式，城乡差别，区域性趣味和偏好变化，文化习俗，储蓄倾向，投资倾向，区域和国家的人口变化、规模、结构，人口的年龄、性别和富裕程度的变化，人口预期寿命，人口老龄化程度，流动人口数量，家庭结构及变化，民族习惯，等等。

四、技术环境

技术环境也是金融机构外部环境中的重要组成部分。与生产型企业相比，可能金融机构受技术环境影响的程度要小一些,但是不能忽视它对金融机构发展所起的作用。技术的变更与进步不仅影响金融机构的市场份额、产品的生命周期、企业的竞争优势,而且对金融机构内部的环境因素产生较大影响。

科学技术是社会生产力的新的和最活跃的因素。作为营销环境的一部分,科技环境不仅直接影响金融机构内部的生产和经营,还与其他环境因素相互依赖、相互作用,特别是与经济环境、文化环境的关系更紧密,尤其是新技术革命,给金融机构市场营销既造就了机会,又带来了威胁。企业的机会在于寻找或利用新的技术,满足新的需求。它面临的威胁可能有以下两个方面。

(1) 新技术的出现使金融机构现有服务功能变得陈旧。

(2) 新技术改革了金融机构人员原有的价值观。

所以,面对技术环境的不断变化,如果金融机构不积极地及时跟上,就有可能被淘汰。

(一) 新技术引起金融营销策略的变化

这一变化给金融机构带来巨大的压力,同时改变了企业生产经营的内部因素和外部环境,而引起以下金融营销策略的变化。

1. 产品策略

由于科学技术的迅速发展,银行、保险公司和证券公司等金融机构开发新产品的周期大大缩短,产品更新换代加快。开发新的金融产品成了企业开拓新市场和赖以生存发展的根本条件。因此,要求金融机构不断寻找新市场,预测新技术,时刻注意新技术在产品开发中的应用,从而开发出给消费者带来更多便利的新产品。比如,精算技术的发展就给了保险公司开发出新产品的机遇。

2. 分销策略

由于新技术的不断应用,技术环境不断变化,人们的工作及生活方式发生了重大变化。网络技术的发展给金融机构的营销渠道带来了巨大的变化,银行过去一味追求增加营业网点的营销策略随着 ATM 终端和网络银行的出现而有所不同,如今顾客可以坐在家中的电脑前完成许多复杂的银行业务。同样的情况也出现在证券公司,网上炒股已经逐渐取代了营业厅中长长的队伍。

3. 价格策略

网络技术等科学技术的发展及应用,降低了产品的成本,使企业通过信息技术,加强信息反馈,正确应用价值规律、供求规律、竞争规律来制定和修改价格策略。

4. 促销策略

科学技术的应用引起促销手段的多样化,尤其是广告媒体的多样化,广告宣传方式的复杂化。网络的发展使得促销手段丰富多彩,在降低营销成本的同时提高了广告的效率。当然,技术环境的变化并不总是对金融业有利,得到机遇的同时也存在着威胁。网络银行的发展是迅速的,但目前它还是受到安全技术的限制。要是银行不能解决好这个问题,这项技术的实际应用就会大打折扣。

小贴士

满足客户需要的问题，在西方营销学界有人称之为“外部营销”，金融业营销还必须解决“内部营销”问题。“内部营销”就是企业的决策层和领导层必须善于与下属沟通，通过引导来帮助下属做好工作，这对金融企业来说尤为重要。

因为金融企业从事第一线工作的广大员工与客户有着最直接和最广泛的联系，他们的言行举止直接会影响客户对银行的“第一印象”，所以必须重视和抓好对内部雇员的培养和训练工作。同时，通过制定内部工作准则、服务标准，甚至是构建评分体系等一系列对内营销宣传教育，使广大雇员树立营销服务观念，认识工作人员与客户的交流过程对本企业经营业务成败的重要作用，从而出色地完成“一线营销”的任务。

（二）新技术引起的金融机构经营管理的变化

技术革命是管理改革或管理革命的动力，它向管理提出了新课题、新要求，为企业改善经营管理、提高管理效率提供了物质基础。计算机网络的出现，标志着技术发展进入了一个新的历史阶段。目前我国许多企业在经营管理中都使用电脑、传真机等设备，这对于改善企业经营管理、提高企业经营效益起了很大作用。

目前，我们正处于科技高速发展和广泛运用的时代。金融机构运用现代化技术的能力成为衡量其竞争能力强弱的重要标志。地理位置优越不是现代金融机构业务兴衰的必要条件，资产资本多少也不再是衡量银行价值的唯一标准。随着电子计算机、现代化通信和一系列信息技术的广泛运用，金融机构可设计出更多、更新的产品和服务，并能准确、便捷、高质量、多渠道地将之提供给客户，使其业务从繁杂、低效趋向简化、自动化，经营效率提高，营销成本降低。

（三）其他需要考虑的技术环境因素

目前我国在金融营销中需要考虑的技术环境因素有：目前行业中应用的新技术是什么？新技术能够为金融机构带来什么变化？公司拥有的主要技术是什么？公司现有技术有哪些应用？新技术是否值得投资？等等。

第三节　微观环境分析

一、外部环境

金融营销的外部环境是指金融机构在营销过程中所面临的企业之外的环境。金融行业有其自身的特点，银行、保险公司和证券公司同样面临着竞争对手的挑战。同时，金融机构对于个人客户和企业客户的差异性等都是金融营销时必须考虑的外部环境，因为这些环境因素的变动会影响金融机构的营销战略和策略。

（一）竞争环境

菲利普·科特勒这样评价竞争：“忽略了竞争者的公司往往成为绩效差的公司，仿效竞争者的公司往往是一般的公司，获胜的公司往往在引导着它们的竞争者。”因此，开展对竞争者的分析是在营销过程中不可忽视的一个环节。

竞争者的多少及其活动的频率是决定金融机构是否能盈利的一个因素。在一定时期内，当市场需求相对稳定时，提供同类产品或服务的金融机构越多，某金融机构的市场份额就可能越少，竞争者的营销手段较为先进，客户就可能转向他们，金融产品的需求会出现下降。因此，研究、分析竞争对手的状况直接关系到金融机构营销策略的选择和运用。市场是由许许多多的行业竞争者组成的，从宏观的角度来看，我们可以分析竞争者的数量以及它们所占的市场份额；而从微观的角度来看，每一个竞争企业的营销战略和策略同样是需要分析的重点。一般来看，从以下几个方面对竞争市场以及竞争者进行分析。

1. 竞争者的数量

随着经济飞速发展，我国目前已形成一个开放度大、竞争性强、多种金融机构并存的多元化金融格局，金融机构面临着严峻的挑战。巨大的市场是吸引如此众多竞争者进入的原因之一，但竞争对于市场中的每一个金融机构来说都是机会与挑战并存的。

2. 竞争者的市场份额

衡量市场份额大小的指标主要是市场占有率和市场集中度，市场集中度又是市场结构的衡量指标。市场占有率是指在一定时期内，企业所生产的产品在其市场上的销售量或销售额占同类产品销售总量或销售总额的比例。通过市场占有率，可以分析竞争对手和自己的实力比较，较为客观地评价每一个对手在市场中的地位。在具体的分析过程中，可以将市场份额进行细分。

小贴士

在一般情况下，每个金融机构在分析它的竞争者的市场占有率时，必须分析三个变量：

(1) 市场份额。竞争者在相关金融市场上所拥有的销售份额。

(2) 心理份额。这是指在回答“举出金融行业，比如保险公司中你首先想到的一家公司”这一问题时，答案所反映的竞争者客户在全部客户中所占的百分比。

(3) 情感份额。这是指在回答“举出你喜欢接受其业务和服务的金融机构”这一问题时，答案反映的竞争者客户在全部客户中所占的百分比。

如果心理份额和情感份额下降的话，市场份额再高，该机构的市场占有率最终会呈现出下降的趋势。事实证明，在心理份额和情感份额方面稳步进取的企业最终将获得较高的市场份额和利润。

市场集中度是指市场份额的集中程度，即领先、具有较强竞争力的金融机构的数量，从中可以判断市场的结构以及进入的难易程度。若市场集中程度高，意味着市场份额被少数实力强的金融机构瓜分，进入难度较大；若市场集中程度低，意味着虽然市场中竞争对手众多，但是并不具有实力超强的企业，进入难度相对较小。

3. 竞争者的营销策略

对于金融机构来说，确认自己的竞争对手并不困难；而一旦确定竞争对手，就要分析它们的战略、目标、优势与劣势以及运行模式。在进行金融营销时，研究竞争者就不能不分析其金融营销策略。竞争者的营销策略和具体的营销活动会直接影响到其对客户的吸引力，而对客户的吸引力正是所有金融机构争夺的焦点。

在竞争分析过程中，金融机构需要的是对竞争对手的营销战略和营销策略的整体研究。在对竞争者营销活动全面分析的基础上，根据自身的特点和优势，选择和实施营销策略，才能知己知彼、百战不殆。

小贴士

金融业独特的服务方式决定了其营销不能死搬硬套工商企业那一套，而应根据行业特点，创新出适合自己特色的营销活动。例如：

(1) 服务营销。根据行业特点，利用超水平的服务使本企业在行业中出类拔萃。作为第三产业的金融服务业，其营销特点就是"服务加服务"。金融企业只有建立"大服务"观念，强化"大服务"意识，积极改进和创新服务品种、服务手段和服务设施，才能向社会提供高质量、高效率、高层次的金融服务，赢得竞争优势，树立良好形象。

(2) 超值营销。就是在产品质量、特征、价格等方面增加产品的额外价值。

（二）顾客环境

金融机构的客户一般分为两个部分，即个人客户和企业客户，他们既是金融机构资金的主要供应者，也是资金需求者。一般在金融机构中，都分为个人业务和公司业务两个部分。比如，在银行中，分为个人业务和公司业务两大块；在保险公司，分为个人险和公司险；在证券公司中，同样按照个人和企业分为不同的运作部门。

由于个人同企业在业务范围以及规模上的巨大区别，金融机构往往在统一的营销战略指导下，对于不同的个人和企业营销环境，分别制定不同的营销策略。不同的客户具有不同的需求，为满足客户的多样化需求，金融机构提供的产品必须具有差异性与易变性。这种差异性和易变性，反映了金融营销面临的客户环境因素的不确定性，也为金融机构改善经营、重视营销、提高竞争力、求得自身发展提供了原动力。

1. 个人客户

随着金融机构的发展和激烈的行业竞争，以及个人财富的积累，它们为个人客户提供的业务从简单的存取款、买卖股票和购买保险向更为复杂的按揭、投资等方面发展。抓住个人客户的特点，分析他们的喜好和消费习惯，都将有利于金融机构争夺个人客户。相对于企业客户，金融机构为个人提供的金融产品更像是一般意义上的普通商品。

以花旗银行为例，其个人业务部门的经理多是从一些生产消费品产品的企业中如联合利华招聘而来。他们认为，银行的个人金融产品除了在开发方面与普通的商品有所区别外，在营销方面的理念与一般商品完全一致，从制定价格、设计销售渠道、做广告搞促销到销售人员与顾客的接触，都可以按照一般的营销活动来进行。

当然，如果能够根据顾客的偏好设计具有创新的营销手段，无疑会提高销售量，达到出奇制胜的效果。因此，对于金融机构来说，要做好个人客户的营销，需要从分析顾客的特点出发，以便更好地制定营销策略，为其提供更好的服务。此外，对于个人客户，金融机构应该把重点更多地放在提高现场的服务质量上。中国国内的金融机构尤其要注意这一点，因为长期以来，银行、保险公司以及证券公司等金融机构在服务理念上与国外金融机构存在不小的差距，在一定程度上阻碍了企业的继续发展。

2. 企业客户

同样，公司业务也是金融机构的重要业务。企业客户与个人客户存在着较大的不同之处。首先，企业客户涉及的金额是个人客户不能比拟的；其次，企业客户向银行等金融机构提供的业务种类和业务范围要比个人业务更丰富、广泛和复杂。

因此，对于企业客户，金融机构的重点并不能仅仅放在提高服务质量上，而是应该根据不同的客户开发推出满足其需求的业务和服务，把重点放在提高产品的质量上。公司业务不再是类似于消费品的简单商品，营销手段不再是通过大量的广告和诱人的促销推广来提高企业形象这么简单。比如，我们可以从电视、报纸广告上看到许多银行的信用卡广告，却几乎看不到公司业务的广告，这虽然只是在广告方面的差异，却已经显示出金融营销对于不同的顾客类型需要不一样的策略。

二、内部环境

金融营销的内部环境并不像外部环境那样具有一定的不可预测性，企业通过分析，发现自身在组织结构和部门之间关系上存在的不足和问题，判断内部环境的优劣，以及营销活动能否很好地对之相适应。在金融机构的内部环境分析过程中，我们将其分为两个主要部分：金融机构营销组织结构对营销活动的影响和金融机构各部门的关系及协调合作对营销活动的影响。前者强调了企业内部的营销组织结构对于营销环境的影响，后者强调了企业内部各部门及其人员对于营销环境的影响。

（一）金融机构营销组织结构对营销活动的影响

金融机构中的营销组织结构对于实现特定的营销目标，更好地发挥营销功能是相当关键的。它通过不同营销职位及其权责的确定，并对它们之间的关系进行一定的协调与控制，合理、迅速地传递信息，从而将营销人员承担的任务组成一个有机的整体。

良好的组织结构可以把金融机构营销活动的各个要素、各个部门、各个环节在时间上和空间上相互联系起来，加强分工与协作，促使营销活动更加协调、有序地发展。当然，金融机构的营销组织结构首先要建立在营销组织自身的存在之上。虽然营销部门在国外的金融机构中有其悠久的发展历史，但中国的金融机构，特别是银行，由于长期以来没有市场所带来的压力，因此营销在金融机构，特别是银行中的发展相当缓慢。

直到最近几年，由于外资银行和保险公司等一批外资金融机构进入，以及消费者的观念发生转变，才使中国的金融机构认识到营销对于自身发展的重要作用，于是在这些企业中出现了独立的营销部门，专门负责业务的推广以及整个企业的营销任务。

金融机构中的营销组织结构对于营销活动的顺利开展有着重要的意义，直接影响营销的内部环境。以银行为例，它的营销组织模式是银行组织营销活动的方式，随着银行营销活动的发展而不断走向完善。围绕金融产品职能、银行活动领域的范围、地理位置及其相互关系形成了多种多样的营销组织模式。

下面介绍几种主要的银行营销组织模式及其特点。

1. 职能型银行营销组织模式

这种模式是指按照营销工作的不同职能来对营销部门进行具体划分。一般来说，银行营销部门可以设营销行政、市场调研、新产品开发、销售、广告与促销、客户服务等职务。

其中，营销行政部门负责营销领域的日常具体行政事务，如人事管理、费用控制等；市场调研部门主要负责改善银行市场机会及营销活动的市场调查研究。新产品开发部门负责根据市场调研部门提供的信息，设计出满足市场需求的产品；广告与促销部门提供有关推广银行产品信息、广告宣传、媒体技术等服务，并与外部保持密切的联系，以增强本行及其产品的知名度；客户服务部门主要负责向客户提供各项售后服务，接受客户的投诉案件。在这种模式中，营销经理是最高层次，负责银行营销战略的制定及营销预算决策等关键性事项，同时做好各营销职能部门的协调工作；各职能部门向营销主管负责，其规模根据银行的具体情况来确定。该模式的结构如图 2-3 所示。

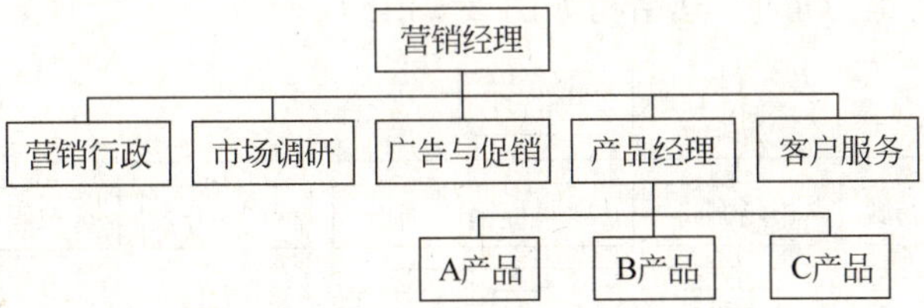

图 2-3 职能型银行营销组织模式

职能型营销组织模式对于营销活动的正面影响非常明显，各职能部门分工明确，可以利用特殊专长处理不同的营销工作，而且管理比较简单。但它不适合市场与产品数量太多的银行以及金融营销活动，而且各个职能部门容易造成各自为政的局面。过分强调本部门功能的重要性，可能会使营销经理在协调上花费大量精力，影响到营销的长远规划的顺利实施。

2. 产品型银行营销组织模式

这是按照不同种类的产品进行管理的组织模式，较适合于规模较大、拥有较多金融产品的银行。它是一种为了适应竞争激烈化、产品创新多样化的形式而出现的纵横交织的结构。在纵向，依然保留了各项功能型的部门；在横向，增加了产品经理，主要负责制定产品的策略与计划。其基本结构如图 2-4 所示。

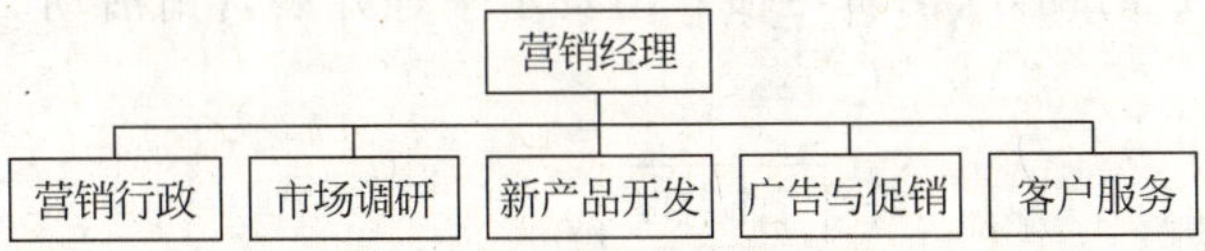

图 2-4 产品型银行营销组织模式

产品型营销组织对于营销活动的优点有以下几个：

(1) 不同产品由专人负责，使各种产品都不会被忽视，产品成长较快。

(2) 便于对产品的管理。银行可以集中精力管好不同的具体产品，尤其是在市场营销中占到较大比例的产品。

(3) 使银行针对市场上出现的问题迅速做出反应，为开发新产品协调好各方面的力量。

当然，这种模式也有其对营销活动的负面影响，突出表现在以下几点：

(1) 花费较高。因为由专人负责一种或几种产品，因此对银行营销部门的人员配置以及开销的要求就较大。

(2) 整体性较差。主要是各产品的负责人可能致力于他所管辖的产品的管理，而忽视了整个市场的状况。

(3) 产品经理的权利有限。一般来说，产品经理没有足够的权利去充分行使其职责，而不得不依赖于广告、推销及产品开发等其他部门的合作。

3. 地域型银行营销组织模式

随着银行规模的扩大，地域型的营销组织模式便自然得到了应用。这种模式是按照不同的地区来设置营销力量的，其结构如图 2-5 所示。

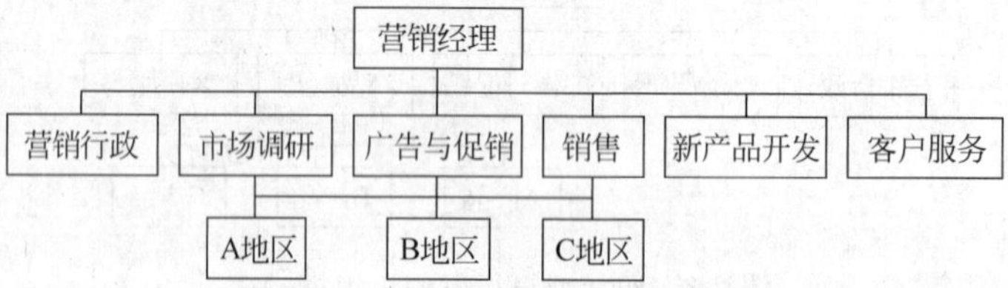

图 2-5　地域型银行营销组织模式

在该模式中，地区经理掌握本地区的市场环境、客户及竞争对手的状况，配合银行的总体战略计划，为产品在本地区打开市场制定年度计划与中长期计划，并负责贯彻执行。区域型营销组织模式可以在一定程度上减少营销费用，便于有关人员了解所在地区的特殊环境，加快市场开拓步伐，对于营销人员的工作绩效也容易衡量与评价。

4. 市场型银行营销组织模式

它是以市场细分为基础的一种银行营销组织模式。为了能集中精力开展营销，在现代激烈的银行业竞争中取胜，银行应进行全面的市场细分，并做好市场定位，努力为不同的市场提供优质服务。大多数银行以及金融机构使用的方法是将整个市场划分为个人客户市场与企业客户市场，再针对不同客户继续划分。关于市场细分的内容，将在第三章详细介绍，根据不同客户的偏好、消费习惯和消费水平等开展营销活动。该模式的结构如图 2-6 所示。

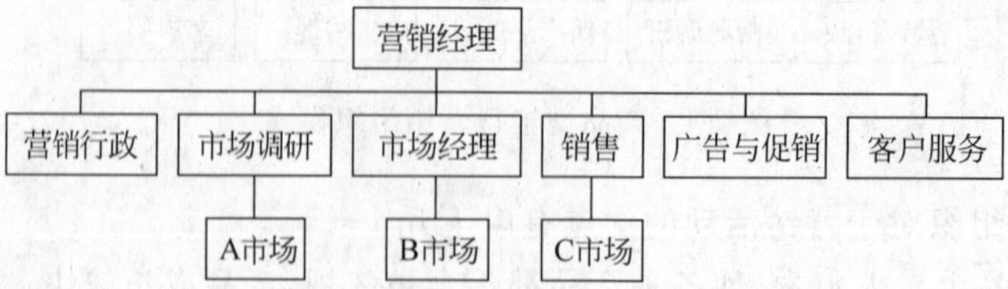

图 2-6　市场型银行营销组织模式

5. 混合型营销组织模式

我们按照职能、产品、地域和市场将银行营销组织模式分为以上四种不同的结构，但是在复杂的金融市场中，依靠单一的组织模式并不可行。如何根据市场的需要，扬长避短，设置相应的混合型营销组织模式是摆在银行及其他金融机构面前的一个需要解决的问题。各种不同的组织模式搭配使用，便出现了混合型的模式。

常见的混合型营销组织模式有以下几种：

(1) 产品一市场型模式，即银行营销部门同时设立产品经理与市场经理，前者负责产品销售及理论规划，后者致力于市场的培育开发。

(2) 产品一职能模式，将各职能部门与不同产品相互交叉。任何不同的企业组织结构对于营销部门的影响都是不同的，营销活动在金融机构中的不断发展就是金融机构组织机构不断调整变化的过程。随着经济的发展和竞争的日益激烈，金融机构特别是银行中的营销观念也在相应地发生改变，客户满意度的提高对企业的长期发展至关重要，因此营销的组织模式随之发生变化。于是，越来越多的金融机构建立了“客户经理制”这一新一代营销模式。

客户经理制，是指商业银行以市场为导向，以客户的需求为根本出发点，建立起的与客户一一对应的营销组织结构体系，谋求与客户建立一个全面、明确、稳定和长期的服务关系，使本行的人力、物力等资源得到更充分的利用。

客户经理制在经营管理上完全贯彻了以客户为导向的营销理念，把银行的各部门连接成一个整体，最大限度地方便了客户。当客户有金融服务需求时，不必分别找银行相应的部门，只需交由客户经理统一完成即可。客户经理成为银行与客户连接的桥梁，他与客户全方位接触，及时获悉顾客的要求和想法，向研究部门和管理部门反馈信息，以设计出适销对路的金融新品种满足客户的需求，大大加快了创新。可以说，客户经理制代表了现代金融机构的营销组织模式，有利于金融机构的营销活动，也是建立以营销为理念的新型金融机构的根本。

（二）金融机构各部门的关系及协调合作对营销活动的影响

日益激烈的行业竞争使得金融机构的营销活动日益复杂，营销部门在金融机构中的地位随之提高，这不免引起各部门之间的矛盾。因此，分析企业面临的内部环境，处理好各部门之间的关系，提高协调合作的能力是金融机构营销活动的关键。

以银行为例，由于营销部门和其他部门之间是相互作用的，营销计划的执行要依赖于银行组织中的每一个部门，尤其是数据处理、系统与操作、人力资源或人事、财务会计、银行投资、法律服务、审计等部门。各个职能部门的相互配合情况决定了银行部门的关系及协调合作对于营销活动的影响。以银行为代表的金融机构在实际运行过程中可能产生很多矛盾，这些矛盾的来源有多种多样的因素，主要的有以下几个方面。

1. 不同部门对一些问题的不同看法

不同部门面临的具体工作不同，它们的视角存在较大差异，对自己的认识及对别人的评价也不同。金融机构虽然可以保证使各个部门都按照完成企业的总体目标而运作，却很难保证部门之间都能做到协调。例如，营销部门要求在有利可图的情况下尽量满足客户，因此它们往往希望为广告、推销等活动提供预算，而认为财会部门将资金管得太紧、过分保守、不敢冒险，使银行丧失了许多机会；财会部门则认为营销人员很难具体说明营销预算的增加给银行带来多少销售额的增加，只是一种对机会的预测，与金融机构中财务部门所追求的稳妥风格不相一致，于是两者之间便产生了冲突。

2. 各部门的权利之争

有的部门在业务过程中倾向于强调本部门的重要性，提高自己的地位，甚至想成为业务活动的领导者，从而控制其他部门；其他部门则不甘受控于人，从而产生争夺领导权与控制权的斗争。

3. 不同部门的利益不同

为了争夺本部门的利益，可能会出现矛盾与摩擦。例如操作部门，它们最关心的是日常工作是否能够顺利、精确、及时地完成（如票据处理要准确，账户要平衡等），避免失误或因其他问题而引起检查人员的注意，对于客户的满意程度则排在次要位置；但营销部门要求的不仅仅是顺利与及时，还要使银行产品能在最大限度上满足客户的需求，追求利益的最大化。

4. 有的部门行为不当

在银行运作过程中，如果有一个或几个部门采取了不当行为，使其他部门受到损害，势必引起其他部门的报复行为。

5. 营销部门内部也存在一定的冲突

我们同样不能忽视营销部门内部的各种冲突和矛盾引起的不良环境。上述矛盾与争夺必然耗费许多时间与精力，使金融机构丧失更好的发展机会，从而削弱企业的竞争能力，影响其战略目标的实现。

因此，从分析中可以看到：金融机构进行营销活动，除了在企业中设置营销部门，加强营销力度之外，更重要的是在企业中倡导营销的观念，组织和协调好各个部门的工作。只有所有部门、所有人认识到营销对于企业发展的重要作用，各自出力，在企业中营造有利于开展营销活动的环境，才能保证营销活动整体有规划地正常进行。

第四节　金融营销环境分析的一般方法

分析金融营销的环境不只是为了识别企业所处的环境，而是想要通过对各种环境因素的综合评价提出企业所面临的机会和威胁、优势和劣势。单纯的环境分析充其量是对各种影响因素的一种综合和罗列，缺乏更深的挖掘，对于金融机构进行营销活动缺乏现实意义。

下面介绍几种比较常见的环境分析方法，主要有外部因素评价（EFE）矩阵分析法、SWOT和SPACE分析法。后两种方法更多地用在企业战略分析过程中，为制定经营战略提供可靠的依据，但它们与企业的外部环境都有密切联系，在此仅作简单介绍。金融机构可以在营销过程中使用这些方法，分析自己的业务在竞争环境中所处的地位，从而扬长避短、更好地进行金融营销活动。

一、外部因素评价（EFE）矩阵

企业外部环境关键因素评价矩阵分析，主要反映出金融行业前景及金融行业中企业所面临的主要机会与威胁，帮助金融机构的营销战略决策者全面认识外部环境因素，为制定营销战略提供可靠的依据。金融机构外部环境关键因素评价矩阵分析方法原理与金融行业关键因素评价矩阵基本相同,具体包括以下五个步骤：

第一步：由金融机构营销战略决策者识别并列出外部环境中的关键因素,即找出企业所面临的主要机会和威胁。在实际应用中,一般以列出10~15个机会和威胁为宜。当然这些机会和威胁与金融机构的关联度相对都要大一些,即其都可能影响金融机构的营销活动。

第二步：为每个关键因素指定一个权重,以表明该要素对于金融行业中企业营销活动成败的相对重要度。权重取值范围从0.0(表示不重要)到1.0,各要素权重值之和为1。

第三步：用评分值1、2、3、4来分别代表相应要素对于金融机构来说是主要威胁、一般威胁、一般机会、主要机会。

第四步：将每一要素的权重与相应的评分值相乘,得到各要素的加权评价值。

第五步：将第一要素的加权评价值加总,求得企业外部环境机会与威胁的综合加权评价值。

根据以上评价过程可知,对于任一金融机构来说,其可能的最高与最低综合加权评价值分别为4.0与1.0,其平均综合加权评价值为2.5。如果综合加权评价值为4.0,表示该企业处于一个非常有吸引力的行业之中,面临着大量的市场机会;综合加权评价值为1.0,表示企业处于一个前景不妙的行业之中,面临着严重的外部威胁。

外部因素评价矩阵的特点是操作简单,很容易判断受金融市场环境的影响程度。但是该方法中通过加权得出的评价值只能体现企业在行业中的相对地位,其判断仅仅是通过与行业平均水平相比得出的。因此,若想进一步分析企业在金融市场环境中的优劣势,需要更为全面的分析方法。

二、SWOT和SPACE分析

SWOT分析和SPACE分析从严格意义上来说,都不是用来分析企业营销环境的方法,而是作为在战略管理中确定企业自身定位的分析方法。之所以将其运用到金融营销的环境分析中来,主要是通过这两种方法,可以把企业在宏观和微观环境中所处的优势和劣势勾画出来,以便更好地了解环境对于企业的影响以及影响程度。

我们把金融机构的外部和内部环境看做是企业的资源,对这些资源进行分析,从而评价企业的优势和劣势,以此作为环境分析的一种方法。下面简单地介绍SWOT和SPACE分析。在金融营销的竞争策略部分,还会用到这些方法。

(一) SWOT分析法

SWOT分析法是一种综合考虑企业内部条件和外部环境的各种因素,进行系统评价,从而选择最佳经营战略的方法。这里,S是指企业内部的优势(Strength),W是指企业内部的劣势(Weakness),O是指企业外部环境的机会(Opportunities),T是指企业外部环境的威胁(Threats)。关于营销过程中金融机构所面临的这些来自内、外环境的优势、劣势和机会、威胁,本章前两节中都有所分析。

SWOT分析过程分为如下几个步骤：

(1) 确认金融机构当前执行的营销战略。当然,这种战略可能是成功的,也可能存在问题。

(2) 确认金融机构外部环境的关键性变化，把握可能出现的机会和威胁。虽然没有固定的数目，但以不超过8个关键点为宜。尽量挑选与金融机构息息相关的环境因素，确认其变化对金融营销有较大的影响。

(3) 根据金融机构的资源组合状况，按照一定的程序确认企业的关键能力(优势)和受到的关键限制(劣势)。同样，关键点最好不超过8个。

(4) 对所列出的外部环境和内部条件的各关键因素逐项打分，然后按照因素的重要程度加权并求其代数和。

(5) 将上述结果在SWOT分析图上具体定位，确定金融机构营销战略能力。

(6) 营销战略分析。由图2-7可知，在右上角定位的企业具有很好的内部条件以及众多的外部机会，应该采取增长型战略。

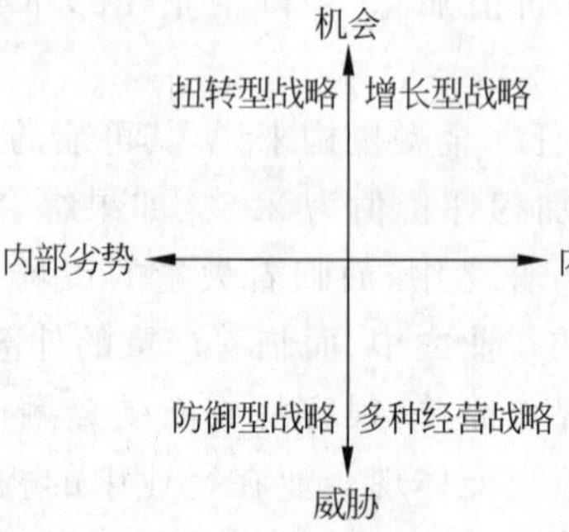

图2-7　SWOT分析图

处于左上角的企业面临巨大的外部机会，却受到内部劣势的限制，应采用扭转型战略，充分利用环境带来的机会，设法清除劣势。在左下角定位的企业，内部存在劣势，外部面临强大威胁，应采用防御型战略。处于右下角的企业，具有一定的内部优势，但外部环境存在威胁，应采取多种经营战略，利用自己的优势，在多样化经营上寻找长期发展的机会。

（二）战略地位和行动评估矩阵(SPACE)

SWOT分析以简单明了的方法提供了企业战略能力评价的工具，但是，它最大的遗憾是“方向单一”。在SWOT分析中，反映外部环境机会与威胁由多个关键指标综合完成，这些指标可能优劣的方向并不一致。比如，金融行业发展潜力与行业的稳定性两个指标可能就不一致，发展潜力大并不意味着稳定性高。

同样，在SWOT分析中，反映金融机构内部条件优势和劣势也由多个指标综合完成，市场份额与金融机构财务实力(投资回报)可能不一致。因此，从SWOT分析得出的企业战略能力定位的结果中，不能判断企业外部环境的机会(或风险)以及企业的优势(或劣势)主要是由哪些因素决定的。为克服SWOT分析的不足，SPACE矩阵做了很大的改进。它用四维坐标进行评估，如图2-8所示。

环境稳定要素和产业实力要素是反映外部环境的二维坐标。财务实力要素和竞争优势要素是反映企业内部条件的二维坐标。

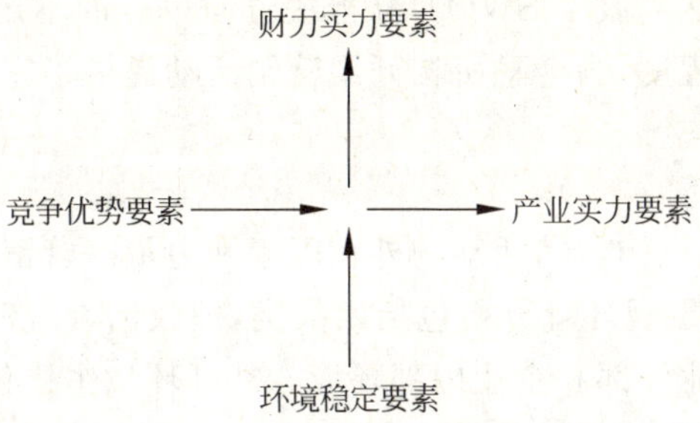

图 2-8　战略地位和行动评估矩阵（SPACE）

(1) 确定各维度坐标的关键要素。

和 SWOT 分析要求一样，关键要素一般不超过 8 个。比如，环境稳定要素有相关政策法规变动、国家经济发展水平、通货膨胀率、人口变化、技术变化、竞争产品的价格范围、进入市场的障碍、竞争压力等。

(2) 分别在这四维坐标上按＋6 至－6 进行刻度。

(3) 根据实际情况，对每个要素进行评定，即确定各要素归属哪个刻度。请注意，产业实力和财务实力坐标上的各要素刻度绝对值越大，反映该要素状况越好；而环境稳定和竞争优势坐标上的各要素刻度绝对值越大，反映该要素状况越差。

(4) 按各要素的重要程度加权，并求各坐标的代数和。

(5) 根据上述结果进行战略地位定位与评价，将会有多种组合结果。

以下四种组合是比较典型的：进攻型、竞争型、保守型和防御型，如图 2-9 所示。

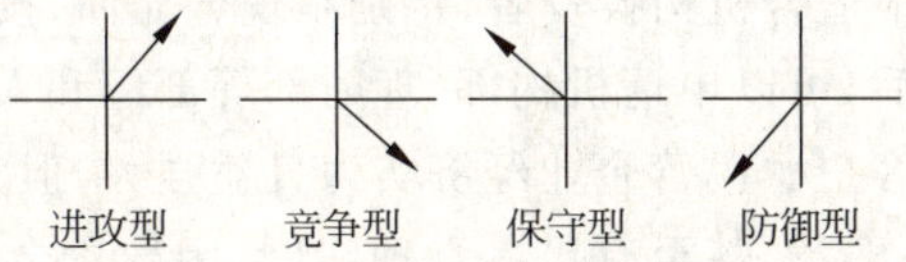

图 2-9　各种战略形态示意

1. **进攻型**

行业吸引力强，环境不确定因素极小，金融机构有一定竞争优势，并可以用财务实力加以保护。处于这种情况下的金融机构可采取发展策略。

2. **竞争型**

行业吸引力强，但环境处于相对不稳定状况，金融机构占有竞争优势，但缺乏财务实力。处于这种情况下的金融机构应寻求财务资源，以增加营销力度。

3. **保守型**

金融机构处于稳定而缓慢发展的市场，企业竞争优势不足，但财务实力较强。处于这种情况下的企业应该削减其产品系列，争取进入利润更高的市场。

4. **防御型**

企业处于日趋衰退且不稳定的环境，企业本身缺乏竞争性产品，且财务能力不强。此时，企业应该考虑退出市场。

SPACE 矩阵分析虽然克服了 SWOT 分析法方向单一的不足，但由于它有多种可能组合，增加了分析的复杂程度，为金融机构开展营销活动提供了完整的环境分析。

本章小结

营销环境是影响金融机构营销活动的外在因素和力量。营销环境的总体分析通常分为宏观和微观两个方面：宏观环境分析包括四大类，即政治、经济、社会、技术；微观环境分析包括两个方面，即企业外部和企业内部环境。外部环境主要包括金融行业和市场，内部环境包括金融机构内部各部门的关系及协调合作。

本章依据金融营销过程中的这些环境因素展开了详细的分析，还提供了一些金融营销环境分析的一般方法。此外，通过对我国金融市场营销环境所做的分析实例，学习如何使用这些分析方法。

复习思考题

1. 什么是金融营销环境？其分析特征和过程主要有哪些？
2. 对于宏观金融环境，可以从哪些方面来分析？
3. 对于微观金融环境，可以从哪些方面来分析？
4. 怎样对金融环境的机会和威胁进行评估？
5. 证券营销微观环境分析。

(1) 学会识别证券营销微观环境的几大影响因素。

(2) 学会分析和评估微观环境影响因素对证券营销活动的影响。

X 产品的特点和优势很适合机构投资者，特别是现金充沛、投资谨慎的民营企业和财务集团。营业部确定目标后，可以申请机构部、理财部等部门和人员予以支持、配合，攻克这部分以前注意度不高的客户。民营企业经济实力日益强大，但大部分以实业投资为主，风险偏好低，对资本市场不熟悉，甚至有畏惧心理，日常闲散资金较多而又没有合适的投资渠道。X 产品比较符合他们的投资需求。我们应充分利用这次机会，与民企构建良好的联系通道，与其展开多方位的合作。财务公司实力雄厚、现金充沛，路人皆知，但由于对风险及资本市场过于敏感，通常会寻找知名度非常高的金融企业合作，我们还较难打开缺口。

X 产品的推出，给了我们一次非常有利的接触机会，应对本地区有一定关系或比较了解的财务公司类似企业进行重点攻关，派专人去推介产品，特别是对风险低、收益高的优势要突出，也可以与货币基金等构成投资组合向其推介。一旦打开了突破口，合作的空间将会非常大。

在机构云集、藏龙卧虎的北京，寻找实力强大、现金充足但又投资谨慎的机构投资者，成为本次营销的一个思路。经过收集资料、分析过滤，将 Y 企业列入主要攻关目标。该公司拥有大量现金，但由于安全性要求较高，所以投资渠道非常窄。通过预约、拜访，以及充分的沟通、交流和详细推介，该公司对 X 产品产生了浓厚的兴趣，不仅有望与营业部在 X 产品销售中成功握手，更为以后的长期合作和产品销售打下了良好基础，合作空间被迅速打开。

实训题

联系本章专业知识，讨论分析以下问题。

1. 我国的人口结构因素有哪些特点？对金融营销产生什么影响？
2. 教育水平提高对于金融行业发展有何意义？
3. 金融机构最关注哪些经济因素？它们的营销意义是什么？
4. 是什么因素使我国居民储蓄居高不下？对于金融营销有什么意义？
5. 我国的政治与法律环境主要从哪几个方面影响金融机构的营销？（联系实际）

第三章

金融营销中的客户行为分析

学习目标

［知识目标］

通过本章的教学，使学生对金融营销中的客户行为有一个概括的了解，能够正确理解金融客户行为的模式与特征，熟悉金融客户行为的决策过程。

［技能目标］

充分了解金融客户行为的影响因素，并能够进行必要的分析。

引言

随着我国金融业迅猛发展，外资银行纷纷涌入，人民币零售业务向外资银行全面开放，中国金融业赖以生存的环境正在发生深刻的变化，国内商业银行的垄断竞争优势消失殆尽，银行窗口排长队现象成为金融服务的“顽症”。因此，深入研究开放环境下金融消费者认知评估模型及其心理影响因素，提升金融服务绩效水平，最大限度地满足客户需求，成为金融营销学中一个具有重要现实意义的理论课题。

在现代市场经济条件下，金融企业要想有效地提供市场所需要的金融产品与服务，必须研究金融市场中的客户，分析其消费行为，从而为金融企业开发金融产品、改进金融服务、发展客户关系、制定营销方略、决定营销渠道以及加强促销宣传提供基本的理论依据。

第一节　金融客户概述

一、金融客户的含义

金融客户是指使用金融企业提供的金融产品与服务的个人或组织，也就是金融企业的服务对象。无论是在货币市场还是在资本市场，参与各种金融交易的主体或中介，甚至某些金融机构本身，在不同的时间、场合以及不同的交易过程中，都有可能成为金融客户。

二、金融客户的分类

（一）按金融交易主体划分

1. 个人或家庭

个人或家庭是金融市场中的基本客户。从整个社会各部门的资金供需状况来看，由于个人或家庭的收入一般大于支出，因而个人或家庭通常是社会资金的盈余部门。尽管个人或家庭也会成为金融市场的资金需求者，如购买住房、开办企业或因短期资金需求而在二级市场抛售证券等，但就总体而言，个人或家庭大多是金融市场的资金供给者和长期投资者。

小贴士

个人或家庭参与金融交易的动机是多种多样的，如准备学费、婚丧嫁娶、生老病死等，其投资活动的领域也相当广泛。既有短期投资，也有长期投资；既涉足货币市场，也光顾资本市场。由于个人或家庭的可运作资金一般有限，投资活动在金融市场上受到很大限制，如某些金融交易限制最低成交单位金额等，这就使得相当多的个人或家庭只能从事间接投资，因而成为银行和机构投资者的资金供给者。

2. 工商企业

工商企业主要包括生产性企业、流通性企业和非金融服务性企业。在现代市场经济中，工商企业是金融服务的主要对象。作为金融企业的客户，工商企业既可能是资金的供给者，也可能是资金的需求者。在资本市场上，除了极少数企业外，多数企业以一定的方式筹集所需要的资本金，如股份有限公司的资本金可以通过资本市场以公募或私募等方式筹集，这时企业是资金的需求者。同时，企业可以通过产权交易、投资或持有其他企业股票、债券等形式而成为资本市场的资金供给者。

在货币市场上，企业的金融需要主要与以融通为目的的资金余缺密切相关。当企业有闲置资金时，为了充分利用资源，它可以通过存入银行或购买有价证券等形式而成为资金的供给者；当企业缺乏周转资金时，可以通过向金融企业短期借款等形式融通资金，这时企业就成为资金的需求者。

3. 政府

政府通常是金融市场的大宗客户，它虽然可以作为金融市场的资金供给者，但更主要的是资金需求者。作为资金供给者，政府部门的预算收入和各种经费在短期内所形成的闲置资金一般需要存入金融机构，成为金融机构进行短期运作的资金来源；作为资金需求者，中央或地方政府为了弥补财政赤字或开展基础建设，经常通过发行政府公债的方式募集所需资金。

小贴士

政府的资金募集活动主要在一级市场进行。无论是在货币市场还是在资本市场，政府都是重要的发行主体。在国内金融市场上，政府一般具有双重身份，它不仅是金融市场的客户，而且是金融市场的调控者。为了规范金融市场交易，引导市场资金的流向，除了直接颁布某些限制性的政策法令外，政府可以通过一定的产业政策以及财税政策，尤其是通过发行政府公债的方式，影响资金分配结构；同时，通过中央银行的货币政策以及公开市场业务，调节市场货币的供应量。

在国际金融市场上，政府的金融交易身份有所不同，它既可能是主要的资金需求者，也可能是主要的资金供给者。一些国家的政府之间还通过相互合作、签订各种协定等方式，制定国际金融市场的行为准则和权利义务关系，这也是政府双重身份的重要体现。

4. 金融企业与机构投资者

由于金融企业大多在金融市场发挥中介作用，而金融企业之间交易十分频繁，并且金融业务相互涉及，因而一些金融企业常会是另一些金融企业的客户。金融企业主要包括银行和非银行金融机构，如商业银行、专业银行（如储蓄银行、外汇银行等）、政策性银行、保险公司、证券公司、信托投资公司、金融租赁公司、投资银行、财务公司以及各种金融合作机构（如信用社）等。

这些金融机构中，有些是在间接融资领域从事经营，有些是在直接融资领域开展业务，或者两者兼而有之。除了少量从事自营业务的金融机构以外，金融企业主要是发挥中介作用，即既不是资金的初始供给者，也不是资金的最终需求者。

金融企业的主要资金来源为实收资本和储蓄资金。此外，同业拆借、发行金融债券、向中央银行再贷款或再贴现等都是扩大资金来源的重要渠道。从事间接融资业务的金融机构，则既是资金的供给者，也是资金的需求者，主要发挥将储蓄转化为投资的传导作用，使社会资金从盈余部门转向短缺部门。当然，资金的这一转移也可以不通过金融机构，而是以直接融资的方式进行。从事直接融资业务的金融机构，如证券公司、投资银行等，通常是在资金余缺双方之间发挥牵线搭桥的作用。

机构投资者主要是在资本市场从事大宗投资交易的金融机构，如保险公司、信托投资公司、财务公司、投资基金公司、养老基金以及其他各种允许在金融市场运作，实现保值增值目的的基金等。机构投资者参与金融交易的资金数额较大，对于金融市场的影响也较大，其投资对象主要是公司股票、企业债券和政府公债。

5. 事业单位与社会团体

事业单位与社会团体是指诸如研究机构、医院、学校、党群组织以及各种具有活动经费的社会团体等。由于上述组织一般是社会资金的盈余部门，因而会把闲置资金用于银行储蓄，或在证券市场购买股票，或委托信托投资公司参与中长期投资。

（二）按金融交易需求划分

1. 头寸需求者

头寸需求者主要指实行存款准备金制度的金融机构，如商业银行等。货币头寸是银行同业拆借市场的主要交易工具，当商业银行实际存款准备超过法定准备时，便形成“多准备金头寸”，可以借出这多余的头寸，以增加利息收入；反之，当其实际存款准备不足法定准备时，则出现“少准备金头寸”，需要拆入头寸，以补足法定准备额度，避免受中央银行处罚。

2. 筹资者

筹资者是指通过金融机构在金融市场筹资的资金使用者，主要包括生产与流通企业、其他非金融性服务企业、政府等，也包括某些机构投资者、急需资金的社团组织和个人等。

3. 投资者

投资者是指金融市场上以一定报偿为前提而出让资金使用权的资金供给者，包括各类存单持有人、政府公债持有人、企业债券持有人、信托或基金受益凭证持有人等。尽管投资回报率不同，所承担的风险程度也不同，但都是以获取一定收益为目的的出资人。

4. 保值者

保值者是指因担心金融资产贬值而持有具有保值性质的金融产品的客户，如参与保值储蓄者、黄金珠宝购买者等。

5. 套利者

套利者是指金融市场上的投机者。一级市场与二级市场都有，并以二级市场最常见。在发达的金融市场，尤其是二级市场上，投资者与投机者只是动机不同，其金融行为一般难以分辨，并且受各种因素的影响，相互之间还会转化。金融市场上的投机难以避免，但如果超过一定程度而出现过度投机，则不利于市场的健康发展。金融监管部门应主要依靠完善法治、提高管理水平，达到抑制过度投机的目的。

6. 信用中介者

信用中介者是指在投资者与筹资者之间发挥信用保证作用的机构。投资者为了能够在约定期限内收回投资资金和回报收益，一般要求筹资者以有效、可信的形式提供保证，于是第三者采取抵押担保便成为一种重要的信用保证方式。信用中介者往往是具有良好信誉或较强担保偿付能力的机构，如银行、大企业、专业的担保公司等。

7. 投保者

投保者是指保险公司的客户或保险受益凭证的持有人。在与保险公司签订保险合约后，投保者通过承担依约交纳保费的义务，有权要求保险公司按保险凭证约定对其保险标的(如财产、人寿等)履行保险责任。

8. 经纪人

经纪人是指在金融交易中以获取佣金为目的的客户，主要指发挥代理、承销、经纪、咨询等作用的金融中介机构，如货币经纪人、证券经纪人、证券承销商、外汇经纪商、金融咨询公司等。

小贴士

持续营销是指产品或服务提供者采取有效的推销策略与现有顾客和潜在顾客维持密切的关系，在掌握顾客各种有关信息和对这些信息不断更新的前提下，对顾客现时的偏好和未来的需要进行深入了解和分析，在成本可行的条件下尽可能满足顾客的要求，并在产品的选样、发送等方面提出合适的参考建议。

这种方法实质上是要充分挖掘顾客对产品生产者或服务提供者的各种产品和服务的消费潜力。为了实现这种销售方式，必须能收集到有关顾客的各种新信息，然后利用先进的信息技术和分析技能对所有的信息进行分析，以确保推销产品或服务时能投顾客所好，有针对性地向顾客推介。

（三）按金融交易量划分

1. 大户

大户是指交易相对集中、交易量较大的客户。他既可能是大宗资金的需求者，也可能是大宗资金的供给者，如政府、企业、金融机构、机构投资者等。由于大户交易集中，交易量大，易于管理且收益可观，因而成为金融企业竞相争取的对象；但同时大户对于金融企业所提供的服务质量要求也较高。

2. 散户

散户是指交易量小、交易相对分散、交易次数频繁的客户，主要为社会公众。尽管散户人群中既有资金供给者，也有资金需求者，但从总体而言，散户大多为资金供给者，是社会中的一般投资人。由于散户人群量大面广，需要金融企业广设网点，并且不断增加服务人员，因而营销成本较高。然而，只要金融企业积极开发散户人群所需要的金融产品与服务，善于经营与管理，还是可以达到"薄利多销"的效果，获得营销成功。

第二节　影响金融客户行为的因素

金融客户行为的影响因素分析是金融营销管理的一项重要任务，是金融企业开发金融产品、改进金融服务的基础性工作。金融客户参与金融市场交易的行为具有一定的内在规律，并受到诸多外部因素的影响。下面讨论的是影响金融客户行为的主要因素。

一、金融客户的需求模式

市场营销心理学认为，个体的消费行为是个体与其所处环境交互作用的结果，个体自身的某些内在心理特性（即内因）是其行为的主导力量，环境因素则是外因。在一定的环境条件下，个体的行为受其动机的支配，这种动机体现着个体内心的某种紧张、焦虑状态，并形成欲望。

由于欲望来源于个体未获满足的需要，因而个体行为的最直接动力是个体的动机。而最原始的动力是个体的需要，尤其是未获满足且强烈期待满足的需要。在动机的支配下，个体的行为总是指向某一特定的目标。只有达到了目标，需求获得了满足，个体内心的紧张和焦虑状态才会消失。个体行为正是处于一个不断循环往复的过程之中，当一种需要获得满足，另一种需要就上升为主要力量，从而产生新的欲望和动机，并促使个体采取新的行为去追求新的目标，直至获得新的满足。

人类的需要和欲望是市场营销活动的出发点。人类的需要源自人的生理与心理条件，而不是社会或营销者所能创造的。营销者虽然不能创造需要，但可以通过各种营销手段来影响人们的欲望和需求。

二、金融客户的需求特征

金融客户的需求通常分为以下三种：一是作为资金供给者，期望投资获利、保值增值、保险、套利等；二是作为资金需求者，期望以低成本获取资金的使用权；三是作为交易中介人，期望促成交易、获取佣金等。

金融客户的需求具有如下特征。

1. 理智性

金融客户的需求并非是随意、感性、冲动的，而是具有理智性。与生活消费品购买不同，金融客户决定参与某种金融交易是有明确目的，并且是在进行认真的对比、分析、计算的基础上选择最优方案，力求趋利避害。

2. 诱导性

对于具有一定金融资产或具有开发潜力的客户，一方面，其金融需求可以被唤起；另一方面，在一定外界条件的刺激下，可以从一种需求转化为另一种需求，例如在高回报率的诱导下，客户会将银行存款提现，以购买某种债券。

3. 衍生性

金融客户的需求一般是由其他各种复杂的需要衍生而来，或者是为了满足不同的需要。例如，投资者购买国债以求保值增值，其真实的需要可能是为了积攒孩子的教育费用；政府发行公债筹集资金，既可能是为了投资于国家基础设施建设，也可能是为了弥补财政赤字。

4. 替代性

金融客户的需求多种多样，除了参与金融交易获利外，还有其他需求，并且某些需求可以彼此替代。金融营销者应当看到，消费需求往往是金融需求的重要替代力量。

当人们收入低时，消费支出通常占了他们收入的绝大部分，这时金融需要欲望和能力都会很低。即使人们的收入普遍增长较快，安排基本生活消费之后可支配的收入(闲置资金)较多，也不一定会投向金融市场，因为受消费品广告的影响，人们可能会追求高档的生活消费，例如购买住房、汽车等物质消费，或用于教育、旅游等精神消费。除消费因素外，直接融资与间接融资之间也存在一定程度的替代关系。

5. 波动性

受外界因素的影响，人们的金融需求既可以被成倍地放大，也可以被成倍地缩小。国家宏观经济金融政策的变动、人们对经济金融形势的预期、政局的演变、战争的爆发、自然灾害的出现等，都会对人们的金融需求有显著的影响。

由于金融需求的波动性，使得金融交易呈现出较大的弹性，容易滋生泡沫，潜伏极大的风险。由此引发的金融动荡，不仅影响一国经济的健康发展，更可能诱发金融危机，乃至经济危机的爆发。

三、金融客户的行为动机

动机是行为的直接推动力，它不仅引发行为、支配行为，而且决定行为的方向，并使行为获得强化。金融客户的动机就是为了满足自己的特定需要而在金融市场采取某种行动的思想。在金融市场上，通常较少探究人们从事金融交易的动机，因为在市场经济条件下，投资获利受到鼓励。

同时，人们在金融市场的行为主要由相关的法律法规来界定，违法乱纪者依法受到惩处；通过合法的金融交易获得的收益主要用于何种目的，通常不予考虑。当然，为了成功做好金融营销工作，金融营销人员仍需要分析和研究金融客户参与金融交易的目的，即探究隐藏在金融客户需求背后的深层次需要。

1. 认知

认知是指个体通过其感官对外界刺激和被认知对象形成整体印象的过程。个体对外部环境的反应取决于其对周围环境所形成的态度，而态度的形成直接依赖于其对外部事物的认知。个体所认知的外部世界不一定就是真实的现实世界，即真实的现实世界往往被人的知觉所选择、折射甚至歪曲，因此才会有不同个体对同一事物有迥异的态度。

个体对客观事物的认知并非消极被动，而是积极能动的。这种积极性和能动性表现为在个体心理因素的主导下对外部事物的某些特征进行筛选、整理、综合与解释。在同一时刻，当许多客观事物共同作用于人的感觉器官，个体不可能同时认知这些事物，而只是对其中的某部分有清晰的知觉，这表明了个体知觉的选择性。

小贴士

面对纷繁的事物，个体会在已有经验与心理因素的作用下，运用格式塔心理学所揭示的完形法则，对其所认知到的信息进行某些逻辑性、结构性或系统性的整理，以助于形成完整印象。此外，在分析人们的认知结果时，还要考虑认知者的性别、年龄、性格、兴趣、习惯等因素的影响，尤其不能忽视人类认知中共有的某些心理现象，如心理定势、晕轮效应、近因效应、投射效应等。

金融企业的营销者不仅应了解客户对于本企业营销状况的认知效果，而且应运用所掌握的认知规律做好营销工作。其中要注意以下几个方面。

(1) 形象认知：指金融客户对金融企业形象的认知效果。金融企业的形象认知对于金融企业营销有着十分重要的作用，企业应根据其所从事的业务范围、发展战略、服务对象，认真设计和塑造自己的形象，努力做好广告宣传与交流沟通工作。同时，营销者应密切关注企业所期望的形象、实际塑造的形象与客户所认知的形象之间的差异，采取措施，及时弥合与矫正。

(2) 信誉认知：指客户对金融企业服务质量和交易信誉的认知效果。对于金融企业而言，信誉就是生命。我国金融业的总体信誉基本良好，如银行系统等，但也有一些金融机构难以赢得公众的信任，如个别的信托投资公司、证券公司以及合作金融机构等。即使对于银行系统，我们也应清醒地认识到，客户之所以信任，是因为我国的银行大多为传统意义上的国有银行。

由于信誉是在长期的服务过程中建立起来的，因而为了维护信誉，金融企业应搞好每一项服务，履行好每一项承诺，处理好每一个客户意见，解决好每一桩交易纠纷。

(3) 产品认知：指客户对金融企业所提供产品的可投资性(或可交易性)的认知效果。产品认知通常建立在对提供者有关情况(如企业形象、历史、信誉等)的认知基础上，具体涉及金融产品的收益性、风险性、时间性以及成本等诸多因素。金融企业要提高客户对产品可投资性的认知，必须对客户清楚阐明他们所关心的问题，认真做好沟通、宣传、咨询和服务工作，消除客户的种种疑虑，以确保金融营销的成功。

(4) 风险认知：风险是客户参与金融交易过程中极其重要的认知对象。风险认知反映了金融客户对金融交易过程中不确定性的知觉。客户认知的风险类型包括以下几个方面：

① 信息风险，即有关交易获益信息的完整性、及时性、权威性和可靠性。

② 信用风险，主要体现为能否到期收回资金本息的风险。

③ 市场风险，主要指投资期限内因市场波动而造成损失的风险。

④ 时间风险，指对入市时机、运作期限把握的风险。

⑤ 机会风险，指因有限资源的运作而导致失去更好投资机会的风险。

⑥ 结算风险，指能否到期履行合约、无条件收回本息的风险。

⑦ 设备风险，指在交易过程中因设备故障而影响交易的风险。

⑧ 汇率风险，指在涉外投融资过程中因汇率波动而导致损失的风险。

由于上述风险的存在，客户会主动寻求防范措施，以使风险降到最低限度。具体采取的措施包括：增加信息获取的渠道；采取跟风投资策略，如跟随大多数投资者，尤其是跟随大户行动；要求提供可靠的信用保证；等待时机，伺机而动；改选其他投资品种；选择有良好信誉的交易对象等。对于金融企业而言，为了减少客户风险，应当采取有效的防范措施，如明确承诺、提供担保、参与保险、改善服务、改进形象以及提供赔偿等。

案例 3-1

华泰长城："投资者教育"提升企业形象

华泰长城期货公司整合优势资源打造"风险管理顾问模式"，为企业及个人投资者规避经营风险，抵御金融危机起到了重要作用，在行业中树立了良好的口碑。

随着期货行业的不断发展，特别是股指期货的顺利推出，期货投资者规模迅速扩大。相对于证券投资而言，期货投资的专业性、高杠杆性带来的高风险，使投资者教育工作显得尤为重要和紧迫。期货市场瞬息万变，为了提升客户的风险控制能力，更好地把握投资思路和理念，公司长期坚持举办"长城烽火台"咨询节目，在广大投资者中深受欢迎。

此外，公司还为高端客户及战略投资者不定期举办高峰论坛、产业沙龙，为投资者深度解析宏观经济走势，深入开展"走进产业，贴近行业，服务企业"主题活动，共 12 期 370 家企业参与。利用"投资者教育"平台，通过丰富的活动，彰显为投资者负责的企业形象，华泰长城无疑是赢家。

2. 职业

从事不同职业的人，由于在兴趣爱好、思维方式、生活方式、消费习惯等方面存在差异，因而对参与金融运作的愿望、产品信息的了解、经营风险的认知有所不同。金融营销者应当明确自己的产品主要针对的目标客户群的职业特点，掌握其职业习惯、生活方式、消费方式以及所接触的传媒类型等，使营销工作有的放矢。

客户的收入水平与其职业相关，收入是金融需求的重要决定因素。金融营销者应详细了解所服务的目标客户群的收入水平和消费结构，研究其投资与储蓄倾向，特别是闲置资金量及其使用意向，充分挖掘营销潜力。

3. 年龄

个体因年龄不同，参与金融交易的意向与能力也会不同。金融企业应该把金融营销与目标客户的年龄和收入状况相结合。就学生而言，由于个体在长大成人、正式就业之前，其生活和学习费用都需要依靠家庭或社会提供，缺乏金融投资能力，因而是消费品（如玩具、营养食品、服装鞋帽、学习用品等）营销的主要对象。

金融企业中除保险公司、某些信贷机构（如提供教育信贷的机构）外，一般不把注意力集中在这一年龄段的消费者，而主要关注有稳定收入来源且有一定闲置资金的成年人。退休或丧失劳动能力的老年人，由于固定收入较低，主要靠养老保险、社会救济、自身积蓄或子女提供的赡养费生活，经济承受能力不高，并且多医疗保健消费，因而参与金融交易的欲望和能力相对较低。

4. 文化与亚文化

个体行为是建立在一定文化基础之上的，因为人的绝大部分行为是后天习得。金融行为亦不例外。文化是人类社会历史实践过程中创造的物质财富和精神财富的总和，也是人类不断创造的共有的生活方式。除了物质财富外，语言、文字、历史、哲学、艺术、信仰、风俗、习惯等都是精神文化的重要组成部分，这些因素对于人们的世界观、价值观、思维方式、认知方式、生活方式等都有着极其深刻的影响。在不同的文化氛围中，企业必须了解并适应这种文化。

在同一文化中，还存在着亚文化。亚文化反映了同一社会中各种人群的不同特征，它以地理区域、血缘关系、社会交际、工作职业、宗教信仰、兴趣爱好等因素为基础，为群体成员提供更具体的认同感，是同一文化层面中较小的文化群落，如民族有民族文化，宗教有宗教文化，职业有职业文化，地域有地域文化，甚至家族、企业、社团等都有自己的文化。亚文化对于个体行为的影响更为深刻、具体和直接。金融企业营销者应重视文化与亚文化，因为文化因素对人们的生活方式、消费观念、储蓄倾向、投资行为都有深刻影响。

5. 社会阶层

社会阶层是指由于价值观、信仰、学识、职业、收入、权力与地位等因素的差别所形成的社会等级。在不同社会中，由于文化的差异使得社会阶层的划分方法和标准各不相同，社会阶层一般难以用单一的指标来划分。

在现代社会中，收入、职业和受教育程度是划分社会阶层的重要因素。金融营销者重视社会阶层因素，是因为人们的生活态度、消费行为、投资方式等与其所处的社会阶层密切相关，并表现为同一社会阶层的相似性和不同社会阶层的差异性。

小贴士

美国社会学者将社会阶层划分为七类，并分析了不同阶层的消费行为，特征如下：

(1) 上上阶层。不到1%，往往出身豪门世家、名门望族，主要靠继承遗产过着奢华的生活，喜好社交应酬、珍宝古玩，多购置豪宅、游艇等。

(2) 次上阶层。约2%，靠专业知识和特殊才干获得高薪收入，主要是影视体育明星、高新技术企业主等，有仿效上上阶层生活方式的倾向。

(3) 中上阶层。约占12%，主要是优秀的专业人才，如经理、律师、会计师、医生和学者等，重视文化生活，喜欢购买一些高档消费品。

(4) 中等阶层。占32%，大多数为白领人士，如公司职员、小企业主等，重视子女教育，倾向于消费中档商品。

(5) 劳动阶层。占38%，主要为具有社会平均工资水平的蓝领工人，倾向于消费中低档商品。

(6) 次下阶层。占9%，为较贫困阶层，文化教育水平低，倾向于消费低档商品。

(7) 下下阶层。占7%，处于社会底层，一般是非熟练工人，所受文化教育少，收入水平低，经常面临失业，生活贫困而急需社会救助。

6. 参照群体

个体是社会基本的组成单元，他(她)归属于社会中的各种群体，其行为既受所属群体成员的直接影响，也受与其相关群体的间接影响。因此，那些对金融客户行为有直接或间接影响作用的群体统称为参照群体。参照群体或是与金融客户有着广泛联系，或是金融客户心向神往，或是在社会生活中具有影响力。参照群体一般分为以下两种。

(1) 主要群体：指与金融客户在生活和感情上联系比较密切的群体，如家庭、朋友、同事和邻居等。主要群体成员的态度、行为、习惯、准则往往对客户有着直接、深刻、强烈的影响，攀比、跟风、从众等心理现象通常发生在主要群体中。

(2) 次要群体：指金融客户可能接触和参与的各种社会组织，如党派、学会、社会团体、工作单位等，一般属于正式团体。次要群体的凝聚力较小，感情联系不如主要群体密切，对金融客户行为的影响也比较间接。次要群体的影响力主要与地位、尊严、社交等因素相关。对金融客户而言，主要群体成员通常是其金融交易决策的直接参与者或建议者，次要群体则会在金融信息方面发挥重要影响。

7. 社会角色

个体所处环境场合、参照群体不同，所扮演的社会角色就不同，承担的社会责任也就不同，因而其行为方式必须随之作相应调整。正是因为人们在不同群体、不同场合中的社会角色不同，所以要求人们不断进行"角色转换"，以适应社会生活的变化。

金融营销者研究社会角色时主要应考虑角色的分工，即在金融交易决策过程中有哪些主要参与者，他们都发挥何种作用，谁是最终决定者。研究发现，社会角色存在着分工现象。例如，在家庭生活中，父亲通常给孩子购买工具性、手段性的产品，而母亲给孩子购买的产品多倾向于表达情感。

金融营销者应把工作重点放在对参与金融交易有最终决定权的角色身上，同时不可忽视对金融交易行为有实际影响的角色。金融营销者要善于说服决策者，减少他们所面临的角色压力和冲突。

8. 家庭

家庭是最基本的参照群体。个体一出生就生活在家庭环境中，家庭是个体在其社会化过程中最初、最基本且最重要的环节，其兴趣爱好、价值观、审美观和生活习惯都是最先在家庭生活中逐步形成的。同时，家庭是社会中最基本的消费和投资单位。金融营销者应研究家庭金融消费与投资的倾向和特征，如家庭的人口、家庭的收入水平、家庭的消费结构、家庭的金融资产与投资意愿、家庭金融投资的动机、家庭消费和投资的决策者等，这些都是金融营销者应当分析研究的重要内容。

根据家庭结构的不同,可以划分为传统家庭与现代家庭。传统家庭一般包括老人、夫妻和子女,三代同堂。随着社会的发展,现代家庭由夫妻及其未成年自立的子女组成。不论是何种类型的家庭,通常具有较高经济收入的个体对于家庭的消费和投资拥有较多的决策权。

小贴士

西方学者研究发现,消费者的年龄、人生阶段与其消费能力和消费特征有着密切相关性,因而提出了“家庭生命周期”的概念。家庭生命周期通常划分为以下几个阶段:单身期(单身独居阶段)、新婚期(新婚且无子女)、满巢期(与未成年子女同住)、空巢期(子女成年自立离开家庭)和鳏寡期(丧偶独居)。

一般而言,新婚期和满巢前期家庭(子女尚幼小)消费支出所占比重较大,金融投资能力较低;而满巢后期和空巢期家庭有较多可支配资金,有利于金融营销工作的开展。

此外,根据对金融投资决策影响力的大小,将家庭分为丈夫主导型、妻子主导型、共同决定型和各自决定型。是否以及如何参与金融投资或信贷消费,是家庭中的重大决策事项,一般由夫妻共同作出决策。

第三节　金融客户行为的决策过程

一、金融决策及其参与者

(一) 金融决策的含义

营销学者霍华德(Howard)和谢斯(Sheth)认为,消费者的购买行为分为以下三种类型。

1. 常规习惯行为(RRB)

主要用于品牌差异不大、价格低廉、使用频繁的日常生活用品,如食盐、牙膏、香烟等的购买。这些购买行为不需要消费者花费大量的时间和精力进行学习、比较和了解。

2. 有限问题解决(LPS)

由于消费者对于产品品牌及其功能仅有有限的认识,因而期望在作出购买决策时学习和了解更多的相关知识,或者因长期使用某类产品感到厌倦而希望试用其他产品时,所表现出的寻求变化的消费行为状态。

3. 复杂问题解决(EPS)

当消费者对于未知的产品或服务作出消费决策,即购买那些不常购买的产品或价值很高的需要慎重考虑的产品时,就要通过学习以增进了解,使购买行为趋于复杂化。

金融消费通常属于复杂问题解决,其原因在于:

(1) 金融交易涉及金融资产的安全性,金融客户必然要考虑能否收回投资,或有否足够的偿债能力。

(2) 金融资产运作方案的可选择性广泛,在发达的金融市场,可供选择的投融资方案有很多，收益很不一致，因而需要客户作广泛的了解、仔细的评估和慎重的选择。

(3) 金融市场具有风险性，在金融资产运作期间，各种风险有可能给客户带来损失。因此，金融客户在金融决策过程中，需要广泛地了解情况、收集信息，并进行认真计算、分析和评估，仔细权衡收益与风险。

（二）金融决策参与者的类型

由于金融交易是复杂的决策行为，因而无论对家庭、企业或政府而言，都会有许多个人或部门参与金融行为的决策过程，并以各种方式直接或间接地影响金融决策。通常根据所发挥作用的不同，金融决策参与者划分为以下五类角色：

(1) 倡议者。最初提议进行某项金融交易活动的人。

(2) 影响者。提供信息或对金融资产运作方案进行分析、计算，从而直接或间接影响最终决策的人。

(3) 决定者。对金融交易作出最后决定的人，即决定交易什么、何时交易、在哪里交易、如何交易的人。

(4) 操作者。金融交易活动的实际操作者。

(5) 评价者。对金融交易后果进行评估、比较的人。

金融企业必须认识到上述不同角色对于金融营销工作产生的影响，认真做好金融产品与服务的研究开发、宣传促销、营销安排等。

二、金融决策过程分析

金融客户参与金融交易的过程中有一系列心理活动变化。这一过程概括为以下五个阶段。

(1) 注意，即意识到市场存在的可操作性。

(2) 兴趣，通过初步了解而发生兴趣。

(3) 欲望，对某种方式产生采取行动以满足自身需要的愿望。

(4) 行动，决定采取适当的行动达到目标。

(5) 反映，对实际行为效果的感觉。

与之相应，金融客户的决策过程亦分为五个步骤，如图 3-1 所示。

图 3-1　金融客户的决策过程

上述行为模式表明，金融客户的决策过程早在交易行为发生之前就已经开始，并且影响事后的感受和评估。所以，金融营销者应当把注意力集中于金融营销全过程，而不仅仅局限于金融客户参与的交易环节。

（一）确认需要

客户需要是客观存在的，其强烈程度既取决于个体满足的缺乏程度，也取决于外界刺激的强烈程度。在一定的外界刺激影响作用下，个体的内在满足越是缺乏，其心理就越会紧张与焦虑,从而形成参与金融交易的强烈愿望,即受外界因素的刺激,使潜在的需要被激发唤醒,形成欲望。这说明,金融营销者可以通过控制金融客户的外部环境因素,使其产生欲望和形成动机。

因此,金融营销者在掌握客户心理状态的同时,还应主动采取一些有效措施,如广告宣传、人际沟通、人户推销等,唤起其心理需求。这就需要营销人员研究金融客户是如何从外界环境获得相关信息,即何种环境能对客户的金融行为产生有效影响。通常唤起金融客户需求的有效因素包括:家庭收入变化、国家金融政策调整、新的投资理财方案、对未来生活的规划或担忧等。

(二)搜集信息

金融决策一般属于复杂问题解决(EPS),金融客户需要从各方面广泛搜集信息,如宏观经济形势、国家金融政策、各类金融机构的主要产品类型、金融产品收益的可靠性和稳定性、金融企业的信誉与声望以及服务质量等。缺乏可靠的信息,金融客户是不会轻易作出决策的。因此,信息搜集是金融客户决策过程的重要阶段。

为了顺利做好金融营销工作,实现企业经营目标,金融营销人员应充分了解以下两方面的信息:其一是金融客户的信息搜集渠道,即金融信息的主要来源;其二是各种不同信息对于金融客户的决策过程将会产生怎样的影响。

金融客户的信息来源主要有以下四个方面:

(1)个人来源,信息源于家庭、朋友、邻居、同事或其他熟人。

(2)商业来源,包括一切商业性传媒,如广告宣传、推销人员、金融机构的咨询服务等。

(3)公共来源,主要是各种大众媒体、会议新闻、政府机构等。

(4)经验来源,即源于客户参与金融交易运作的切身经验体会等。

在现实生活中,金融客户接触最多的信息来源一般是商业来源。不同的信息来源对于金融客户决策的影响是不同的,一般而言,商业来源和公共来源起着信息传播作用,个人来源和经验来源起着信息判断与评估作用。

(三)评估方案

当搜集了大量的金融信息之后,金融客户如何处理这些信息?即怎样从多种不同的金融品牌中决定自己的选择?金融客户的信息评价过程如何?即如何选择方案?这是一个十分复杂的问题。通常流行的是认知导向模式,即认为金融客户的判断是建立在自觉和理性的基础之上,其评估过程是一个理智的分析过程。以下五个方面既是金融客户评估的主要内容,也是其评估的基本过程。

1. 金融产品的属性

满足需要是金融客户选择的基本出发点。能否满足其需,则取决于金融产品自身的属性,如收益性、风险性、便利性、流通性(可转让性)等。这些属性会因金融产品的不同而不同。对于不同金融客户的需要,满足程度和吸引力也就不同。收益性与风险性是各类金融产品的共同属性。

2. 金融客户的认知

尽管金融产品的属性具有多样性,但是金融客户对各种属性的需求程度是不同的。有些客户较注重预期收益,有些客户则把可能的风险置于首要位置予以考虑。金融营销者应根据不同目标客户的偏好,有针对性地宣传其所期望的产品属性,从而强化对产品的认知水平。

3. 金融品牌的形象

不同金融企业的产品在金融客户心目中具有不同的品牌形象,这种形象会对客户的认知评估产生重要影响。金融营销者必须认识到,金融品牌形象的形成是一个长期的过程,应力求避免可能产生的偏差、扭曲和损害。

4. 效用与理想产品

金融产品的不同属性对于金融客户的效用函数是不同的,即给予金融客户的心理满足感是不同的。当金融产品的各种属性都达到理想效用时,即形成客户心目中的理想产品。然而,理想的金融产品几乎不存在,如理想的投资方案应是风险趋近于零,而收益趋向于无穷大。可见,理想的金融产品总是相对而言的。

5. 评估过程

由于理想产品与实际产品之间存在一定的差距,因而金融客户的选择过程便是寻求与其理想产品差距最小的实际产品的过程。评估方法通常有以下两种:

(1) 综合期望值比较模式。即首先根据产品不同属性分别给予评分,然后依据不同属性的重要程度来计算不同产品品牌的期望值大小,择优选取。

(2) 差距水平值比较模式。通过计算各种产品的差距水平值,即实际产品与理想产品之间属性的差异程度,依次淘汰最不理想的品牌。

可见,上述两种评估方法能比较全面地衡量客户是否满意。事实上,评估方法还有很多。例如,在基本相同的条件下,着重于某一项属性指标,只要该项属性指标符合要求便予以考虑;又如,对每一项属性指标都规定标准,必须每一项指标都达到了理想水平才予以考虑等。

一旦金融客户的选择依照上述模式进行,那么处于劣势的金融产品又当如何应对呢?金融企业应从以下几个方面开展营销活动。

(1) 完善产品设计,使产品接近或符合金融客户对理想产品的要求,力争“实际再定位”。

(2) 增加属性权值,具体方法是多宣传本产品具有的优势属性,达到说服客户的目的。

(3) 改变品牌信念。客户通常会信赖知名的金融品牌,因而金融企业可以采取一些改变客户品牌信念的方法,通过多宣传本企业及其产品的长处等方法,形成“心理再定位”;或者改变客户对竞争品牌的信念,运用比较广告,实施“竞争反定位”。

(4) 提醒金融客户注意被忽视或被遗忘的重要属性。

(5) 降低金融客户心目中对于理想品牌的评判标准。

（四）决定交易

方案评估仅使客户形成参与金融交易的意图，但最终是否参与某项金融交易，具有很大的不确定性。金融客户有可能受多种因素的影响而放弃原先的选择，如受亲戚、朋友等态度的影响；或被竞争企业说服；或受偶然因素的干扰等。

（五）事后评估

金融客户对交易结果是否满意的评估也是影响其今后是否继续参与相关金融交易的重要因素。以金融投资为例，其事后评估的主要内容包括：最终收益率、实际风险损失（收益）、金融企业的履约状况、金融营销的服务质量等。除短期套利交易外，多数金融交易活动从交易达成到最后履约往往有一定的期限，短的以周、旬、月、季计，长的则达1年甚至10年或更长。对于交易品种的合同期限达1年以上的客户而言，还应包括在这一长期等待过程中对各种因素的关注和评估，因为这类产品承担的风险更大。

为了减少客户的顾虑，金融企业应通过定期沟通，增强其信心。同时，还应采取一些措施分散和化解风险，或者给客户以转换交易品种的选择权等。总之，在这一阶段，非常需要金融企业对客户多做相关的咨询和服务工作。

由于任何一种金融产品的开发都必须建立在金融客户的现实需求基础之上，因而金融企业必须全面研究其所开发的产品对金融客户的实际影响效果，并通过进一步分析客户的心理过程和影响因素，改进产品设计，修正营销方略。根据行为科学的刺激反应模式，金融客户在一定外界刺激作用下，其行为反应的基本模式可以被概括出来，如图3-2所示。

外界刺激		客户心理黑箱	客户反应	
营销	其他	影响因素	决策过程	产品选择
产品 价格 地点 促销	经济 政治 法律 文化	需求与动机，认知，职业，年龄，文化与亚文化，社会阶层，参照群体，社会角色，家庭	确认需要 信息收集 方案评估 决定交易 事后评价	品牌选择 机构选择 购买时机 购买数量

图3-2　金融客户的行为模式

图3-2显示了当金融营销与其他外界刺激作用于客户的心理黑箱而产生行为反应的过程。客户的心理黑箱通常包括两个部分，即金融客户的影响因素以及决策过程。上图中，左边部分表示对客户产生影响的两类刺激，即营销刺激与其他刺激。营销刺激主要包括金融企业的产品、价格、地点和促销四方面因素（4P）；其他刺激是指经济、政治、法律和文化等宏观环境因素的影响。

在上述外界刺激的作用下，营销人员可以观察到客户的外显反应，如产品选择、品牌选择、机构选择、购买时间和购买数量等。金融营销人员的任务就是通过比较各种外界刺激与客户反应的状况，分析客户的心理黑箱内部发生的各种变化，寻求改进金融产品与营销努力的途径和方法。

案例 3-2

光大银行与“全程通，通全程”营销

一、光大银行“全程通”产品介绍

（一）产品推出时的背景

中国光大银行“全程通，通全程”主要指汽车金融服务。2009 年，中国的汽车产业保持快速发展，汽车金融业务再度引起中国银行业的高度关注。建行、工行、招行、光大等中资银行通过产品创新，提升产品服务质量，纷纷抢滩国内汽车金融市场。另外，包括大众、丰田、福特等在内的汽车金融公司纷纷加速进入中国市场。在此环境影响下，中国光大银行“全程通，通全程”获得全面发展，成为业界的领先者。

2009 年，中国光大银行“全程通，通全程”业务取得的成绩与我国汽车产业扶持政策存在着不可分割的关系。《汽车产业调整振兴规划》的出台很大程度上促进了汽车金融服务的市场需求，中国光大银行“全程通，通全程”业务获得长足发展。产业促进政策具体表现在如下方面：

一是培育汽车消费市场。从 2009 年 1 月 20 日至 12 月 31 日，对 1.6 升及以下排量乘用车按减 5％征收车辆购置税。从 2009 年 3 月 1 日至 12 月 31 日，国家安排 50 亿元，对农民报废三轮汽车和低速货车换购轻型载货车以及购买 1.3 升以下排量的微型客车，给予一次性财政补贴。增加老旧汽车报废更新补贴资金，并清理取消限购汽车的不合理规定。

二是推进汽车产业重组。支持大型汽车企业集团兼并重组，支持汽车零部件骨干企业通过兼并重组扩大规模。

三是支持企业自主创新和技术改造。3 年中，中央安排 100 亿元专项资金，重点支持企业技术创新、技术改造和新能源汽车及零部件发展。

四是实施新能源汽车战略，推动电动汽车及其关键零部件产业化。中央财政安排补贴资金，支持节能和新能源汽车在大中城市示范推广。

五是支持汽车生产企业发展自主品牌，加快汽车及零部件出口基地建设，推动现代汽车服务业，完善汽车消费信贷。

（二）产品介绍

中国光大银行“全程通”产品主要指将汽车金融服务定位为汽车信贷组合产品，即“全程通”汽车金融网。光大银行根据汽车生产和销售周期，针对汽车制造商、特约经销商和终端消费用户在不同阶段的不同需求量身定做全程化和个性化的信贷产品和服务，它覆盖了与汽车生产和销售相关的全程金融服务，具体分为上游、中游和下游信贷产品。

上游汽车信贷产品主要为汽车制造商的日常生产提供资金支持，包括流动资金贷款、开立银行承兑汇票、商业票据贴现、国内综合保理、为进口配件开立信用证等。同时，对于部分汽车制造商，光大银行还通过公司理财服务、全国一柜通汇兑等结算理财手段，为客

户提供高质量的综合服务。

中游汽车信贷产品是为汽车经销商销售提供资金支持，包括结合光大银行的全国分支机构网络与汽车经销商的销售网络，建立以开立银行承兑汇票为主要手段的全国性汽车销售网，以及保兑仓业务和买断车型业务等。

下游汽车信贷产品是指个人汽车消费信贷业务。

"全程通"汽车金融网的推出，一方面有力地支持了汽车的生产、销售，满足了广大终端消费用户的购车需求；另一方面密切了银企关系，使光大银行在汽车金融服务领域取得了竞争优势，深受汽车生产厂家、经销商与消费者的青睐。

本章小结

金融客户是指使用金融企业提供的金融产品与服务的个人或组织，即金融企业的服务对象。根据不同的标准分为不同的类型。金融客户行为的影响因素分析是金融营销管理的一项重要任务，是金融企业开发金融产品、改进金融服务的基础性工作，具体分为九类影响因素。金融客户的决策过程分为五步：确认需要—搜集信息—评估方案—决定交易—事后评估。

复习思考题

1. 金融客户的含义是什么？具体有哪些分类？
2. 金融客户行为的影响因素有哪些？
3. 消费者的购买行为分为几种类型？分别是什么？
4. 金融决策参与者划分为几类角色？
5. 金融客户在决策过程中的主要评估依据有哪些？

实训题

"全程通"典型案例

光大银行给予某汽车厂商综合投信4.5亿元，其中流动资金贷款2亿元，汽车全程通回购担保额度2.5亿元。该客户2.5亿元的担保额度，主要是为全国各地经销商开立承兑汇票提供担保。

享有该担保额度的汽车经销商由该汽车厂商及光大银行共同确定，并经过光大银行各地有权审批机构根据汽车经销商的风险承受能力确定其开票额度。例如，经该汽车厂商及银行确认后，给予该品牌的汽车经销商A公司500万元信贷额度，保证金比例30%。则A公司向光大银行缴存150万元保证金后，光大银行即可开出金额为500万元、收款人为该汽车厂商、期限3个月的银行承兑汇票，汽车生产商见票即向A公司发货(车辆)，A公司将此笔合同项下的汽车合格证质押给光大银行，汽车厂商承担车辆回购担保责任。待A公司收回销售款后，将销售款继续缴存银行保证金户，待承兑汇票全部被保证金覆盖成为低风险业务时，光大银行将车辆合格证解除抵押，经销商方可销售银行释放抵押的车辆。待票据到期承兑后，光大银行将为其开出下一轮合同项下的承兑汇票。

该汽车厂商与光大银行合作多年，全国已有近50家汽车销售商加入光大为其搭建的“全程通”网络。

案例讨论：结合本案例及相关资料分析，光大银行在推出“全程通，通全程”产品时，采取了哪些措施，或者如何设计产品来影响汽车经销商和汽车制造商的客户行为？

第四章

目标市场营销策略

学习目标

[知识目标]

通过本章的教学，使学生掌握市场细分的基本含义、策略和步骤，理解市场细分的原则和主要依据，了解评估和选择目标市场的基本方法。

[技能目标]

通过教学，使学生理解企业如果决定进入市场，就存在进入什么市场的问题。

引言

众所周知，任何一个企业，无论规模有多大，都无法满足整个市场的需要。因此，一定要让学生理解，准确地选择目标市场，有针对性地满足某一消费层次的特定需要，成为企业成功进入市场的关键。企业只有正确地细分市场，才能选好目标市场。

第一节　市场细分

如今，越来越多的企业开始细分复杂而多变的市场，并为自己在巨大的市场中定位。然而，我国的金融机构在市场细分、市场定位等目标市场策略的进程中处于落后的地位。一味追求“大而全”，往往会忽视“小而专”。在崇尚个性化消费的今天，金融行业面临着如何发挥自身优势为顾客提供最专业服务的问题。无疑，金融市场目标策略将为解决这一问题提供方法。

金融营销的目标市场策略是综合了金融市场衡量和预测、金融市场细分、选择目标金融市场和金融市场定位的一种营销策略。这四个步骤相对独立，又互相联系，存在着一定的时间先后关系。金融市场衡量和预测主要指对金融营销环境宏观的分析和研究，是金融机构目标市场策略的基础。

金融市场细分是指对金融机构所面临的众多市场进行细分，寻找适合机构发展的领域，是金融机构目标市场策略的前提。选择目标金融市场，是指通过一定的方法来判断和选择目标市场，是金融机构目标市场策略的具体过程。金融市场定位是指通过树立独一无二或者具有特性的定位，加强金融机构在顾客心目中的形象。这也是目前金融行业比较热门的一个概念，它是金融机构目标市场策略的补充和强化。

一、金融市场的衡量和预测

（一）金融市场的衡量

1. 金融市场衡量的意义

金融市场衡量是指金融机构对于自身所处市场的一种评估和比较，并且通过这种评估和比较寻找金融市场中的机会，即金融市场机会分析。在金融营销环境分析中，我们指出，任何金融机构都处在一个复杂多变的社会系统中，它所面临的市场正是受到这些环境的影响而展现出不同的吸引力。金融市场衡量正是对这种影响做出一种评估，金融机构在进行营销活动之前必须确定市场的因素、竞争对手的因素等，这些因素对于不同的金融机构而言意味着不同的成功机会。因此，金融市场衡量的意义在于寻找和识别市场机会，使得企业能够有效地使用自己的资源，增加产品成功的可能性。

金融市场衡量是金融机构制定目标市场策略的出发点。在金融营销过程中，每一环节互相衔接，形成有机的结合。但市场衡量处于营销目标策略过程的起点，直接影响和制约着金融机构市场营销管理过程的各个环节。也就是说，在金融营销目标策略的制定过程中，每一环节都是后一环节的基础，不能割裂，也不能跳跃；市场衡量是这一过程的起点，如果缺少这一环节，后面诸环节就失掉了存在的基础。同时，金融市场衡量是金融机构制定战略规划的重要依据。

通过市场衡量，金融机构的战略更能够符合市场的变化，也是以市场导向来确定金融机构目标的一个体现。除此之外，金融市场衡量还是金融机构产品决策的基础。在金融机构市场营销组合中，金融产品是最为关键的因素，而产品决策的各个方面，尤其是新产品的开发与市场衡量有密切的关系。市场衡量为金融机构提出开发新产品的方向，指明潜在的发展趋势，使产品开发在市场导向的基础上进行。

小贴士

某个市场机会的存在，只意味着它具备了市场机会的基本客观条件，即它表示在某段时期内，在某一市场存在着某种未满足或未完全满足的需求。但这一机会是以何种方式、何种条件来表现，是否与金融机构所要求的市场机会相吻合，只有通过对其进行分析与评估后方能得出较准确的结论。

例如，某个地区金融机构很少，市场上的金融产品和服务也相当落后，从表面上看的确存在着巨大的市场机会，但是该地区的经济水平相对较低，人们对金融产品不容易接受，这些原因可能导致这个市场机会获得成功的可能性很小。因此，金融市场机会只有经过分析和评估，即金融市场衡量之后，才具有为金融机构所利用的条件。

2. 金融市场的衡量方法

从上面的分析中，我们看到，金融市场衡量是金融机构对于市场环境中存在的机会的一种评估和比较。虽然金融市场衡量的方法不是具体的定量分析，只是在金融机构目标市场策略中初步的定性分析，但是其易于操作的特点为企业带来了很大的方便。金融机构可以根据自身特点，结合金融环境，通过这些方法的分析，得出需要的结论。

(1) 机会潜在吸引力与金融机构成功机会分析矩阵,如图 4-1 所示。

		成功概率	
		高	低
机会潜在吸引力	高	Ⅰ	Ⅱ
	低	Ⅲ	Ⅳ

图 4-1　机会潜在吸引力与金融机构成功机会分析矩阵

对于不同的金融机构,由于不同的机会在市场容量上有差异,对企业可能带来的潜在利润有高下之分,因此其潜在吸引力不同。另外,金融机构在利用各种机会时,所能超越其他竞争对手而取得成功的可能性有大有小。结合这两个方面因素,金融机构可以做出机会潜在吸引力与企业成功机会分析矩阵,各个金融机构的机会进行分析。在该矩阵中,机会潜在吸引力可用其对金融机构产生的利润金额来表示,企业成功机会可用成功概率来表示。

从图 4-1 可以看出,对于企业来讲,两种因素的组合可以出现四种情况。

第Ⅰ象限的市场机会属于机会潜在吸引力高和成功概率高的机会。金融机构一般应尽全力发展,因为它是企业最有利的市场机会。

第Ⅱ象限的市场机会属于机会潜在吸引力高和成功概率低的市场机会。金融机构应设法改善企业本身的不利条件。比如,成功可能性低的原因有金融机构内部组织管理不善、技术水平低、产品质量差、人员素质差等各个方面,金融机构要想方设法来扭转自身的不利因素,使自身条件加以改善。这样,第Ⅱ象限的市场机会会逐步移动到 第Ⅰ象限,成为有利的市场机会。

第Ⅲ象限的市场机会属于机会潜在吸引力低和成功概率高的市场机会。对于大型金融机构而言,遇到这样的市场机会,往往是观察其变化趋势,而不是积极利用。但对于中小型金融机构来说,第Ⅲ象限的机会往往是其能够利用的,因其产生的利润已够中小企业生存和发展。

第Ⅳ象限的市场机会属于机会潜在吸引力低和成功概率低的市场机会。金融机构应一方面积极改善自身的条件,以准备随时利用出现即逝的市场机会;另一方面,应观察其发展变化趋势。

(2) 产品/市场发展分析矩阵,如图 4-2 所示。

我们将金融产品分为现有产品和新产品,金融市场也相应分为现有市场及新市场,从而形成一个四象限的矩阵。金融机构可以从这四个象限的满足程度上来寻找和发现市场机会。

	现有产品	新产品
现有市场	Ⅰ. 金融市场渗透	Ⅲ. 金融产品开发
新市场	Ⅱ. 金融市场开发	Ⅳ. 多角化(多元化、多样化经营)

图 4-2　产品/市场发展分析矩阵

对由现有金融产品和现有金融市场组成的第Ⅰ象限来说，金融机构主要分析需求是否得到了最大满足，有无渗透机会。如果有这样的机会，企业应该采取市场渗透战略。

对于由现有金融产品和新金融市场组成的第Ⅱ象限来说，市场分析主要是考察在其他市场（即新市场）是否存在对金融机构现有产品的需求。这里所说的新金融市场，是指包括其他顾客群体、其他地理区域的市场在内的金融机构还未进入的所有市场。如果在其他金融市场上存在对企业现有金融产品的需要，这就是一种市场机会，金融机构应采取市场开发战略。

对于第Ⅲ象限来说，金融机构主要分析现有市场上是否有其他未被满足的需求存在。如果有，经过分析和评估，这种市场机会适合金融机构的目标和能力，金融机构就要开发新的金融产品来满足这种需要，这种策略就是产品开发策略。

对于第Ⅳ象限来讲，金融机构主要分析新的市场中存在哪些未被满足的需要。由于经过分析和评估后，这些市场机会大多属于金融机构原有经营范围之外（即不属于金融行业的市场机会），因而企业相采取多角化经营战略。

（3）市场吸引力/企业优势分析矩阵，如图 4-3 所示。

这种矩阵是由美国通用电器（GE）公司所创，又称 GE 电器公司多因素组合分析矩阵。虽然最初被使用在工业企业的战略分析过程中，但其分析方法可以被运用到金融营销的过程之中。从图 4-3 中可以看出，本金融机构优势一共分为强、中、弱三个档次，金融市场吸引力分为大、中、小三类，两种因素的组合形成了九种情况（或九个象限）。

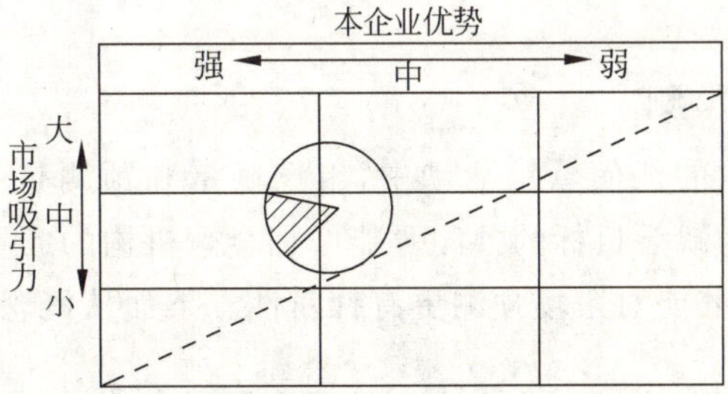

图 4-3 市场吸引力/企业优势分析矩阵

圆圈代表该区域某一金融市场的大小，圆圈内的阴影部分表示该金融机构产品在该市场的占有率。人们主要从各个象限中寻找和发现是否存在对自身金融机构有利的市场机会。例如，在图中圆圈以内，主要是寻找市场渗透机会。在圆圈以外，则是根据各种情况分析，找出市场开发、产品开发和多角化经营的机会。一般来说，金融营销人员应重视对角线左上部分的区域，这些区域常存在极佳的市场机会。对于对角线右下部分，要分析预测是否有未来市场机会存在。因为随着环境变化，右下部分也存在向上推移的可能性。如果忽视这一区域未来的市场机会，有时会给企业带来战略方向上的重大失误。

例如，当信用卡在西方刚刚兴起时，对于旅行支票业务来说，它处于市场吸引力小，企业优势强的左下方象限内，一些旅行支票业务量巨大的银行并未重视这一未来的市场机会，没有充分利用它们自身的资金和业务网络优势抓住这一市场机会。此后，信用卡逐渐兴起，成为人们必不可少的金融工具，它所处象限的位置逐渐上移，市场吸引力越来越大。

由于那些依靠旅行支票业务的银行已经失掉了领先优势，致使企业优势由强变弱，使信用卡业务在旅行支票业务的分析图上所处的象限不是平行上升，而是向右上方移动。

（4）环境威胁分析矩阵，如图 4-4 所示。

在第二章中，我们重点分析了金融机构外部环境和内部环境对机构的影响，同时提出了几种环境分析的具体方法。在衡量金融市场机会时，要格外注意环境威胁给金融机构带来的影响。对于环境威胁，按其潜在严重性和它成为现实的可能性大小列成威胁分析矩阵进行分析。对于第Ⅰ象限的威胁，金融机构应处于高度警惕状态，并制定相应的措施，尽量避免损失，或者使损失降低到最小，因为它的潜在严重性和出现的概率均很高。对于第Ⅱ、Ⅲ象限的威胁，金融机构也不应该掉以轻心，要给予充分的重视，制定好应变方案。对于第Ⅳ象限的威胁，金融机构一般应注意其变化，如果有向其他象限转移的趋势时，应制定对策。

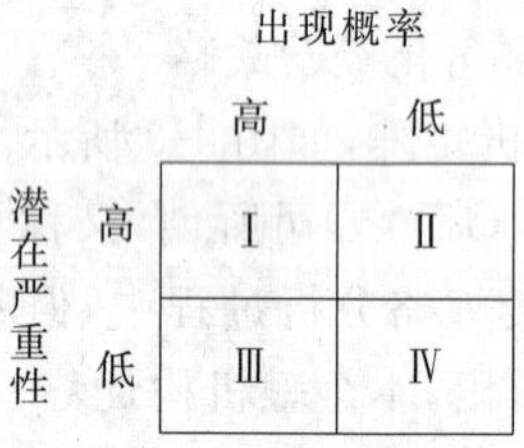

图 4-4　环境威胁分析矩阵

（二）金融市场的预测

在包括金融营销在内的任何营销活动中，市场衡量和预测是不可分割的两个方面。衡量在先、预测在后，因为缺乏目标的预测可能增加金融机构的成本。只有在初步的市场衡量完成以后，金融机构才能对市场预测更有针对性。下面从概念、原理和步骤来对金融市场预测作一个概述。

1. 金融市场预测的概念和要求

任何金融机构都离不开市场预测，银行需要预测人们的存贷款需求和企业的资金使用情况；保险公司需要预测产品的销售情况以及顾客的保险需求；证券公司需要预测当地市场的交易量以及各种证券的需求量。因此，与所有企业相同，金融机构需要通过市场预测来确定自己的营销策略和企业战略。

所谓预测，就是根据过去和现在的实际资料，运用科学的理论和方法，探索人们所关心的事物在今后的可能发展趋势，并做出估计和评价，以调节自己的行动方向，减少对未来事件的不肯定性。

简言之，预测就是根据过去和现在推断未来，根据已知推断未知。金融市场预测是建立在金融市场调查的基础上，从掌握金融市场过去的演变规律、现在的变化状况来推断未来的发展趋势，使金融机构能够在动态的市场上随机应变，时刻掌握主动权，并为金融机构研究、制定营销计划和营销决策提供依据。

金融市场预测的根本要求就是预测的准确性，准确性的高低决定了预测的有效性。

当然，金融机构进行市场预测，会受到许多因素的影响。比如，人力、财力的不足引起的数据统计量不足，环境变化引起的准确性下降，等等。但是，为了提高预测的准确程度，应尽量减少预测的误差。在长期的营销实践活动中，人们总结出金融市场预测的三个基本准则。

1）连贯性原则

连贯指的是在金融市场预测的过程中，要把未来的发展同过去和现在联系起来。因为从时间上考虑，金融市场是一个连续发展的过程，也就是说，将来的市场是在过去和现在的基础上演变而来的，它是过去和现在的延续。因此，在进行金融市场预测时，金融机构必须首先从收集过去和现在的资料入手，然后推测出将来的变化。

2）相关性原则

金融市场需求量的变化也存在各种相关因素。比如，居民收入增加，会引起保险消费的增加；通货膨胀率上升，会引起保险公司寿险业务需求的萎缩；等等。

3）类推原则

金融市场和其他任何市场一样，业务的发展存在着相似性和雷同性。因此，金融机构在掌握了金融行业发展变化的规律之后，就可以推测出金融行业中其他业务的发展变化规律。比如，通过调查得知，当家庭年收入达到一定数量之后，它们用于股票和债券投资的资金会相应达到一定的比例；而在数年之后，当家庭年收入增加之后，在对它们进行投资比例分析时，该规律同样适用。

以上三个原则不仅是我们在金融市场预测过程中需要注意的准则，而且指导着金融市场预测的具体方法。

2. 金融市场预测的分类

金融市场预测的种类很多，根据不同的标准可以划分成不同的种类。

(1) 按预测的范围分类，分为宏观金融市场预测和微观金融市场预测。

宏观金融市场预测是从国民经济的角度着手，相对而言更为全面。微观金融市场预测着重从金融机构的角度来预测金融市场，更为具体。两者有内在联系，相辅相成，只有两者兼顾，才能准确地进行金融市场预测。

(2) 按预测的时间分类，分为长期预测、中期预测和短期预测。

金融市场长期预测一般指对5年或者5年以上的市场变化及其趋势的预测，是金融机构制定长远规划的科学依据。金融市场中期预测是指为金融机构3～5年计划而编制的实施方案。金融市场短期预测一般是金融机构为安排年度内的市场营销计划而进行的预测，为安排金融市场、制定营销决策、解决金融市场上出现的突出问题所采取的措施提供依据。

(3) 按预测的方法分类，分为定性预测和定量预测。

定性预测是表示事物性质或规定性的预测。定量预测是根据事物的历史数据和相关因素，应用数量统计和其他数学方法，研究和推测市场发展状况及其结构关系，预测金融市场需求、销售以及服务等各种趋势。当然，这些金融市场预测的类型不是相互独立、一成不变的，金融机构应该结合企业自身或者产品特点，根据环境的变化，进行不同组合的市场预测，这样才能有利于金融机构制定目标市场策略。

3. 金融市场预测的内容

1）市场的测定

和其他市场一样，金融市场是指某一金融产品实际和潜在顾客的总和。根据顾客不同的特点，金融市场分别测定为潜在市场和有效市场等。金融业的市场测定一般使用定性的测定方法。

2）需求的测定

需求测定包括了市场需求和公司需求两方面，它通过定量测定方法来确定市场的容量，以及金融机构所能够提供的产品和服务的数量及种类。

3）市场环境的测定

在第二章中，我们分析了金融营销受到包括政治、经济、社会、科技等各种因素在内的环境变化的影响。因此，市场营销环境测定是必不可少的，具体方法和环境分析方法相似。

4. 金融市场预测的基本步骤

(1) 确定金融市场预测目的。

这是预测工作的第一步，它是预测的主题，直接影响到预测的结果。确定预测目的就是要解决预测什么，明确通过预测要解决什么问题，它是整个金融市场预测的关键。

(2) 收集与整理资料。

这是金融市场预测的基础性工作。任何预测都要从市场历史的和现有的资料出发来进行。资料的收集需要注意广泛性、适用性和可靠性。资料收集得不全面、不系统，将严重影响预测质量。

(3) 选择预测方法，建立预测模型。

在金融市场预测时，应根据预测目标和所拥有的资料，选择适当的预测方法和模型进行预测。预测方法的不同，有可能导致预测结果不一样。当然，按照实践得出的经验来看，金融机构在实际的预测活动中，应该将定性预测方法同定量预测方法相结合，以定性分析为据，以定量分析为手段。

(4) 分析、评价和确定预测值，估计预测误差。

金融市场预测的结果，应通过解数学模型提供数量化的预测值。在确定预测值时，还需要对预测的误差做出估计，也就是把预测值与历史观测值作比较。

(5) 提出预测结果报告。

通过以上四个步骤的金融市场预测过程，最后需要提交预测报告。其内容主要包括：预测目标、预测时间、参加人员、主要资料来源、预测方法和模型、实际预测结果以及分析评价意见等。

5. 金融市场预测方法

金融市场的预测方法有很多种，通常将其分为定性预测方法和定量预测方法。

(1) 定性预测方法又分为直观判断预测法和德尔菲法。

① 直观判断预测法，是从金融市场质的方面去分析和判断，并做出预测。从质的方面去分析、判断事物，容易把握住事物的发展方向。再者，金融市场预测过程中常常涉及一些难以量化的因素，如政治因素、心理因素、社会因素，等等，因此在实际的预测中，这类

方法被广泛采用。直观判断预测法的种类比较多,有个人判断法、集体判断法、专家会议预测法、头脑风暴法和类比法,等等。

② 德尔菲法。1964 年,在美国兰德公司工作的戈登和海尔默通过回答表的途径创建了德尔菲法。德尔菲,是古希腊传说中的神谕之地,城中有座阿波罗神殿,可以预卜未来。相传希腊神在此降服妖龙,后人用德尔菲比喻神的高超预见能力。从此,德尔菲成为专家提出预言的代名词,德尔菲法因而借用其名。它是通过充分发挥专家们的知识、经验和判断力,并按规定的工作程序来进行的。其主要特色在于整个预测过程是背靠背进行的,即任何专家之间都不发生直接联系,一切活动都由工作人员与专家单独打交道来完成,使预测具有很强的独立性和较高的准确性。

德尔菲法通过征询调查及有控制的信息反馈,使专家们进行有组织的匿名的思想交流。把一系列关于金融市场预测的问题和"事件说明"印发给专家,请他们各自做出预测,这些答复经分析后再交给专家,请他们给出预测理由。该方法利用通信工具提供了一轮一轮的征询调查表和反馈信息,并能进一步诱导出新的信息,以改进原先的预测。

金融机构首先应该成立预测小组,确定专家名单,发出邀请,准备与预测内容相关的背景资料等,然后提出预测内容和要求。征询阶段一般有三或四轮反复。在具体运用中,还应掌握和控制好时间,每一轮循环的时间以 1 周或 10 天左右为宜,否则易影响分析、判断的效果。

(2) 定量预测方法又分为时间序列法和回归分析法。

① 时间序列法,是指将过去的历史资料和数据按时间顺序排列成一个数字序列,根据其动向预测未来的趋势。

时间序列法的特点是在预测前作了一个假定,即影响未来金融市场需求和销售量的各种因素与过去的影响因素大体相似,并且金融产品的需求形态有一定的规律。因而,只要将时间序列的倾向性进行统计分析,加以延伸,便可以推测出市场需求的变化趋势,从而做出预测。

② 回归分析法,是处理变量之间相关关系的一种数理统计方法。变量的相关关系是多种多样的。自变量 X 为非随机变量,因变量 Y 是随机变量。对于自变量 X 的每一个确定的值,因变量 Y 有一个确定的概率分布与之相对应。对这种相关关系的函数处理,叫做回归分析。由于金融市场预测中会使用很多变量,我们可以得到这些变量的历史数据,因此对于金融机构而言,使用回归分析是可行而且有效的。

6. 金融市场预测技术

前面介绍了金融市场预测的各种不同方法。随着日益加速的经济发展,金融机构在实际操作过程中越来越会发现在进行市场预测时,庞大的数据量很难处理,如果不使用先进的预测技术,将很难运用这些预测方法。银行、保险公司、证券公司等金融机构每天接收到数以千万计的数据,市场预测正是从如此众多的数据中得出的。可见,寻找功能强劲的预测技术是相当重要的。因此,金融市场预测技术的问题被提出来。

很多大型金融机构都拥有自己的市场预测信息系统,它们利用先进的信息技术和设备,结合人员的操作和经验的辅助,专业从事金融市场的预测。

金融市场预测信息系统主要由以下五个子系统组成:

(1) 输入系统：信息的输入系统。

(2) 控制系统：控制处理信息的指令和程序的系统。

(3) 分析系统：主要对信息进行分析和处理的系统，是市场预测系统中的核心部分。

(4) 存储系统：记录和存储信息的系统。

(5) 输出系统：预测结果的输出系统。

这五个子系统之间的关系如图 4-5 所示。

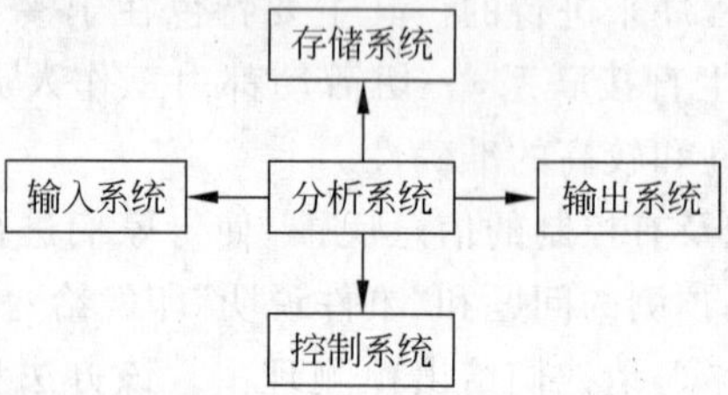

图 4-5　市场预测信息系统

当然，建立市场预测信息系统是一个复杂的过程，在投入大量人力和物力的同时，需要组织结构的转变。这一系统包括硬件条件、软件条件、组织机构的转变和外部条件等多方面的因素，对金融机构要求相对较高。但是，这种高投入的产出比是相当高的。金融机构在完成市场预测信息系统之后，虽然还需要不断进行系统维护，但是利用该系统进行金融市场预测会更方便、准确，能够更好地为金融机构制定营销策略做出贡献。

二、金融市场的细分化

（一）金融市场细分的概念和意义

1. 金融市场细分的概念

澳洲银行是澳大利亚最大的金融机构，它对于只要求基本金融服务的大众客户，尽量提供电子化服务，以降低成本。对于教育程度较高的中产阶层，除基本服务项目外，还为其提供各类私人借款、房屋贷款、各类保险、信用卡等服务，并将理财服务推广到该阶层。对于富人阶层，它在近几年成立了“私人银行部”，对这些“高价值”客户，依据其不同的资产状况和金融需求，为其度身设计一揽子金融服务，提供高档服务。

小贴士

能够看到，越来越多的金融机构正像澳洲银行一样开始细分金融市场，针对不同的顾客群体提供不同的金融服务。金融市场细分指金融机构按照客户（包括个人客户和企业客户）的一定特性，把原有金融产品市场分割为两个或两个以上的子市场，以确定目标市场的过程。

随着社会进步，企业和个人越来越离不开金融产品和金融服务，但这并不意味着金融机构可以高枕无忧。日益激烈的竞争和顾客越来越高的要求对金融机构提出了更高的要求，因此金融市场细分势在必行。想要在所有金融服务上都胜人一筹，几乎是不可能的，因而金融机构要充分利用自身优势，寻找金融市场中的机会。金融机构的目标市场策略正是在这种形势下产生的。

金融市场细分是一种存大异求小同的市场分类方法。它不是对金融产品分类，而是将对同种金融产品的需求各异的客户进行分类，它是识别具有不同需求的金融产品购买者，并把他们归类的过程。实行金融市场细分，是金融营销战略的核心内容之一，是决定金融营销成败的一个关键性问题。此外，金融市场细分是金融机构制定目标市场策略的第一步，只有完成了这一步骤，才能为进一步选择目标市场和自我定位打好基础。

2. 金融市场细分的意义

(1) 有利于发现金融市场机会。

市场机会往往是已出现于市场但尚未被满足的需求，这种需求通常是潜在的，一般不易发现。运用市场细分的手段，就便于发现这类需求，并从中寻找适合本企业开发的需求，从而抓住稍纵即逝的市场机会，使企业赢得市场的主动权。

美国友邦保险公司一进入中国，就运用市场细分的原理对中国保险市场进行分析、研究，发现中国市场对人寿保险的需求潜力很大，尤其是个人寿险的需求满足水平极低。因此，他们抓住这一市场机会，大力推销个人寿险业务，迅速地在中国保险市场取得了一席之地。

(2) 有利于选择金融目标市场。

前面提到过，金融市场细分是金融机构实行目标市场策略的首要任务。金融市场经过层层细分后，为金融机构选择目标市场创造了前提条件。通过市场细分，金融机构可以比较深刻地认识那些被细分市场上顾客的特点、需求、满足程度和竞争情况，以便结合金融机构的实际规模、资本实力、服务手段的先进程度、分支机构的数量、人员素质等，选择、确定自己的金融目标市场。

(3) 有利于金融机构制定更为有效的营销策略。

金融市场细分还是金融营销组合策略运用的前提。金融机构要想实施市场营销组合策略，首先必须对金融市场进行细分，确定目标金融市场。因为任何一个优化的市场营销组合策略的制定，都需要针对所要进入的目标市场。没有针对性，就谈不上优化的营销组合。离开了目标金融市场，制定出的市场营销组合策略就是无的放矢，自然是不可行的。

(4) 有利于金融机构有效地与竞争对手相抗衡。

在金融市场竞争日益激烈的情况下，通过市场细分，能够有助于金融机构发现目标顾客群的需求特征，从而调整金融产品的结构，增加金融产品的特色，提高金融机构的市场竞争能力，有效地与竞争对手相抗衡。

案例 4-1

以金融服务全面支持中小企业发展

根据小企业金融需求的特点，宁波银行于2007年推出“金色池塘——小企业全面金融服务”品牌，提供以小企业全面金融服务为核心价值，依托充满活力的客户服务团队、标准化的金融产品和业务流程，为小企业提供专业、高效的金融服务。

同时，通过“小企业大讲堂”的创新模式，为小企业提供多维度的专业知识，方便客户不断提高资金管理能力和企业营运能力，真正实现零成本财务顾问功能。

中小金融企业如何占领市场、站稳市场？宁波银行给出了答案，那就是走特色化、系统化的道路，明确目标客户，给出针对性的解决方案。

（二）金融市场细分的要求与步骤

1. 金融市场细分的要求

金融机构在进行市场细分时，通常应遵循以下基本原则。

（1）要有明显的特征。

用以细分市场的标准必须是可以衡量的，细分出的金融市场应有明显的特征，各金融子市场之间有明显的区别，各金融子市场内都有明确的组成客户。这些客户应具备共同的需求特征，表现出类似的购买行为。比如，香港的赛马市场相当繁荣，因此保险公司出现了一大批特殊的顾客，他们需要为每次的赌马活动进行保险；马主同样需要为他们的马和其他设施保险，这些特征使得当地保险公司能够细分出这个明显的市场，并为其提供专业的服务。

（2）要根据金融机构的实力，量力而行。

在市场细分过程中，金融机构所选择的目标市场必须是自己有足够的能力去占领的子市场。在这个金融子市场上，能充分发挥金融机构自身的人力、物力、财力和生产、技术、营销能力的作用等。反之，那些不能充分发挥金融机构资源作用、难以为金融机构占领的子市场就不能作为目标市场；否则，只会白白浪费企业的资源。

（3）要有盈利能力。

在金融市场细分中，被金融机构选中的子市场还必须具有一定的规模，即有充足的需求量，能足以使金融机构有利可图，并实现预期利润目标。为此，细分市场的规模既不宜过大，也不宜过小。如果规模过大，企业可能无法完全“消化”，很难得到由市场细分带来的益处，结果白费工夫；如果规模过小，企业可能“吃不饱”，现有的各种资源得不到最佳利用，利润难以确保。

因此，细分出的市场规模必须恰当，使金融机构能合理盈利。前面我们提到，在日本出现了开在超市中，专门为超市顾客进行贷款服务的小型银行。正是由于日本超市行业的巨大规模，才造就了这种类型的银行。试想在中国一些城市，超市的规模本来就小，也就没有这种银行生存的足够空间，即使我们的银行能够细分出这一块市场来，也很难在如此小的规模中获得足够的利润。

（4）要具备稳定性，有发展潜力。

有效的金融市场细分还必须具有相对的稳定性。只有保证相对稳定的时间来实现金融机构的营销计划，市场才能在被细分出来以后，作为金融机构可选择的目标市场。如果变化太快，金融机构还未来得及实施营销方案，目标金融市场已面目全非，这样的市场细分就毫无意义。

2. 金融市场细分步骤

金融市场细分的步骤和普通的消费品市场细分步骤相似，重点在于识别市场细分因素、制定细分标准以及对市场容量和潜力进行估计。

1）识别细分市场

这是金融市场细分的第一步，也是关键的一步，金融机构必须对待细分的市场有一个完整的概念，并且对其进行整体分析，提炼出不同的细分因素，并结合自身的优势和劣势，识别和选择在整体市场中存在的潜在细分市场。比如，在银行众多的个人贷款业务中，按照不同社会阶层和收入等细分因素区分出不同的贷款分市场，如汽车贷款、房屋贷款和商业消费贷款等。

2）搜集细分市场信息

在识别细分市场之后，金融机构需要对感兴趣的细分市场进行研究，搜集必要的数据信息，为之后的细分步骤打下良好的基础。

3）拟定综合评估标准

一般说来，细分金融市场后，金融机构应该能够对谁是顾客、选择什么金融产品、在哪里购买、为什么选择该金融产品、如何购买金融产品等问题作出回答。因此，金融机构应该对细分市场拟定综合评估标准，以回答上面的问题。拟定综合评估标准主要可用于自我测试是否对细分市场有完整、深入的了解。

4）估计市场潜力

这个过程决定了金融机构是否应该进入该细分市场，并将其作为自己的目标市场开展营销活动。具体的估计方法可以参考前面介绍的金融市场预测方法。通过对市场容量、市场潜力等方面的估计和预测，为金融机构提供详细的市场信息。

5）分析市场营销机会

在细分金融市场的过程中，分析市场营销机会，主要是分析总的金融市场和每个子市场的竞争情况，以及确定对总的市场或每一个子市场的营销组合方案，并根据市场研究和需求潜力的估计，确定总的或每一个子市场的营销收入和费用情况，以估计潜在利润量，作为最后选定目标市场和制定营销策略的经济分析依据。金融机构通过对财务的分析，制定出各个细分市场营销的成本范围和具体的营销活动内容。此步骤是一个具体的分析阶段。

6）提出市场营销策略

这是金融市场细分的最后一步，也是金融机构的一个决策点。金融机构通过上述五个步骤的分析，对每个潜在细分市场已经有了深入的了解和细致的评估。并不是所有的潜在细分市场都是符合金融机构自身利益的，因此这个阶段要对其取舍。在分析细分市场后，若发现市场情况不是很理想，金融机构可能会放弃这一细分市场；若对需求和潜在利润水平比较满意，金融机构才会根据分析的结果制定相应的市场营销策略。

（三）金融产品市场细分的标准

在金融产品的市场细分过程中，通常将个人客户市场和企业客户市场分别细分。因为对于金融机构而言，这是两个相对独立的业务类型，本身就已经被细分。对于金融机构的个人客户市场，其细分的标准和普通消费品相似，通常以心理、行为、人口和地理这四个因素作为细分标准，只是在具体的侧重点上有所不同。对于金融机构的企业客户市场而言，细分的标准没有必要分得如此之细。

业界通常从企业客户所处行业及其规模和资金状况等方面来细分，因为这些因素与金融机构开展业务息息相关，也是金融机构最看重的部分。

1. 个人客户市场细分

金融机构的个人客户市场日益扩大，而且由于年龄、性别、收入、家庭人口、居住地区和生活习惯等因素的影响，不同的个人客户群体对各种金融产品和服务有着不同的欲望和需要。这些不同的欲望和需要就是金融机构进行个人客户市场细分的因素，叫做“细分变量”。这些变量所概括的个人客户群的欲望和需要的差异，便是细分个人客户市场的标准。

小贴士

与普通消费商品类似，银行、保险公司、证券公司等金融机构为个人客户提供的金融服务逐渐被他们理解为一种金融商品，只是具体的外在形态有所区别。比如，银行的存款业务对于个人客户的需要差异相对而言很小，因此不需要过多地细分。

而对于银行的信用卡业务，由于个人客户的信用度不同，透支需要的不同形成了较大的需要差异，因此银行必须运用较多的细分标准来划分客户市场，提供不同的服务。凡是需要差异大、市场竞争激烈的金融产品，要经过多次细分，才能从中筛选出符合本金融机构条件的分市场或子市场，以此作为金融营销的目标市场。

(1) 地理因素：是指个人客户市场所处的地理位置和地理环境，包括地理区域、地形、气候、人口密度、生产力布局和交通运输等。处于不同地理条件的个人客户，对银行的服务有着不同的需求。

地理因素是市场细分的一个最常用的标准，也是最明显、最易衡量和运用的标准。但它基本上是一个相对稳定的静态标准。在金融市场细分中，地理范围分为城市和农村，顾客规模分为10万人以下或10万人以上，地理密度分为市区、郊区或是乡村等。在国外一些城市，以地理因素作为细分市场标准的创新性金融营销已经进入人们的视野。在日本，出现了在超市中开展贷款业务的小型银行；在美国，出现了开在电影院旁专门为看电影的人们服务的小型银行。

(2) 人口因素：包括个人客户的年龄、职业、收入、教育、家庭人口、家庭生命周期、社会阶层等。由于个人客户的欲望和需要与人口变数有较强的因果关系，而且人口变数比其他变数更容易衡量，因此它一直是金融市场细分的重要依据，历来为金融机构普遍重视。

从理论上来说，个人客户的年龄、职业、教育水平等都能够成为市场细分的重要依据。比如，将客户的年龄分为几个档次，再通过教育水平的分类来细分市场，等等。但是考虑到金融机构的管理和营销成本，金融机构不会将客户市场细分得如此之细，它们往往抓住人口因素中的重要环节——收入和社会阶层来进行市场细分，因为无论对于银行、保险公司还是证券公司而言，客户资金量的多少是决定他们在整个客户群体中处于何种地位的重要因素。

(3) 心理因素：金融机构也可按个人客户的生活方式、个性、偏好等心理因素来细分金融市场。客户的个性不同，对金融产品的需求有很大差异，主要体现在产品的风险选择方面。例如，个性以保守为主要特征的客户选择金融产品时，总是以安全、可靠、风险小的品种为主；个性以冒险为主要特征的客户，往往更注重投资收益，愿冒风险，追求较大利益。

具有不同生活方式的客户，如崇尚时髦或热衷于经济实惠的客户，对金融产品的偏好也不相同。经济实惠型客户较多关心所购买金融产品的成本和收益；崇尚时髦型客户则更注重金融机构的品牌和新品种等。

心理因素是金融市场细分中比较复杂的一个标准，动态性较强。因此，金融机构必须根据个人客户的不同心理进行市场调查研究，获得可靠的数据，用来确定自己的目标金融市场。

(4) 行为因素：在行为细分过程中，根据个人客户对金融产品的了解、态度及反应，将他们分为不同的群体。一般认为，行为因素是市场细分的最佳起点。

其一，根据客户对金融产品的不同利益追求来细分客户群。

其二，根据客户对不同金融产品品牌的忠诚度来细分不同的客户群。

其三，根据客户对某种金融产品的不同购买频率，细分为少量购买客户群、中量购买客户群和大量购买客户群。金融产品的重复购买率虽然不能和普通消费商品相比，而且重复购买在更多意义上指的是同一金融机构的不同金融产品，但是金融机构同样可以从不同的购买频率上区分不同的个人客户。

其四，根据客户购买和使用金融产品时机的不同，细分为不同的客户群。例如，旅游季节，客户对旅游信用卡的需求增加；同样在旅游旺季，人身意外伤害保险和各种交通工具保险的需求会增加。

其五，根据对金融产品购买状况的不同，细分为从未购买者、曾经购买者、潜在客户、首次购买者和忠实客户等客户群。此细分的目的，在于实施不同的营销策略，保持老客户，变潜在客户为现实客户，变曾经或首次购买者为忠实客户。

2. 企业客户市场细分

金融机构的客户除上述分析的个人客户以外，还有大量企业和政府部门，它们被统称为金融机构的企业客户群体。影响企业客户对金融产品和服务需求差异的因素也有很多，其中最主要的是企业的规模与企业所处的行业这两个因素。

(1) 企业规模因素。企业规模包括企业的年营业额、职工人数、资产规模等方面。根据这些因素，把企业客户市场细分为不同的类型。

(2) 行业因素，指根据不同行业特点，将企业分为不同的细分市场。即使规模相差不大的企业，由于它们处于不同的行业之中，对金融产品和服务的需求差别可能很大。此外，金融机构提供金融产品和服务，需要考虑这些产品的风险。不同行业的企业客户由于行业不同，在客观上存在着不同的风险水平。

比如，网络经济带动了网络公司对银行产品的需求量，然而这个行业存在着很大的风险性，这就要求金融机构在对其进行业务往来时提高警惕，加强防范。但同时，风险投资公司和保险公司有可能从网络行业这种不稳定性中赚取丰厚的利润。

案例 4-2

广发银行：抓住“她”经济、发力女性市场

持续发力女性市场，借“她”经济的崛起，带动多元化生活需求，通过信用卡一站式服务，提升女性幸福指数。

广发银行抓住市场需求，利用已有的真情卡平台，成立“Lady Club”真情俱乐部，为其会员持续提供美容美体、美容课堂、时装品牌新品发布会预览、美食大优惠等多元化的一站式服务。第一阶段的俱乐部活动已于近日正式开启。例如，金钻会员可享受法国娇兰提供的免费面部护理和美容课堂、MAX MARA 新品预览会等优惠；银钻会员可参加兰芝刷卡赠礼优惠及新品试用体验活动，西堤牛排刷卡买一送一优惠，周大福鉴赏会等优惠；粉钻会员可专享法国娇兰、兰芝刷卡赠礼，佐登妮斯优惠价美容护理及众多服饰品牌刷卡折扣。

其中，银钻会员可以同时享受粉钻会员的专属礼遇，金钻会员可以同时享受银钻、粉钻会员的专属礼遇。

高度竞争的零售金融市场需要差异化的金融服务。针对女性信用卡持有人的会员俱乐部开创了顾客忠诚度计划的先河。信用卡公司最头疼的两件事情是活卡率和刷卡率，也许“Lady Club”在给女性客户带来消费乐趣的同时，也找到了提升广发信用卡“钱包份额”的新方法。

第二节　目标市场选择

一、选择目标金融市场的意义和作用

（一）选择目标金融市场的意义

目标金融市场是指金融机构在市场细分基础上确定的将要重点服务的客户群，也就是金融营销活动中所要满足需求的特定市场。金融机构的一切营销活动都是围绕目标市场进行的，选择和确定目标市场，明确金融机构的具体客户群，是金融机构制定和实施营销组合策略的基本出发点，其重要意义有以下几点。

(1) 能够系统地考察每一个金融分市场，更好地发掘金融市场机会。研究各个分市场的大小，需求被满足的水平，竞争者活动等情况，可以确定本金融机构在该分市场的销售潜力。这么做，可以发现哪些分市场尚未开发，哪些已经饱和，从而帮助机构掌握机会，避开威胁。

(2) 分析对各分市场采用的市场营销组合，判断该分市场的机会是否足够收回所花费成本。

(3) 金融机构的市场营销人员可以依据不同分市场的需要和吸引力，从下到上，一步步建立起可行的金融营销目标和决定预算分配。相反，要是由上至下，硬性地制定金融市场营销目标，不分轻重地随意分派力量到各分市场，不仅浪费金融机构资源，还会使金融

机构做出错误的市场营销努力，严重影响金融机构收益。

（二）选择目标金融市场的主要作用

1. 目标明确，有利于经营

无论是银行、保险公司、证券公司还是投资公司，每个金融机构都有它的经营战略目标。这个战略目标应该建立在满足顾客需要与欲望的基础上，否则很难在市场上立足，也经不起竞争，更不可能提高经济效益。影响金融市场的因素既多又复杂，人口、经济水平、心理和行为类型的不一致都会引起需求的异化。譬如，保险公司片面追求顾客多、销区广，保险销售人员必定陷入穷于应付的境地，而顾客仍会感到服务不周，保险公司的精算部门也会因此而忙碌不堪。目标市场策略的重要意义在于经过市场细分后，能够充分认识并分清金融市场的消费需要与欲望，金融机构可以更好地予以满足，使有限的资源发挥最大的经济效益。

2. 发挥优势，有助于竞争

无论规模大小，金融机构总有其长处和短处，如何扬长避短，成为应该经常探讨的重要课题。

3. 针对性强，便于调整市场营销组合

开发什么样的金融产品，辅以哪些服务工作，选择、建立和培植什么样的金融产品销售渠道，需要运用何种促销手段，价格应如何确定，等等，这一系列问题都需要金融机构不断调查、分析和研究，并作出决策。

4. 分析细致，易于发掘市场机会

一个成功的金融机构，必定要善于发掘金融市场机会，进而创造市场机会。选择金融目标市场，实际上就是一个以调查为基础的分析过程。对市场进行细分，有很多市场机会会被发掘，从而确定目标市场。

（三）选择金融目标市场的过程

金融机构选择目标金融市场的过程随着机构的不同而有所区别，通常分为全市场的分析、分市场的分析和市场营销组合与金融机构成本的分析这三个步骤来进行。初步决定一个或若干个分市场作为目标市场以后，金融机构还要针对这个或这些分市场，研究和制定一套金融市场营销方案。

1. 全市场的分析

假设有一家保险公司，通过对市场状况和本公司特点的研究，决定用顾客家庭收入和产品类别两组因素细分市场。顾客的家庭收入分高、中、低三个层次，产品有家庭财产险、人身意外险和寿险三类。细分的结果是：整个市场分为九个单元，每个单元代表一个分市场；在各个分市场中，列出当年该保险公司的销售实绩（当然，对于保险公司尚未进入的分市场，销售实绩为零）。

2. 分市场的分析

各个保险分市场已经实现的销售额，并不能说明该分市场的相对盈利潜力，还必须进一步了解各个分市场的需求趋势、市场以及行业的竞争状况和公司实力，以决定取舍。其实，这种分析的方法是综合了细分市场的市场份额和公司份额两方面的因素而得出的。

通过这些方法,可以初步确定金融机构的哪些分市场是最具有潜力和发展前途的。

3. 金融市场营销组合与企业成本的分析

假定该保险公司选择了中等收入家庭的财产险这一分市场。现在,它要进一步考虑用以激励顾客购买的促销组合和优惠条件等。通过对这些营销组合的分析,保险公司可以得出实施目标市场战略的成本。对于具有发展潜力和发展前途的目标金融市场,保险公司必须对其营销成本加以分析,决定是否进入这个或这些目标金融市场。

二、确定目标市场策略

1. 常用目标市场策略

金融机构在市场细分的基础上,根据主、客观条件选择目标市场,目的在于不断拓展金融市场份额。要想顺利实现这一目的,一般采用三种不同的目标市场策略。

(1) 无差别市场营销:实行无差别性市场策略的金融机构,是把整个金融市场作为一个大目标,针对个人顾客和企业的共同需要,制定统一的营销计划,以实现开拓金融市场,扩大金融产品销售的目的。这种策略往往强调顾客的共同需要,而忽视其差异性。

采用这一策略的金融机构,一般实力强大,有广泛而可靠的分销渠道,以及统一的广告宣传方式和内容。在实际操作时,只需推出单一的产品和标准化服务,设计一种营销组合策略即可。比如,我国银行发售国库券,就是采用这种策略。

金融机构采取无差别性市场策略的优点是:大量同质的销售使得金融产品平均营销成本低,并且不需要进行市场细分,可节约大量的调研、开发、广告等费用。但是这种金融市场策略存在许多缺点,即对于大多数金融产品是不适用的。

(2) 差别市场营销:实行差别性金融目标市场策略的机构,通常会根据消费者不同类型、不同层次的需求特点,把整体市场划分为若干细分市场作为其目标市场,并针对不同的目标市场制定和实施不同的营销组合策略,多方位或全方位地开展有针对性的营销活动,满足不同顾客的需要,不断扩大金融产品的销售。

采用差别性金融目标市场策略的优点是:多品种,针对性强,能满足不同顾客的需求,特别是能繁荣金融市场。但是,由于金融产品品种多,销售渠道、销售方式及广告宣传多样,营销成本大大增加。这样,无差别性目标市场策略的优点,在某种程度上就变为差异性目标市场策略的不足之处。

(3) 集中市场营销:无差异金融目标市场策略和差异性金融目标市场策略,都是以整体金融市场作为金融机构的营销目标,试图满足包括个人和企业在内的所有金融顾客的需要。集中性金融目标市场策略相对而言从较为微观的角度着手,其目标市场更加具体而细化。它指金融机构既不面向整个金融市场,也不把力量分散到若干个细分市场,而是集中力量进入一个或几个细分市场,进行高度专业化的金融服务。

采用这种市场策略的金融机构,不是追求在整体市场上占有较大的份额,而是为了在一个或几个较小的细分市场上取得较大的占有率,甚至居于支配地位。其具体做法不是把力量分散在广大的市场上,而是集中金融机构的优势力量,对某细分市场采取攻势营销战略,以取得市场上的优势地位。比如,某些银行确定的市场策略是成为世界上最大的债券和商业票据交易商;在香港,有保险公司把它的所有资源放在赛马比赛的保险项目上,虽然交易量不高，却能够独占这一个细分市场。

采用集中性市场策略，一般风险比较大。因为所选的目标市场比较狭窄，一旦发生突然变化，很容易导致在竞争中失败。由于这种原因，金融机构往往又要将经营目标分散于集中策略之中，根据具体情况选择实施。

2. 确定金融目标市场策略应考虑的因素

(1) 金融机构实力：当金融机构资金力量雄厚、产品功能齐全和销售能力很强时，可采用无差异性策略和差异性策略。若实力不足，或者只在某些方面具有一定的优势，最好采用集中性市场策略。

(2) 金融产品特性：对于一些类似性很强的金融产品，宜采用无差异性策略。对于另外一些金融产品，顾客的要求差别很大，宜采用差异性策略或集中性策略。

(3) 金融市场特性：如果不同市场顾客对同一金融产品的需求和爱好相近，宜采用无差异性策略；否则，宜采用差异性策略或集中性策略。

(4) 金融产品所处生命周期的不同阶段：通常在金融产品处于投入期和成长期时，可采用无差异性策略，以探测金融市场与潜在顾客的需求。当金融产品进入成熟期或衰退期时，应采取差异性策略，以开拓新的市场；或采取集中性市场策略，以维持和延长金融产品生命周期。

(5) 金融竞争企业所采取的市场策略：金融机构采取哪种市场策略，往往视其竞争对手采取的策略而定。若一个强有力的竞争者实施无差异性策略，那本企业宜采取差异性策略。

第三节 金融市场定位

一、金融市场定位的意义

在金融机构确立目标市场策略的过程中，首先要进行市场细分，然后开始寻找适合自己发展的目标市场。一直以来，我国的金融机构止步于此，没有深一步地挖掘与拓展。然而，顾客越来越高的要求以及金融市场日益激烈的竞争并不意味着金融机构可以在目标市场中游刃有余，它们还要受到各种环境因素的影响，因此，很难在细分出来的市场中始终处于领先地位。那么，有什么可以帮助金融机构抓住顾客的心呢？

一方面，随着定位理论日益成熟，金融产品定位逐渐成为金融机构目标市场策略中的一个重要环节，这就意味着金融机构在选择完目标市场后，还必须为自己的金融产品在市场中定位，为自己的企业在市场中定位。因此，金融机构必须重视这一环节。

另一方面，选择目标市场和顾客只是对客观金融市场的一种选择，即使金融机构再主动，依旧要受到众多客观因素的限制。而市场定位更倾向于一种主动出击的策略，要求金融机构主动地为产品和企业定位。

定位(positioning)就是对金融机构的产品和形象进行设计，使其能在目标顾客心目中占有独特位置的行动。定位这个词是由两位广告经理艾·里斯和杰克·特劳特提出后流行的，他们把定位看成是对现有产品的创造性实践。他们认为：定位起始于产品，但其范围可以无限拓展到一件商品、一项服务、一家公司、一个机构，或者甚至是一个人……然而，定位并非是对产品本身实施什么行动，而是要针对潜在顾客的心理采取行动，即要将产品在潜在顾客的心目中确立一个适当的位置。

小贴士

在泰国曼谷，有一家银行被称为“水上银行”。由于曼谷河道纵横，被誉为“东方的威尼斯”，该银行便将自己定位为在水上的移动银行，每天定时起航，为湄南河以及运河沿岸的居民提供金融服务。不仅因为其别出心裁，也因为其独特的市场定位，赢得了泰国人民的认可，获得了巨大的成功。

二、金融机构差异化及市场定位策略

（一）金融机构差异化

金融机构服务的同质性是金融业经营的一个重要特征，也是金融业在经济全球化和金融自由化浪潮冲击下竞争日益激烈的内在因素。金融业虽然特殊，但作为金融机构，要遵循现代企业经营的客观规律，秉承竞争制胜之道，以强化比较优势的方法来突破同质性，实施差异化发展及策略，从传统的、单一的金融产品服务向现代日益多样化的规模定制，再向更加个性化的金融解决方案等为客户提供高质量的金融服务方向发展。

与同质化相对立的是差异化。金融市场定位的基础就是差异化。金融机构差异化是其定位的保证。每个金融机构必须制定相应的策略，为目标顾客推出一定的差别化服务，包括顾客的利益和金融产品的特色。“第一名”的定位主要有“最高的收益”、“最佳的服务”、“最合理的价格”、“最高的价值”，等等；“专业者”的定位主要有“最专业”和“最有效”等。如果一个金融机构能够坚持不懈地反复强调这些定位中的一个，并且令人信服地进行传播，它就可能成名并获得成功。当然，并不是每个金融机构都适合这种单一的定位原则，也可以试一下双重甚至三重利益定位，即同时将自身定位为两个或者三个方面的服务角色或模式。

差异化发展战略是定位的基础，也是现代金融机构经营过程中一种常用的、有效的理念和方法。金融机构差异化，主要表现在业务定价差异化、业务产品差异化和业务服务差异化三个方面。金融机构差异化发展可以摆脱传统金融机构低水平竞争的格局，凸现出金融机构的比较竞争优势，适应我国市场经济发展的要求，有利于金融机构市场定位，提升核心竞争能力。

（二）金融机构市场定位策略

1. 金融产品定位

金融产品定位首先要确定具体的产品差异。为实现这一点，金融机构要对目标市场竞争者和企业自身情况进行竞争优势分析。对于所设计的金融产品，要考虑产品的差异对目标顾客的重要性、金融机构实施产品差异的能力、所需时间、竞争者的模仿能力等。

确定了可以利用的产品差异之后，金融机构就可以为自己的产品定位并进行推广。

即使金融产品存在较强的同质性，各个金融机构依然可以根据自身优势进行产品定位。比如，交通银行利用自己在外汇业务上的优势，开发出“外汇宝”；招商银行利用自己在网络方面的优势，推出了“一卡通”；中国太平洋保险公司推出“神行车保”汽车保险等，都是金融产品定位的例子。

小贴士

金融产品定位的侧重点在于其独特性和专业性。金融机构一般都通过产品在某一方面的专业特长进行定位，使得产品能够在市场中找到一个生存和发展的细分市场，同时通过这种产品定位巩固这一市场。因此，我们很难看到全面优势定位的金融产品。这样的定位既花费巨大的成本，又得不到应有的效果。

2．金融服务定位

鉴于金融业的特殊性，在价格和产品的竞争中要实行差异化发展并进行定位，一般不可能像其他行业那样简单和有效。金融机构进行市场定位，最终要在提供其他同业提供不了的服务上下工夫。具体来说，就是金融机构的定位要体现在其提供金融产品的方式、方法与同业的不同上。这些差别具体地要落实在金融机构的销售渠道和服务渠道的设计、组织机构设置、企业品牌形象、员工服务态度、产品及服务价格策略以及各种公关活动的开展等方面。花旗银行作为世界最负盛名的银行之一，它的定位策略体现在服务上。由于它将个人客户定位于高端顾客，因此，相应地提高了服务质量，与同业银行拉开了距离：顾客无需在营业厅等待，可以边喝咖啡边与客户经理商谈业务。此外，花旗银行还定期为这些高端客户提供酒会等聚会，促进彼此之间的业务关系。同样的，证券公司可以通过提供舒适、功能齐全的操作室来抓住大客户。

金融服务定位的侧重点在于它的优质性和差异性。与产品定位不同，顾客更容易对金融机构的服务水平进行评价和比较，因此将其服务水平定位于优质和差异性强的服务，比利用金融产品来征服客户更为有效。

3．金融机构定位

金融机构定位是综合了金融产品定位和服务定位之后，金融机构为自己在行业中、在个人和企业客户心目中所确定的位置。金融产品定位和金融服务定位可以与金融机构的整体定位有所区别，因为对于一些品牌效应过于庞大的金融产品，顾客们似乎已经忘记了它是属于哪个金融机构的；但是金融机构的整体定位，确是从这两者的定位中提炼出来，并根据机构的整体经营战略确立的。

金融机构的定位可以是行业领导者，也可以是一个细分市场的领导者，甚至还可以是行业的“老二”（当行业“老大”之争趋于白热化，且后面的竞争对手有很大差距时，作“老二”未必是一件糟糕的事情）。金融机构可以采取拾遗补缺的定位策略，分析金融市场中现有产品的定位状况，找出尚未被占有但又为许多客户重视的空缺位置；金融机构同样可以根据自身的强劲实力，与竞争对手展开竞争性的定位策略，争夺同一个细分市场。因此，金融机构的定位策略有许多，关键是要抓住定位的实质，在客户心目中形成一个强有力的形象。

本章小结

本章按照制定营销策略的顺序，详细地分析了金融机构的目标市场策略，不仅给出了金融行业中一些成功企业的做法，也给出了一系列目标市场策略理论，供金融机构研究和学习。

目标市场营销策略要分三个步骤完成：市场细分、选择目标市场、市场定位。市场细分工作要依据一定的细分变量展开。金融市场主要的细分变量有：地理变量、人口变量、心理变量、行为变量和利益变量等。细分市场是否有效的衡量标准是：可衡量性、可进入性、可盈利性、可操作性和敏感性。细分市场选择要以市场细分为基础，通过对各类市场进行评估，来确定目标市场可选择三种目标市场策略，即无差异性目标市场策略、差异性目标市场策略、集中性市场策略。企业要结合各方面因素，综合考虑采取何种目标市场策略。

复习思考题

1. 简述目标市场及定位策略的内容和步骤。
2. 试述市场细分的理论依据。
3. 试述市场细分的基本原则、主要方法及运用条件。
4. 选择目标市场应考虑什么因素？
5. 金融机构有哪些常用的市场定位策略？

实训题

花旗银行在中国的目标营销策略分析

1998 年 10 月 8 日，花旗银行集团与旅行者集团成功合并，组成花旗集团。花旗银行创立于 1812 年，是美国最大的国际性银行之一。花旗银行网络横跨六大洲，在世界 100 多个国家和地区设有 3400 多间分行或办事处。1902 年，花旗进入中国上海；1995 年，花旗银行中国区总部从香港迁至上海浦东。

一、花旗银行进军中国的历程

1995 年，将中国总部从香港搬迁到上海。1996 年 1 月底，成为首批获准在上海浦东新区经营人民币业务的外资银行之一。1998 年 12 月底，成为第一家与上海银行网络中心签约的外资银行，正式加入上海 ATM 网络。2000 年，花旗银行资产排名一举跃升为国内外资银行第一名。2001 年年底，为了发展中国内地业务，花旗银行后勤部门从香港迁至广州，在广州开设了首个内地电话中心，以支持在内地、香港企业及零售银行客户的电话查询。

2002 年 3 月，经中国人民银行核准，花旗银行上海分行正式获准开展对包括国内居民和国内企业在内的各类客户的全面外汇业务，同时维持经营部分人民币业务，成为我国第一家获得经营全面外汇业务许可的独资外资银行，也是第一家获得该项许可的对外正式营业的独资外资银行。花旗银行目前在中国的分支机构已经遍及沿海各主要城市，成为在中国市场上分支机构最多的美资银行。

二、中国市场目标营销策略

1. 市场目标

“花旗”力争要成为中国主要的人民币放贷银行，其目标是将花旗银行的所有系列产品带来中国，并由此定下了系列目标：首先，是与中国的银行系统合作，提高市场的成熟程度和市场容量；接着，扩大客户量，先是企业客户，然后是提高个人消费者客户的服务附加值。

2. 市场定位——抢占高端，贵宾理财

在企业的业务方面，花旗银行此前的客户大部分是外商投资企业，今后几年的业务增长将主要来自优质的本地公司。在企业的个人业务方面，“花旗贵宾理财”是全球闻名的名牌服务项目之一。因此，花旗银行要争夺中国“高端客户”。

其经营理念是：现金存款不是花旗的主业，多元化的投资理财才是银行着力培养的市场。其主要原因有两个：第一，银行业务有一个“二八原则”，即20%的客户创造80%的利润；第二，花旗银行现在网点少，在保证利润的情况下，只能选择以服务取胜的高端客户。

它的具体细分方法如下所述。

(1) 收费淘汰

设置存款门槛，通过收费存款的方式淘汰一些效益低的客户，以保证对高端客户的服务质量，同时让客户感觉到成为花旗的顾客是身份的象征。

(2) 差别服务

以前人们经常能够看到在银行大厅办理开户手续的柜台。在花旗银行，这种柜台被安排在二楼一隅，一楼则安排为“一对一”式的理财咨询柜台和贵宾服务房间，比二楼的储蓄柜台面积大很多。也就是说，只想存取现款的只好爬楼梯了，而有足够财力接受理财服务的，就可以在一楼接受面对面的服务。

3. 差异化策略

花旗银行的价格策略完全配合其市场细分策略，一切出发点只瞄准自己的目标顾客群——高端市场，客户资产越多，收的服务费越低。

花旗银行在全球激烈的竞争中，把客户市场细分为不同的门类，选择自身有优势的细分市场，使用有针对性的服务方式来满足客户需求。花旗银行在美国及全球定位集中于中产阶级及高收入消费阶层。在亚洲，重点服务占人口总数20%的高收入阶层。如果某客户名下所有账户一个月内的日平均余额低于5000美元，花旗银行将收取每月6美元的服务费；如果存款不足10万美元，将收取每月12美元的服务费。个人客户只要保持每月综合账户存款余额不低于10万美元，便可以成为花旗银行的贵宾客户。作为贵宾理财客户，可以享受一系列理财专利及优惠，包括各项银行服务费用的减免，幅度高达50%。

作为全球金融巨头的花旗银行进入中国已经近20年，获得如此巨大的成功，的确值得我们关注和学习。

通过以上案情，请同学们讨论并总结，花旗银行针对我国市场采取了什么目标营销策略？

第五章

金融产品策略

学习目标

［知识目标］

通过本章的教学，使学生掌握产品的整体概念、结构以及金融产品的特点，理解产品组合的主要策略以及在金融行业的运用，了解金融产品的品牌策略、生命周期策略、开发与创新策略。

［技能目标］

通过本章的教学，使学生明确产品或服务是企业满足市场需求的载体，是营销组合中的一个重要因素。金融企业在确定目标市场后，要根据目标市场的需要，开发和生产满足市场需求的产品和服务。

第一节 金融产品概述

一、一般意义上的产品概念

在营销学中，所谓产品，是指能提供给市场，用于满足人们某种欲望和需要的任何事物，包括实物、服务、场所、组织、思想、主义等。注意，这个概念的外延极其广泛，不仅仅包括人们看得见摸得着的工业制成品，还包括看不见摸不着但可以体验到的服务产品，包括对人们身体的服务、智能的服务和物品财产的服务。

为了深入了解产品的本质，营销学将产品分解成若干层次进行分析，如图 5-1 所示，并认为产品是由这些层次有机结合的整体，强调产品的整体性。

人们称为产品的东西，无论其功能、形态如何，本质上都是一样的。首先，它一定能给人们带来某种效用或利益，这是产品的核心部分，又叫核心产品。其次，核心产品必须有载体，是产品可以识别的形象表现，故又叫有形产品。再次，是除了基本功能和基本属性以外的全部附加服务和利益，如售后服务、安装、信用购买条件等，叫做附加产品或扩展产品。这一层次产品的名字表明，即使没有它，顾客也是可以得到核心利益的；但是有了它，顾客可以更好地享用核心产品。

例如汽车，它为人们带来的核心利益是快速并安全地出行，有时还可以彰显乘车人的身份和地位。有形产品是车厢及内部设施、几大运行系统设备；附加产品是使消费者购买和使用更方便的售前、售后服务。在市场竞争越来越激烈的形势下，产品的竞争优势更

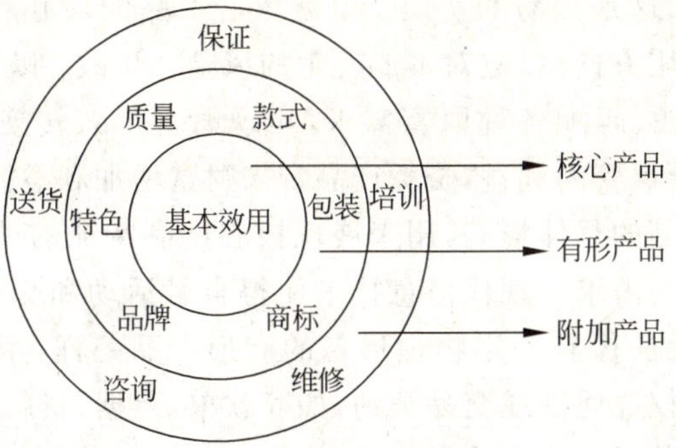

图 5-1 产品的整体概念与分层

多地要从产品的附加利益体现。

理解和建立产品层次概念的重要性，可从以下三个方面来看：

(1) 它是现代市场营销理论的核心概念之一。它指明产品的本质是顾客的核心利益，体现了以顾客需求为导向的营销理念。在产品发展变化的过程中，各层次的变化程度不一样。核心产品比较稳定，有形产品会随着社会文明和技术进步发生很多变化。随着服务经济的发展，附加产品的地位和作用越来越不"附加"，有些产品甚至"反仆为主"。

(2) 它是有效了解顾客对产品感受的方法。当顾客对产品产生满意或不满意的感受时，可以将顾客笼统的感受按产品层次分析，从而比较精准地评估产品的市场表现，为进一步完善提供依据。

(3) 能够把握产品的所有特征，有利于产品创新。改变产品层次中的任何部分，都会在顾客心目中形成不同产品的印象。对产品局部进行改造，也是产品创新的一条路径。

二、金融产品的概念

(一) 金融产品定义

金融产品是金融机构向市场提供的满足人们对货币财产的保管、支付、流通和增值等需要和欲望的金融工具及其附加服务。

请注意，金融学对金融产品的定义不同：金融产品是由金融机构创造、可供资金需求者与供给者在金融市场上进行交易的各种金融工具，其形式是反映资金双方债权债务关系的所有权关系的合约与文件。显然，与前述营销角度的定义比较，金融学对金融产品的定义范围缩小了，没有了附加服务。金融产品与金融工具基本同义。"工具"有物理属性，其特征是严谨和精确，可以用数理方法分析、研究，因此衍生出现代金融工程高技术领域。

(二) 金融产品层次分析与属性

尽管现代金融学对金融产品的研究和运用越来越"工具化"，金融产品从本源上看仍属于服务产品，为人们的货币财富提供服务。服务对象包括企业和个人，其广泛性渗透到社会每一个角落。如果借用营销学的产品层次观解析金融产品，通过分析核心产品、有形产品与附加产品的内容，可以从市场的角度加深对金融产品的认识和理解。

核心产品是客户从产品中可得到的基本利益或效用。客户之所以购买产品，是为了满足其特定的某种需求,这是交易的实质。金融核心产品的核心利益主要包括：财富和财产的保管安全以及使用方便,以应对可能发生的风险和事故；以借贷、投资等管理运作方式增加财富价值；寻找、匹配各种财富需求,实现财富形式转换,使财富具有流动性。例如,存款产品具有简便保管的利益,贷款产品带来财富增加利益。

有形产品是金融产品的具体形态,用来展现核心产品特征的外在形式。不同形式的产品可以满足不同顾客的需求。现代信息技术使得金融活动和交易越来越虚拟化,金融产品无形化程度很高,无法像有一定物理形态的有形产品一样,用外形、颜色、包装来展示。金融产品的形式是权益凭证或交易契约,如存款单、票据、贷款合同、债券、股权证、保险单等。契约内详细记载了交易产品的标的、价格、担保,交易双方的权利、义务和责任追究等,是客户保障自身利益的法律依据。这些体现产品形式的金融契约,传统的记载介质是纸张,有时口头约定也成立。

在信息化时代,有些契约载体是电子形式的,典型的如上市公司股权证托管制度,股票二级市场的投资者无需拿着真实的股权证来回交换；股民拥有或放弃股东身份,通过电子登记系统就可以快速完成。电子记录的信息就是具有法律效力的契约。契约是核心产品的载体或表达,与核心产品浑然一体。然而,记载契约条款的介质形式并不重要。契约重在内容而非形式,故其法律意义大于营销意义。因此,第二层"有形产品"对于金融产品似无必要。这是金融产品与有形产品一个重要的区别。

第三层是给金融产品带来附加价值的金融服务,即在满足客户的核心需求之外,金融企业为客户提供额外的服务,使其得到更多的利益。金融产品仅就一、二层次看,同质化程度很高。为了使自己的产品有别于其他机构的同类产品,吸引更多的客户,只有在附加产品上多花工夫,围绕核心产品增加一些特色服务,具体表现为：获得产品的便利、快速、安全；或提供具有专业水平的信息、咨询意见；客户被尊重或愉悦的感受；前台工作人员素质、营业环境的品位等。

(三) 金融产品"双要素"结构

以上用营销学的产品层次方法解析金融产品,有其不足之处。因此,需要构建一个兼顾两个学科的更合理的金融产品层次结构。金融学对金融产品的内容"工具"学说,与营销学的核心产品和有形产品彼此接近,故合并统称金融产品的效用要素,或称为核心产品。它的效用对于客户而言,是带来核心利益；对于金融机构而言,是完成交易的"工具"。第三个层次的附加产品虽然没有包含在金融学的金融产品概念之内,但对于金融营销而言,它是不可或缺的。通过如此改造、整合金融学和营销学的产品概念,构建出金融产品"双要素"模型,如图 5-2 所示。

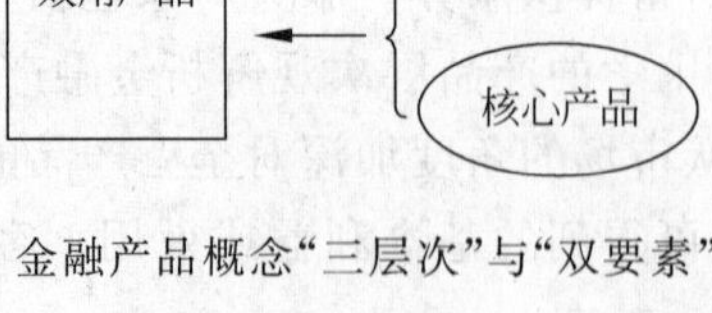

图 5-2　金融产品概念"三层次"与"双要素"关系图

这个产品结构模型为金融产品创新、营销和品牌价值提升，提供了一个简单、实用的分析框架。其意义在于以下四个方面。

1. 指导金融机构正确运用营销策略

效用产品与服务产品的属性不同，营销策略也不同。前者与有形产品相似。有形产品营销策略讲究"4P"，即产品、定价、渠道、促销及其组合。服务产品还需要增加"3P"，即人员、过程、有形展示。金融产品多数是核心产品与服务产品的混合，因此需要考虑"4P"＋"3P"共7个营销策略因素。不过，由于产品中的效用要素与服务要素的占比或产品所处生命周期阶段不同，营销因素的选取或运用重点有所不同。

一般来讲，从事效用产品开发设计的人员偏向技术型，喜欢追求产品本身的完美，容易患营销"近视症"；而在一线通过服务推销产品的人员偏向人文型，追求短期业绩提升。国内一些银行习惯将效用产品与服务产品隔离，前者由总行组织管理，后者则交给分支机构。这种产品整体设计与营销分离的做法，加重了上述人员的不当偏好，压制了产品整体价值的提升。

小贴士

一家银行开展信用卡促销活动，产品部门设计了具有竞争力的交易奖励与购物优惠计划，然后由属下各市场推销团队布展促销。结果产生了一系列问题：一些销售人员对本次促销的卖点不熟悉，推荐理由一般化，没有针对客户"已经有卡了，为什么还要买你的？"进行特别宣传；展点选择仓促，没有选准潜在客户集中的地方；广告招贴画不统一，难以形成客户对银行形象的定位等。

如果事先打破人员分工定式，将效用产品和服务产品有机结合，统一设计、统一组织、统一实施，上述问题出现的可能性将大大下降。

2. 为金融产品创新选择突破口

金融产品创新可以产生于产品的任何一个层次或某一属性。效用产品创新多借助于金融工程方法，而服务产品创新主要靠人员的专业素养和人际交往技能。

说到产品创新，人们习惯于指向金融工具及其衍生产品——票据、债券、股票、信托、期货、期权等。金融机构设立创新团队，往往选择有良好的数理统计和风险管理技术知识的金融学科专业人员，并投入大量的资金和精力。事实证明，在效用产品上追求创新，难度很大；而且要保持领先地位，需要持续不断地推陈出新。

对实力不强的银行，可能产品还没出来就被市场淘汰了。实际上，我国金融机构多数奉行低成本的产品跟随策略，密切关注国内外金融工具创新潮流，有合适的就"拿来"、"引进"。例如结构性存款，国内银行首先是模仿在外币储蓄开展，不久人民币储蓄也大行其道。然而，货币产品的同质性，使模仿创新优势消失得更快。

小贴士

在服务产品要素上下工夫，是一个适合我国目前状况的金融产品创新方向。服务创新具有广泛的人际来源，它依赖员工——包括一线员工与内部员工，而不仅仅是少数精英，还依赖服务过程中客户的参与，甚至客户抱怨也蕴藏创新机会。服务创新还具有广泛的业务来源，从交易手段、交易渠道、交易过程，甚至产品中体现的人文关怀与环境保护精神，都是产品创新的沃土。服务扩大了金融产品的创新空间。综观我国现行金融产品创新，大部分没有超出服务的范围。

3. 提升金融品牌价值

像“可口可乐”一样拥有市场不败的品牌，是现代企业经营的最高境界。然而，品牌的成败不取决于企业而取决于客户。品牌的市场价值在于从众多的同类产品中一眼就能识别，并拥有一批坚定不移的忠诚客户。

金融机构都希望自己在客户心中的定位与竞争者有鲜明的区别；自己的产品与竞争者产品的替代程度最小。金融产品或金融机构品牌必须由服务产品及其营销策略来完成。服务营销提倡客户价值第一，利润是价值创造的结果。服务要求全员营销，一线员工为客户服务，后台人员为一线人员服务，管理人员为生产人员服务。服务的形式灵活多样，有现场与非现场的，有规模“批处理”，也有一对一服务。产品的不可触摸性，可以用有形展示的方法解决。

由此可见，更多地运用服务的理念和策略手段，可以为效用产品添加许多个性化的元素。金融机构通过全面的金融产品设计与营销，持续不断开发维护客户关系，实施有效的客户管理策略，使客户源源不断地从相识到满意，再从满意变为忠诚，品牌就是水到渠成的事了。

4. 提高服务产品要素的地位，促使金融机构变革

服务产品是无形的，以人们满意为衡量尺度，其中包含更多的身体感觉、情感与思想等人文因素，需要服务人员具备较强的人文关怀。通过一线员工与客户的沟通、协商和长期关系维护，形成忠诚客户群体。

人们已经认识到，企业最宝贵的资产不是财务报表上左边的一列数字，而是在柜台交易的忠诚的客户，是他们给企业带来长期、稳定的回报。从客户价值出发，银行内部要形成一条价值利润链；而价值链的形成非改造组织结构、业务流程和管理系统不可。由此可见，提高服务产品要素在金融产品中的地位，可以带来金融机构革命性的变革。

（四）金融产品的主要类型

纷繁复杂的金融产品有许多分类方法，可从客户角度，依据风险规避、投资品种进行分类；或以金融机构经营中使用最频繁的财务报表的资产负债分类；或从客户服务对象、方式进行分类。表 5-1 所示是一些常见的金融产品和服务分类方式。

表 5-1 常见的金融产品和服务分类方式

分类方式	类型
按风险规避分类	保管箱业务、存款业务、衍生工具、保单业务
按投资方式分类	存款业务、债券业务、投资业务、信托业务
按财务报表分类	存款业务、贷款业务、中间业务、表外业务
按服务方式分类	大众服务、专业服务、柜台服务、远程服务
按服务对象分类	个人业务、小企业业务、公司业务、离岸业务
按产品组合分类	单一产品、多品种搭配、多业务交叉、综合融资方案

一般而言，按财务报表分类法多用在内部管理上；按服务对象和服务方式分类多用在营销管理、市场开拓上；按产品组合分类是产品经理最常用的词汇。这里以产品组合分类为例，深入观察金融产品的种类情况。

1. 单一产品

这类产品数量非常多，一般是针对个人的零售业务产品。例如，不同存款期限的储蓄存款产品。

2. 多品种搭配

多品种是指同类产品之间的搭配组合产品，如结构性储蓄存款，用数个单一功能的储蓄存款产品来分配客户资金，达到在满足一定流动性的前提下，使存款利息收入最大。外汇综合理财账户也属于此类。

3. 多业务交叉

多业务是指不同类业务之间的搭配产品。例如，个人理财规划中，用不同金融产品，如结构性储蓄与贷款交叉、与投资债券交叉，设计出适用于个人情况的搭配结构，达到财产收益和安全的较佳均衡。

案例 5-1

满足个人理财规划的不同金融产品搭配

一位年轻的单身白领男士，拥有 11 万元银行存款、2 万元股票，月收入 9000 元，现在每个月开支在 5000 元左右。从个性分析，他属于保守型投资者，理财目标期限都比较短，期望的年均收益率在 6%左右。

他的理财目标有：1 年后参加在职硕士课程，预算 2 万元；2 年后买一部价值 10 万元的车；3 年后买一套价值 35 万元的房子，到时采用七成 30 年按揭供房；每年给父母赡养费 5000 元；每年自助旅游一次，费用 5000 元。

建议对已有资产进行如下安排：1 万元活期存款，作为应急资金；2 万元做 1 年期定期存款，满足 1 年后的在职教育深造需要；余下的 10 万元作为车基金和房基金的初始储备，对该笔基金投资分配安排为存款 55%、债券 10%、基金 25%、股票 10%。

再对他每年 10.8 万元的收入进行如下安排：4.2 万元用于追加车基金和房基金，投资分配同上，即储蓄 2.31 万元、债券 4200 元、基金 1.05 万元、股票 4200 元；5000 元孝敬父母；5000 元旅游支出；5000 元购买保险。经过上述安排，他每年收入还剩下 51 000 元。可以再拿出 10 000 元用于财富积累，投资于风险较高的投资品种，如股票或基金。

4. 综合融资方案

综合融资方案产品专指为大型项目（甚至有多家金融机构团队参与）设计复杂的融资方案，或从专业角度提出咨询意见。例如，银团贷款、股份制改造和股票发行上市、BOT (Build, Operate, Transfer) 计划、财务管理或税务筹划方案等。这些专业技术程度很高的服务导向产品类似律师、会计师提供的服务，属于专业服务领域，除了产品和服务的共性外，还有一些其他特点。

三、产品系列、组合及优化策略

（一）产品系列拓展策略

产品系列是密切相关的一组产品，提供类似的利益，通过同一类型的渠道售给同类客户群。产品系列决策主要是对于系列长度的决策，即产品系列中产品项目总和的增减。产品系列长度受金融机构目标的影响，追求全覆盖线或者追求高市场份额和高增长率的企业通常有较长的产品系列，而追求高额短期利润的企业拥有经过精心挑选的较短的产品系列。产品系列扩展，可以利用过剩的生产能力，完善产品系列，以满足目标顾客。但是，当产品项目增加，导致费用大幅增加时，需要平衡收益和成本。

一般有两种方法增加产品系列的长度：产品系列延伸和产品线填补。当金融机构加长其产品线超过现有范围时，属于产品系列延伸。企业可从上、从下或从上下两个方向延伸产品系列，具体取决于企业在产业链的位置。处于产业链中区的企业可能会决定将产品向两个方向同时延伸。

小贴士

我国银行前几年发行的基本是普通的低端产品。随着对市场认识的加深，以及市场细分的需要，逐渐将产品向上端延伸，发行面对高收入阶层的高端产品，如钻石卡、白金卡、金卡等，从而向上加长了产品系列。产品系列填补是指在现有产品系列范围内增加新的产品项目。

（二）产品组合概念

拥有几个产品系列自然就形成了一种产品组合。产品组合有优劣之分，所以需要分析和选择。首先，需要了解营销学中与产品组合决策相关的几个概念。

1. 产品组合

产品组合是企业生产经营不同产品之间的组合或搭配，即经营范围和结构。又指提供给市场的全部产品，如 3M 公司有 6 万多种产品。

2. 产品线

产品线指互相关联或相似的一组产品或产品线。在我国，通常是指所谓的产品大类。产品线划分的依据包括：产品功能上相似、消费上具有连带性、供给相同的顾客群、有相同的分销渠道或属于同一价格范围。

3. 产品项目

产品项目是产品线的具体组成部分，通常是企业产品目录上列出的每一个产品。同一产品线的产品项目的区别在于规格、型号不同。

4. 产品组合四大要素

四大要素是指宽度、长度、深度和关联性。

第二节　金融产品的品牌创建

一、品牌的概念

品牌是一个名称、术语、标记、图案，或者是这些因素的组合，用来识别制造商和销售商。“它是卖方就其提供的一系列产品特点、利益和服务，对买方的不间断承诺”。品牌是产品的一个重要组成部分，能够增加产品的价值。品牌为客户带来的好处是：有助于识别产品，提供产品质量信息。因为同一种品牌的产品质量相同，所以节省了消费者选择商品时在时间和费用上的成本。

根据品牌的概念，组成品牌的有关因素包括以下四个方面。

1. 品牌名称

品牌名称即可以用语言说出的部分，如中国银行、花旗银行，名称能极大地促成一个产品的成功。不过，取个好名称是不容易的。

2. 品牌标记

品牌标记是品牌中可以辨认但不能用语言说出的部分，通常是一些符号、图案、颜色、字体等。典型代表是中国银行的标志，铜钱状外圆内方中字红色徽标以及“中国银行”的颜色与字体。

3. 商标

商标是一个专门的法律术语，品牌或品牌的一部分在政府有关部门依法注册商标并取得专用权后，称为商标。商标受到法律的保护，是一项重要的知识产权，其他人不能随便使用，否则就构成侵权。商标依其知名度的高低和声誉的好坏，具有不同的价值，是企业的一项无形资产，其产权或使用权可买卖。

品牌和商标都是商品的标记。品牌是一个商业名词，而商标是一个法律名词。商标能保护生产者和消费者的切身利益。由于品牌只有根据商标法登记后才能受到法律的保护，才能成为其商标，因此可以说，所有的商标都是品牌，但品牌不一定就是商标。

4. 厂牌

厂牌即金融机构的名称。有时品牌名称与厂牌名称不一致。例如，招商银行的“金葵花”产品、中国工商银行的“稳得利”产品、新华保险的“吉星高照”产品等。用机构名称还是用其他品牌，取决于金融机构的品牌战略。

二、品牌的作用

从金融机构、顾客和代理机构三个角度看品牌的作用，主要是识别产品、保证质量、维护权益。

1. 金融机构角度

品牌的本质是卖方作出的不断为买方提供一系列特色、利益和服务的承诺。由于顾客视品牌为产品的一个重要组成部分，因此，建立品牌能增加产品的价值。例如，同一个理财产品，在装修精致、私密性好的单独空间营销，顾客会感觉产品的高品质，够档次、可信任；而在大堂一个不加修饰的角落营销，给顾客的感觉可能是质量不会很高，没有信任感产生。

2. **顾客角度**

建立品牌给顾客带来许多好处。品牌名称帮助顾客找到可能有利于他们的产品。有了品牌名称，才使媒体宣传成为可能。品牌为潜在交易者提供产品质量信息。经常购买同一种品牌产品的顾客知道，他们每次都会买到相同质量的产品，节约了信息搜寻成本。

小贴士

虽然品牌的好处很多，但是建立品牌是需要不少投入的。因此，也可以采用非品牌化策略，节约品牌包装等费用，降低价格，提高竞争力。

3. **代理机构角度**

金融品牌的代理机构借助品牌强大的市场力量，可以节省市场营销前期工作的大量费用，针对目标客户直接推介产品。在与客户沟通环节，借助品牌可以很快建立信任关系，提高交易达成效率。此外，依托品牌机构先进的信息技术和管理系统，可以使业务处理效率提高。只要是同一品牌，无论在哪一地域代理，其产品质量与服务标准都是一样的。

三、品牌价值

有魅力的品牌能引起强烈的消费者偏好。世界各地的企业为了使它们的品牌获得全国乃至全球的承认和青睐，不惜重金。一个有影响力的品牌往往有很高的品牌价值，品牌价值的高低取决于顾客对品牌的忠诚度、品牌知名度、品牌所代表的质量、品牌辐射力的强弱和其他资产，如专利、商标和商业渠道。

小贴士

价值很高的品牌是一项极为可观的资产，属于企业最重要的无形资产。由于计算品牌的确切价值是很困难的，所以企业通常不在资产负债表中列出品牌价值。但其价值并不因此而不存在。据美国《商业周刊》2002年估计，花旗银行品牌价值180亿美元。

高价值品牌能为企业带来许多竞争优势。一个优秀的品牌会在市场中享有很高的知名度和忠诚度。由于顾客购买该产品的强烈期待，提高了金融机构与代理商讨价还价的能力；又由于该产品有很高的信誉度，金融机构借此比较容易拓展市场。一个有影响力的品牌，可以使金融机构在激烈的价格竞争中增强防御能力。品牌是金融机构长久可持续发展的重要资产，胜过那些价格不菲的机器设备等有形资产。

四、品牌名称设计

一个产品或服务的好名称或标识能极大推动产品的成功，但要找到一个好的名称或标识十分不容易。首先，要以目标市场和产品利益作为品牌名称设计的基础；其次，要遵循一定的设计原则，如下所述。

1. 容易识别,便于记忆

品牌设计既要简单明了,通俗易懂,又要新颖别致,能传递给客户明确的信息。如"同花顺"、"大智慧"等好听又好记的实时行情软件,很快被股民接受,得到广泛应用;许多其他行业的著名品牌也非常简洁,又不失生动形象,如微软、奔腾、耐克、三菱、大众等,值得金融业学习。

2. 表达产品特色与效益

能使人联想到产品的质量和利益,例如飘柔洗发液、大力神起重机、联想电脑、奔驰汽车、平安保险、福寿养老保险、旭日东升少儿险等。

3. 激发顾客的购买欲望

一个构思独特、造型新颖的品牌能启发顾客的联想,引起兴趣,从而激发购买欲望。

如果大众化的产品名字起得太专业,例如开放式基金叫"量化阿尔法"等名称,就会让"基民"们倍感困惑。

4. 适合当地文化习俗

数字、颜色、图案、图形在不同地区、不同文化、不同宗教背景下的含义不同。例如,中国工商银行、中国银行与中国农业银行的徽标含义的相同点是取形于中国古钱币秦半两钱的基本造型,意寓"天圆地方"。古人认为天是球形,大地是方形,天空包裹着大地,象征无所不包、无所不在。天圆地方是一种朴素的古典哲学观。古代钱币取外圆内方既是对这种哲学观的传承,也是为了钱币携带方便,可以用绳子把钱币串起来。徽标的不同之处在于,中国工商银行把里面改成了"工"字,中国银行是一个"中"字,而中国农业银行就是一个麦穗的样子,体现出自己的个性。

要特别注意禁忌,避免引起不悦。例如,在中国多用 8 字而不用 4 字;在日本,忌用荷花作为商标的图案;在法国,忌用菊花。

5. 应有资格注册并取得法律保护

一个品牌如果侵犯了已有品牌的名称,就不能够注册。一旦选择好品牌,就必须对品牌进行保护。过于大众化的品牌易于被假冒、模仿。

五、品牌策略

品牌策略有四种,即产品系列扩展策略、品牌扩展策略、多个品牌策略和新品牌策略(见图 5-3)。

		产品种类	
		已有的	新的
品牌名称	已有的	(1) 产品系列扩展策略	(2) 品牌扩展策略
	新的	(3) 多个品牌策略	(4) 新品牌策略

图 5-3 品牌策略的四种类型

（一）产品系列扩展策略

产品系列扩展策略是将已有品牌名称扩展到已有产品种类的新形式、新规格和新风格中去。这是一种低成本、低风险的方法，用来推销新产品，以满足顾客各种品位的要求，以及用来利用过剩的生产力。以我国证券投资基金公司为例，公司旗下的开放式基金都采用这一策略，将基金公司的名字作为品牌名之首，如南方基金公司，无论新发什么类型或风格的开放式基金，“南方”二字一定放在产品名称的首位，目前产品系列个数已超过20。不过，一个过分扩展的品牌名称有可能会失去其特有的含义，这是产品系列扩展包含的风险。

（二）品牌扩展策略

品牌扩展策略是将已有品牌扩展到新的产品种类中，扩展品牌有许多优点。一个有口皆碑的品牌往往能帮助金融机构更加顺利地涉足新的产品种类，并能引起顾客对新产品立即确认和更快接受。就像国人已十分熟悉海尔品牌，其新电器都采用海尔品牌，可以立即取得对这些新产品的高质量认同。品牌扩展还节约了为使客户熟悉一种新品牌所需的高额广告费用。

同时，品牌扩展也有风险。如果品牌扩展产品失败，可能会破坏消费者对同一品牌其他产品的印象。还有，即使一个品牌设计得非常好，非常令人满意，也有可能不适合某种新产品。此外，一种品牌如果过分使用，便会失去在顾客心目中的具体定位。当金融企业要利用品牌名称时，必须清楚地知道已有品牌与新产品的联系程度。

（三）多个品牌策略

多个品牌策略是指在同一类产品中推出新的品牌名称。它为建立不同的产品特色和迎合不同的购买需求提供了一条途径。例如，新华保险上市了四种不同品牌的少儿成长险：“快乐少年”、“阳光少年”、“无忧少年”和“绿荫寿险”。

建立多种品牌能以建立侧翼品牌的方式来保护主打品牌。有时，金融机构在收购某一竞争机构的过程中继承了不同的品牌名称，并且每一种品牌都有一些忠实的拥护者，要维持既有市场，就需要多品牌策略。多品牌的一大缺点是每种品牌可能只获得一小块市场份额，而且每一种利润都不高，要用新的品牌来替代。最后，金融企业通过收购，也会为新产品获取新品牌。正如建立多种品牌一样，太多的新品牌将导致企业资源过度分散。

案例 5-2

诺安基金：“E 黄金”品牌营销持续领先

首只黄金基金的创新型营销。

诺安基金针对国内投资者越来越倾向于通过网上交易进行投资的情况，率先开发了集黄金基金和网上交易两大投资优势于一体的全新品牌——E 黄金，为国内投资者开通了便捷的黄金理财渠道。

投资者只要在家轻点鼠标，3 分钟即可完成黄金投资。

在黄金市场火爆，黄金投资日益受到关注的背景下，诺安黄金基金受到了国内社会各界的高度关注。诺安黄金基金今年发行规模第一,跨年发行开业内先河。此外,诺安基金还运用了微博营销等。

微博是时下流行的营销利器。诺安基金巧妙地运用它进行产品推广,令人称道的是:他们采用文化营销的方式求新求变,而不是一味地简单吆喝卖产品。不卖产品先卖文化,这样“用文化搭台,为产品唱戏”的方式,让用户乐于自然而然地接受产品信息,是很高明的营销手段。

第三节　新产品开发策略

所谓新产品,是指新发明的产品、产品性能的改进、产品形态的调整以及新品牌,这些都需要通过金融企业自己的研究与开发努力才能取得。尽管新产品有时也来自购并和专利购买活动,但主要是金融企业自主的创新活动。

通常,新产品开发有七大步骤。本节将逐项详细说明各个步骤。

一、主意产生

金融新产品开发程序的第一步是产生新产品的主意或构思。这些主意或构思有许多来源,包括客户调查、客户投诉、客户或员工建议、竞争、新技术等。

作为金融机构研究调查的一部分,客户调查可以直接揭示客户的欲望和需要,或者客户自己的发明创造,为新产品开发提供主意。例如,将大额资金分成几个部分,根据个人或家庭的消费支出计划,设计不同期限、利率搭配的结构存款方案。早在银行将其作为理财方案推出之前,就有精明的客户发明并运用了。

客户投诉信件也可以提供新产品主意。对这些信件应该经常分门别类,交给专门机构,如稽核部一类的内部审查部门,从中发现市场潜在需要。另外,许多金融机构都设有客户和员工建议箱,对这些建议需要及时整理并交由内部审查部门审视。对客户和员工建议的有效利用,同样可以产生新主意。

另一个产生新主意的极好来源,是经常跟踪、监视市场上刚导入的竞争性新产品。由于金融产品易于模仿,为了减少创新产品的投入,大部分金融机构倾向于采取产品跟随策略,将精力集中在产品模仿而非产品创新上。这对小型金融企业来说,尤其不失为一种较好的低成本方法。

二、主意筛选

主意形成的过程创造性地产生了大量新产品构思,接下来的工作是通过筛选,减少构思或主意的数量。筛选的目的是尽可能快地找到好构思。因为一旦决定开发某种金融产品,将要投入大量资金。新产品主意的选择好坏直接影响开发成本的大小。能否找到较快收回成本获得盈利的产品,这一阶段的工作占有举足轻重的地位。

三、概念形成和测试

一个有吸引力的构思需要进一步发展形成产品概念。产品构思、产品概念和产品形象之间的差别是什么呢？产品构思是指企业考虑向市场提供一种可能产品的主意；产品概念是站在客户角度对构思详尽描述；产品形象是指客户观察实际产品的方式。

在进入新产品或服务的实质性开发之前，通常要选择某一顾客群体进行新产品概念测试。在这一过程中，产品经理们首先要把这种产品的主意变成可供客户选择的产品概念，向顾客详细描述新产品的各种特征，它是如何工作的，成本是多少以及能给顾客带来的收益。从客户反馈意见中找到每种概念对客户的吸引程度，然后由这些小组人员对产品概念进行评价，并选出最佳的一个。这些评价和反馈信息将用来分析新产品在未来市场上的潜力。除此之外，产品管理人员根据这些评价来修改新产品或服务，使之更符合顾客需要。

小贴士

一组经常用来测试新产品概念的问题

- 您对该产品或服务的总体反应如何？
- 您是否需要该类型的产品或服务？如不需要，您认为谁会需要这类产品或服务？
- 您对该产品或服务的价格有何看法？
- 对于该产品或服务，您是肯定购买，还是可能购买，抑或可能不购买，或肯定不购买呢？
- 您认为该如何改进该产品或服务？

四、商业分析

商业分析包括三部分内容：制定基本的市场战略、估计预期的市场需求以及对损益的评估。

（一）制定基本的市场战略

产品经理应在概念测试的基础上调整甚至重新设计新产品或服务，确定市场战略的基本要素。

（二）销售预测

销售预测应考虑诸多因素，包括市场潜在总量、企业目前或预期市场份额、类似产品服务销售量、对新客户的吸引力及对老客户交叉销售能力的市场调查等。新产品销售量预测公式如下：

新产品的预测销售量＝潜在销售总量×行业销售比例×预期市场份额

其中，

潜在销售总量＝目标市场人数×预期购买者比例×平均购买量×平均价格

（三）预测成本和利润

1. 成本预测

为了得出预期利润，除了估计销售额，还需要预测成本。成本包括：开发费用、营销费用、人员工资、研究费用、利息、脱媒介效应（人们为谋取高利，从本银行其他储蓄产品账户提取资金，转而购进新的产品，使原产品存款余额减少）的损失以及其他因新产品或服务商品化而产生的费用。产品经理应该利用从经营、营销和人事部得到的资料、数据来估计这些成本，算出成本的净现值或终值。

2. 损益预测

计算的几个关键点是：首先，确定各项计算参数，它直接影响计算结果；计算参数的选取应该以大量的企业内部和外部的调查研究、历史比较、同业比较等资料为基础。其次，既要进行常规财务分析，也要采用项目投资的评价方法进行分析，如考虑资金时间价值的折现计算法、内部收益率法、针对市场可变因素的敏感性分析等，这对于大额的或期限较长的产品开发项目尤其重要。

五、产品开发

新产品开发阶段的主要工作是使产品与现有经营部门一体化和协调化，借助蓝图方法进行流程设计和有形展示设计。在实际操作上，产品经理们必须收集足够的与新产品或服务有关的法律、促销和培训材料，充分利用现有操作系统和设备进行产品开发；然后，适当地添置所需新设施，培训员工，以减少开发成本。

六、测试

一项新产品或新服务的测试分客户调研测试和市场测试两种。客户调研测试包括调查、个别面谈或电话访问，据以调整营销组合。金融机构通常集中人员成立测试小组，对产品测试，做好产品商品化前的最后调整。

客户调研由企业内部调研部门或外部专门机构进行。不论谁做，产品经理们都应该获得有关新产品或新服务试用率和购买意向方面的详尽信息。有了试用率和购买意向的资料，才能检查在商业分析中得到的预测销售量合理与否。若预测太高或太低，应根据新的调查数据编制新的利润表。

市场测试是将新产品或新服务投放到市场上让顾客尝试的活动，由客户评判其优缺点。由于许多金融机构所涉及的地理区域较广，测试可采用问卷调查方式收集客户反应。产品经理们可以选择一个单独的地理区域，投放新产品或新服务。

为了顺利进行市场测试，有必要将该产品或服务在一定程度上纳入正常营业系统，形成一套较完整的操作方法和程序，训练分支机构人员如何围绕产品提供营销推介。在测试市场对产品或服务、促销、定价、传递和环境的反应时，以跟踪调查方式为优。测试区域的销售数据是核对预测销量的依据。同时，对被测试客户购买行为及其反应的分析有利于进一步改善新产品或新服务。

七、商品化

当市场测试结果表明该产品具备良好发展潜力，接着便是形成产品的商品化计划。下面以实例说明商品化计划的基本内容。

1. 目的

对产品或服务的特征、效益和传递方式等营销因素组合方案，以及对市场潜力和利润的评价和估计。

2. 产品

名字和产品的一般描述。

3. 背景

某分支机构决定扩张其具有市场吸引力的产品，提供该产品的特殊利益，因为什么对该产品感兴趣。

4. 管理目标

（1）确定新产品在一个大范围市场或区域市场上的潜在利润。

（2）确定细分市场的最大潜力。

（3）建立新产品在某一领域或市场范围内的导入原则。

5. 程序

（1）明确新产品管理职责。

（2）确认新产品或新服务是否符合法律和金融法规。

（3）明确目标市场，获取与该产品相关的参数，如地理位置、顾客收入、年龄、教育程度、顾客与非顾客数，等等。

（4）在明确目标市场的基础上估计市场大小和潜在交易量。

（5）进行初步利润分析。

（6）提供导入新产品所需操作系统的分析，包括现有导入能力、产品传递能力及导入成本。

（7）提供销售能力分析，包括销售和管理能力，以及资金来源。

（8）上述步骤总结，包括是否继续该新产品的开发；若继续开发，该如何进行；什么时候继续较合适。

（9）形成导入新产品的市场营销计划，内容包括项目名称、目标顾客、产品的最后定义、目标、战略、战术、预算及行动计划。

案例 5-3

方正金融：温情品牌营销

“方正金融，正在你身边”，从IT到金融，延续了亲民的品牌营销。

方正集团推出金融子品牌，延续了方正IT开创的亲和与温情的人文关怀路线，继“方正IT，正在你身边”之后，让“方正金融，正在你身边”再次成为方正品牌与目标受众之间的情感纽带。方正金融电视广告共四篇，分别通过夫妻、创业伙伴、祖孙以及陌生人之间对于财富的期待、梦想与信念，展示方正金融品牌内涵，充满人情与温情。除电视外，方正金融广告同期还以广播、平面、户外等多种媒体形式全面亮相。继“方正IT，正在你身边”之后，“方正金融，正在你身边”将再次广为流传。

零售金融行业是关于“细节和信任”的行业，在金融产品普遍同质化的今天，创造不同的“服务体验”是市场制胜的关键。超强度的竞争使企业不能仅仅管理好品牌服务“接触点”，而是要致力于把接触点转变为“引爆点”。“方正金融，就在你身边”是一个亲民的开始，人们期待方正金融给消费者带来不一样的金融体验和价值承诺！

第四节 产品生命周期策略

在推出新产品之后,管理部门总想使它有较长的愉快的生命。尽管金融机构并不能期望一个产品能够永远地销售,但想赚到足够的利润,以补偿在推出该产品时付出的努力和经受的风险。事实上,每种产品的生命周期都有不确定的长度及其特性。

图 5-4 所示是一个产品生命周期形态,显示了产品销售量与利润额在整个产品生命期间的变化过程。大体上,产品生命周期分为以下四个阶段:

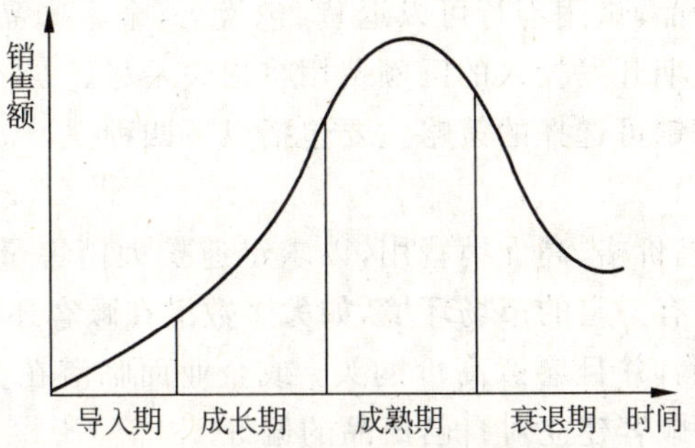

图 5-4 产品的生命周期

(1) 导入期。产品进入市场,销售量缓慢增长时期。由于产品导入市场费用很高,所以这个时期还没有利润。

(2) 成长期。市场快速接受和利润快速增长时期。

(3) 成熟期。产品已被绝大多数潜在购买者接受,市场逐渐饱和,销售量增长速度减慢。为了在竞争中保护产品,市场营销支出增加,利润因此持平或下降。

(4) 衰退期。销售急剧下降,利润跌落。

并非所有产品的生命周期都是这种典型的"S"形。有些产品一进入市场便很快消失;另一些产品则有相对较长的成熟期;还有一些产品在进入衰退期后,通过大量促销或重新定位后重返增长期。这里以典型的生命周期形态为基础,分析各个阶段的特征,为制定产品营销策略提供依据。

产品生命周期各阶段的特点如表 5-2 所示。

表 5-2 产品市场生命周期各阶段特点表

	导入期	成长期	成熟期	衰退期
销售量	低	剧增	最大	衰退
销售速度	缓慢	快速	减慢	负增长
成本	高	一般	低	回升
价格	高	回落	稳定	回升
利润	亏损	提升	最大	减少
顾客	创新者	早期使用者	中间多数	落伍者
竞争	很少	增多	稳中有降	减少
营销目标	建立知名度,鼓励试用	最大限度地占有市场	保护市场,争取最大利润	压缩开支,榨取最后价值

一、导入期

产品在这个阶段的特点是销售缓慢增长，市场在逐渐了解产品，大部分顾客还不愿意放弃或改变自己以往的投资理财偏好。因为销量不大，单位产品成本较高，产品定价没有把握。太高，会限制购买；太低，收不回成本。利润曲线呈现亏损，原因是大量的经费用于新产品投放市场。除研究开发经费之外，还需要大量的广告宣传费用，以建立销售网络，让顾客了解新产品。

对于现代金融业，产品的信息化程度很高，用于开发计算机和通信系统的成本高昂。此外，不像电器类的消费品，试用不行可以退货、包换等，金融产品不可能试用或退货，一旦产品推出遭遇失败，先期开发投入的巨额费用将损失殆尽。

在这一阶段，市场营销可选择的策略主要包括以下四种。

1. 快速撇脂策略

快速撇脂策略采用高价格、高促销费用，以求迅速扩大销售量，取得较高的市场占有率。采取这种策略，必须有一定的市场环境，如大多数潜在顾客还不了解新产品；或已经了解新产品的人急于求购，并且愿意高价购买；或企业面临潜在竞争者的威胁。当面临这种情况时，应该迅速使顾客建立对自己产品的偏好。

2. 缓慢撇脂策略

以高价格、低促销费用的形式进行经营，以求得到更多的利润。这种策略可以在市场面比较小，市场上大多数的顾客已熟悉新产品，购买者愿意出高价，潜在竞争威胁不大的市场环境下使用。

3. 快速渗透策略

采用低价格、高促销费用策略，可迅速打入市场，取得尽可能高的市场占有率。在市场容量很大，顾客对产品不熟悉，但对价格非常敏感，潜在竞争激烈，销售规模的扩大可以降低单位生产成本的情况下，适合采用这种策略。

4. 缓慢渗透策略

以低价格、低促销费用来推出新产品。这种策略适用于市场容量很大，顾客熟悉产品，但对价格反应敏感，并且存在潜在竞争者的市场环境。

导入期的长短取决于客户对产品的接受程度。在美国，自 20 世纪 80 年代以来，通过个人计算机开展家庭银行业务一直处于投入期。由于涉及改变客户使用银行和票据支付的行为习惯，接受该项服务的客户数量开始时增长缓慢，现在客户数量仍在增长，因为越来越多的客户愿意与技术打交道，并尽量想办法节约时间。广告策略是持续告诉公众该项服务能给人们带来益处。

案例 5-4

光大证券锐意开拓衍生品市场

国内大部分券商的收入基本上还是以经纪业务佣金为主，或者依靠证券自营买卖谋取差价，赢利渠道比较单一，一旦证券市场萧条，会导致证券公司赢利下降。

光大证券公司管理班子早已意识到了这个问题，并着手解决。2005 年，光大证券抓住获得首批创新试点资格的有利条件，成立了金融衍生品部，培育新的业务增长点。金融衍生品部成立后，很快着手与外资机构合作研发 ELN 产品，积极参与上交所的权证研究项目，并成功参与创设权证。从 2006 年，公司就开始研究股指期货套利业务，独立开发了股指期货套利系统，并持续利用中国金融期货交易所的股指期货模拟数据进行测试，使系统不断完善。从 2007 年 8 月开始，还陆续投入一定规模的资金进行实盘操作，测试多种不同策略，检验各种策略的效果，完善策略参数。

在做好股指期货基础研究和测试工作的基础上，公司与银行、信托公司商洽合作，开展股指期货套利理财业务事宜，计划在合适的时机发行涉及股指期货套利业务的理财产品。由光大证券担任银行资金信托产品的股指期货套利业务投资顾问，并按照一定方式获得业务收益分成。为了促进结构性产品业务的发展，公司专门购置了世界领先的衍生品风险管理与分析系统，并由该公司为有关业务人员进行了培训。通过实盘避险操作，使交易员初步获得在不同市场条件下避险的经验。

为促进金融衍生品业务的拓展，公司通过自主开发和外购等方式，为衍生品部门配备了充足的信息科技资源。借鉴海外成熟市场股指期货套利系统，独立开发并逐步完善了股指期货套利系统，还开发了权证管理系统、ETF 套利系统、做市商系统、数量化指数投资系统。在数据管理方面，公司建立了数据分析平台。

二、成长期

成长期的主要特征是：产品基本定型且大批量生产，成本大幅度下降；顾客对产品已相当熟悉，销售量急剧上升，利润随之增长较快；大批竞争者纷纷介入，竞争显得激烈。但在竞争者进入市场时，最早投放产品的公司在这一逐渐增大的市场上已具有竞争优势。有限的竞争和快速增长的销售量使产品很快盈利。

这一阶段通常实施的营销策略有以下几种。

1. 改善产品品质

例如，增加新的功能，改变产品款式等。改进产品，可以提高产品的竞争能力，满足顾客更广泛的需求，吸引更多的顾客。

2. 寻找新的子市场

通过市场细分，找到新的尚未满足的子市场，根据其需要组织生产，迅速占领新市场。

3. 改变广告宣传的重点

把广告宣传的重心从介绍产品转到建立产品形象上来，吸引新顾客，使产品形象深入顾客心中。

4. 适时降价

树立产品品牌，维系老顾客。在适当的时机，采取降价策略，激发那些对价格比较敏感的客户产生购买动机和采取购买行动。

三、成熟期

成熟期到来的主要特征是：大多数人已经购买了该产品，销售量虽有增长，但已接近或达到饱和状态，增长率呈下降趋势；利润越过最高点，开始下降；许多同类产品和替代品进入市场，竞争十分激烈，等等。另一特点是广泛进行广告宣传，促进需求，广告宣传的费用成本增加，利润相应减少。

对成熟期的产品采用哪种策略，应从金融企业和产品的现实状况出发。如果实力不很雄厚或产品优势不大，可采用防守型策略，即通过实行优惠价格、优质服务等，尽可能较长时间地保持现有市场。对于无力竞争的产品，采用撤退型策略，即提前淘汰这种产品，集中力量开发新产品，以求东山再起。如企业实力雄厚，产品仍有相当的竞争力，应积极采取进攻型策略，使成熟期延长，或使产品生命周期出现再循环。为此，可以采取以下三种进取性策略。

1. 产品改良策略

通过对产品的性能、品质、风格等方面的明显改良，保持老用户，吸引新顾客，从而延长成熟期，甚至打破销售的停滞局面，使销售曲线重新扬起。

2. 市场再开发策略

寻求产品的新用户，或是寻求新的细分市场，使产品进入尚未使用过本产品的市场，如从城市扩展到农村。

3. 营销因素重组策略

综合运用价格、分销、促销、流程或有形展示等多种营销因素来刺激顾客购买。如降低价格、开辟多种交易渠道、增加柜台网点、改进服务流程、提高服务水平、创新广告宣传方式、有奖销售活动等。

很多传统的银行产品和服务都处在成熟阶段。这一阶段的竞争者常常以杀价来增加销售。以美国支票账户为例。20 世纪 70 年代中期，有些银行实行免费支票业务，以扩大产品的市场份额（此前，免费支票业务极为罕见）。当多家银行争相效仿时，对每家银行而言，涉及该业务的营业额就相应减少，银行的利润也大大降低。该策略最终产生了事与愿违的结果。然而，1996 年和 1997 年，免费支票业务重新盛行，因为银行竞相吸引、寻找新客户，使市场份额增加。在我国，信用卡业务也在经历类似的过程。各家发卡行争取客户的主要手段之一就是降低年费，以刷卡超过若干次则免收年费的办法，加速扩大市场规模。

因为营销的多数金融产品属于成熟产品，营销者必须富于创造性，通过改进和完善产品来延长其生命。这些策略旨在鼓励现有客户多使用产品或用新的方式来使用产品，或吸引新的顾客来体验产品。

四、衰退期

衰退期的主要特征是：替代品大量进入市场，顾客对老产品的忠实度下降；产品销售量大幅度下降，价格下滑，利润剧减；竞争者纷纷退出市场；可能还有一个或几个公司的产品继续盈利，但整个行业的利润明显下降。对此，采取的策略有以下几种。

1. 收缩策略

缩短战线，把企业的资源集中使用在最有利的细分市场、最有效的销售渠道和最易销售的品种及款式上，以求从最有利的因素中获取尽可能多的利润。

2. 维持策略

由于许多竞争者相继退出市场，而市场对此产品还有一定需求，因此生产成本较低的企业可继续保持原有的细分市场，沿用过去的营销组合策略，将销售量维持在一定水平上，待到时机合适，再退出市场。

3．撤退策略

当产品已无利可图时，应当果断及早地停止该业务，致力于新产品的开发；否则，不仅会影响利润收入，占用有限的资源，更重要的是影响金融机构的声誉，在顾客心中留下不良的形象，不利于今后其他产品进入市场。

4．重新定位策略

通过对产品的重新定位，为其寻找新的目标市场和新的用途，使其再次焕发青春，从而延长生命周期，或者成为另一个市场的新产品。

在美国，银行业的定期存款账户就处于其生命周期的衰退阶段。各种原因都可能导致销售额下降，包括新产品替代老产品，如各种各样的理财产品、债券型基金、信托产品等进入市场，导致定期存款的吸引力下降。相比而言，我国的情况还不太一样。

产品市场生命周期各阶段策略如表 5-3 所示。

表 5-3　产品市场生命周期各阶段策略表

产品市场生命周期各阶段	产品市场生命周期各阶段策略
导入期策略	(1) 快速撇脂策略 (2) 缓慢撇脂策略 (3) 快速渗透策略 (4) 缓慢渗透策略
成长期策略	(1) 改善产品品质 (2) 寻找新的子市场 (3) 改变广告宣传的重点 (4) 适时降价
成熟期策略	(1) 产品改良策略 (2) 市场再开发策略 (3) 营销因素重组策略
衰退期策略	(1) 收缩策略 (2) 维持策略 (3) 撤退策略 (4) 重新定位策略

案例 5-5

华安基金："指"爱 180，与投资人同行

上证 180ETF(510180)是华安旗下指数基金中的旗舰产品。围绕该产品，华安基金展开了名为"指"爱 180 的持续营销活动。

经历 2009—2010 年的持续推动，180ETF 的份额在 2010 年年底增长到 98 亿份，交易十分活跃，成为市场上非常重要的 ETF 之一。

华安基金趁热打铁,在2011年全年继续大力推动“指”爱180的营销活动。

公司站在普通投资人的立场上,推出媒体专栏《被动投资也精彩》,向投资人传递知识,与投资人思想共鸣。

该公司积极配合上交所推动ETF发展的整体规划,参与多个具体项目。

经历一年的辛勤耕耘,上证180ETF目前份额扩展到约170亿份,连续两个季度成为全市场净申购份额最多的指数基金,成为全市场三大ETF之一,交易和申赎非常活跃,是市场资金、机构动作、市场心理的重要风向标之一,产品动态受到投资人和媒体的广泛关注。

在证券市场整体低迷的大环境下,华安指数基金产品180ETF经过针对不同对象的全方位营销动作,达到连续两个季度成为全市场净申购份额最多的指数基金的成果,充分体现出持续、给力的营销活动的价值。

五、与产品生命周期相关的其他营销策略

(一)产品接受者分类

客户接受和采用新产品的模式与产品生命周期密切相关。客户对新产品的反应因人而异。很少有人在新产品上市后立即使用新产品,多数人在购买新产品之前要等一段时间,还有些人从来也不使用新产品。

有学者将人们接受新产品的快慢分为五类:创新者、早期接受者、早期多数、晚期多数以及落伍者。客户的类属结构一般与地理、社会阶层以及信息来源有关。创新者是一些喜欢冒险的人;早期接受者往往是一些受过良好教育,又有较高收入和社会地位的年轻人,他们获得的信息是从多种媒体、多渠道汇集而来;与此相反,晚期多数和落伍者的信息来源非常有限,常常依赖于参考群体形成自己的意见。进行这样的分类分析对于营销管理者是富有启发性的。

创新者与早期多数和晚期多数接受一种产品间隔的时间取决于一系列因素。一方面,对产品创新的感受越深,时间间隔越短;另一方面,产品创新越复杂,时间间隔越长。人们接受电话转账服务、网络银行等新型服务,在一些市场要历时数年时间,客户接受这种产品非常缓慢。只有那些创新者和早期接受者才积极使用这种服务产品,原因可能是产品的复杂程度,以及客户无法看到样本或试用这种服务,不喜欢人—机对话的程式化和冷漠,对资金是否安全、效率是否更高存有疑虑。

(二)系统销售

前面已经提到,很多金融产品都处于成熟期。在生命周期的这一阶段,产品营销策略之一就是系统销售。系统销售是指协调解决客户反映的所有问题的一种方法。该方法基于以客户需要为导向的深刻认识,即客户不是购买产品,而是购买解决问题的办法或购买需求。

系统销售常常表现为多项服务组合的形式。我国许多银行对个人推出的存款组合产品就是一个实例。客户可以根据自己的积蓄、收入和未来开支情况,选择最合适的。相比单一的储蓄产品,组合套餐可以获得更高的流动性或更多收益,改善了单一产品的不足,很受客户欢迎。

案例 5-6

美国的富国银行在 20 世纪 70 年代早期推出“金账户”，使之成为一揽子账户服务的先行者，即包括支票、存款、贷款等多项服务功能的综合账户。不久推广到全国实施，在投放期的 1 个月内吸引了 7000 个新账户——是该银行正常情况下新开账户的 3 倍。

这种综合账户因其功能全面而非常受欢迎。客户如有一笔固定的月收入或合计的存款余额，会享受到银行提供的综合服务，包括无限额支票签发、货币市场储蓄账户、透支保护、分期付款贷款和定期存单特别利率以及合并的月度报表，还可以包括信用卡特别利率、免费提供保险箱或免费旅行支票和正式支票等。

这样的一站式财务服务对客户很有意义，因为资金管理非常方便，能全面解决客户的一些财务问题。对于银行，增加了每位客户使用银行服务的数量。这是银行求之不得的事情，因为统计表明，客户与银行的业务关系越多，就越不可能转换到其他银行。

本章小结

金融产品是基于货币保值、增值活动的专业服务。相比通常的工业产品，无论从概念还是从形态上看，都有很大不同，需要特别注意。金融产品策略直接影响其他营销要素的组合，并决定营销的成败。在产品策略中，首先要正确理解产品的本质，才可能有神形俱佳的好产品。此外，还要制定相应的品牌、包装策略，利用合理的产品组合，根据产品在市场上的寿命状况，加上其他营销要素的综合策划，使产品和服务受到市场欢迎。

金融企业必须开发新产品。现有产品会过时，要有新产品替代。为了减小新产品可能的失败风险，需要缜密的计划以及系统化的开发流程。新产品开发通常要经过七大步骤：主意产生、主意筛选、概念形成和测试、商业分析、产品开发、测试、商品化。

每种产品都有生命周期，典型的周期曲线分为四个阶段：导入期、成长期、成熟期、衰退期。产品在生命周期的不同阶段有不同的特点，需要分别制定不同的营销策略。

复习思考题

1. 与一般制造企业产品相比，金融产品具有哪些特征？
2. 试述金融产品的定义及其构成。
3. 金融产品的品牌策略有哪些？试举例说明。
4. 试论金融产品品牌价值。
5. 金融产品生命周期分为哪几个阶段？各个阶段的营销策略有何不同？
6. 了解下面的案例，深刻理解如何进行金融新产品的开发与创新。

张旭阳：理财市场先行者

北京长安街光大银行总行那间略显狭小的办公室似乎与张旭阳“中国理财市场第一人”的声望有点不相称。然而就在这个小天地里，张旭阳和他的团队，迄今为止为光大银行创造了理财产品6000多亿元的销售额。2009年,光大银行理财品牌还实现了从中端向高端的升级。

张旭阳至今还记得当初设计"阳光理财A计划"与"阳光理财B计划"的情景。光大银行了解到客户外汇理财渠道单一的情况,他们只能自己炒汇或储蓄,风险很大,并且收益有限。针对客户需求,光大银行1997年推出了"阳光理财A计划"。这是一款外汇理财产品,实际是把对机构客户产品零售化后卖给大量个人客户,为零售客户提供外汇投资新渠道。"阳光理财B计划"是人民币理财产品,属于债券资产证券化产品。当时很多大银行对此嗤之以鼻。在他们眼中,这是没有技术含量的产品。光大银行在获得监管机构批准后,通过理财产品把客户的资金间接引入银行债券市场,就是这样一款简单明了的产品,受到了客户的广泛欢迎。

"四眼"原则

"金融产品的营销和快消品的营销有很大的不同。"张旭阳显然没有被已获得的成功冲昏头脑。他严格遵循着一条重要原则——"四眼原则"。"这一原则本是银行的内控原则。我们把这一原则也搬到银行理财业务上。光大从'卖者有责'的角度出发,银行有责任帮助投资者共同审视金融市场的变化,通过'两双眼睛'去选择投资品种,控制风险。就这个角度而言,不能是客户需要什么,银行就推出什么产品。"他一板一眼地解释了这一原则的内容。

从2004年光大银行开展理财业务以来,张旭阳带领他的团队走完了一个圆圈,从产品创新到产品销售,再到客户关系维护,最后到银行内控和流程管理。2008年,"阳光财富"这一高端品牌的诞生成了水到渠成的事情。张旭阳对"阳光理财"和"阳光财富"这两个品牌进行了以下解读:"阳光理财"定位于中端客户,是面向零售客户的资产管理类产品;"阳光财富"则定位于高端客户。从"阳光理财"到"阳光财富",是从理财产品向理财业务的一个转化过程,也是品牌转型的过程。理财产品是产品对人的关系,理财业务是人对人的关系。"阳光财富"品牌在较高的客户粘合度基础上建立起来,通过产品、服务等诸多业务线的平台管理实现。这两个品牌的产品各有相应的小组负责,但有一定的交叉和渗透。

实训题

中国长期以来实行的利率管制,使部分商业银行不能正确认识和合理制定贷款价格。在市场上存在较大竞争压力的情况下,有些银行一味强调规模扩张,信贷人员致力于寻找愿意支付现有贷款利率的客户,习惯于从基准利率开始与客户协商,利率浮动简单地以10%递增、递减,计息方式习惯于"一年一定",很少愿意花费精力考察客户的风险状况,制定合理的价格。一部分客户经理担心贷款定价会提高贷款利率,导致客户流失,因此没有贷款合理定价的积极性。

请你根据上述案例分析银行贷款合理定价的重大意义,以及银行在对贷款定价时可以采取的策略。

请分组对上述问题进行分析。

第六章

金融产品定价策略

学习目标

［知识目标］

通过本章的教学，使学生了解影响金融产品和金融服务定价的主要因素，了解金融产品定价的一般方法，掌握定价模式和常用定价策略。

［技能目标］

通过本章学习，学生要能够灵活掌握常用的定价方法和技巧。

引言

价格是买卖双方达成交易的重要因素，是影响客户选择产品的主要因素。随着社会经济繁荣和人们收入提高，非价格因素的作用越来越大，如服务、品牌、信任等。对于金融产品，这一趋势尤其明显。

小贴士

与一般商品的价格不同，金融产品的价格变动与一国金融管制的程度密切相关。我国金融管制程度较高，尤其是利率、佣金、保费的定价机制没有完全市场化，金融机构对其产品的定价首先是遵循国家的有关规定，然后才是营销定价策略的运用。

在金融市场非完全竞争的环境中，营销学中的定价策略只能是有限制地选择使用。但是，只要我国金融市场化改革的方向不变，随着时间的推移和竞争日趋激烈，定价策略的运用将越来越广泛。近几年金融企业营销活动不断强化就是证明。因此，掌握更多的营销学定价策略知识是必要的。

第一节　金融产品定价概述

价格是对产品或服务所收取的金钱。更广义地说，价格是指消费者用来交换拥有或使用产品和服务利益的全部价值量。价格在营销组合要素中有着特别的地位。其他要素，如产品、促销、渠道等效用产品要素，以及人员、过程、有形展示等服务要素，虽然都创造价值，但在实现交易之前都形成企业成本，只有通过合理定价促成交易，才可以实现成本补偿和盈利。所以，价格要素是唯一创造收益的要素。

例如，银行提供贷款产品而获得利息收入，保险公司提供保险产品获得保费，证券公司为企业上市融资提供服务获得佣金。合理的定价带来预期交易量，价量共同构成了销售收入。

市场营销学针对完全竞争的市场，认为产品定价影响因素首先是企业目标，然后按重要程度依次是：生产成本、顾客需求、同业竞争等。我国金融市场是一个政府主导并严格监管的有限竞争市场，金融工具是政府调控经济的重要工具，金融机构对产品定价的自由度是有限的。因此，定价策略的首要因素是了解和遵守政府政策法规，明确营销定价策略的政策约束，然后考虑营销学所列因素及其影响方式和程度等。

一、定价的基本程序

定价基本程序主要包括七个基本步骤，如图 6-1 所示。

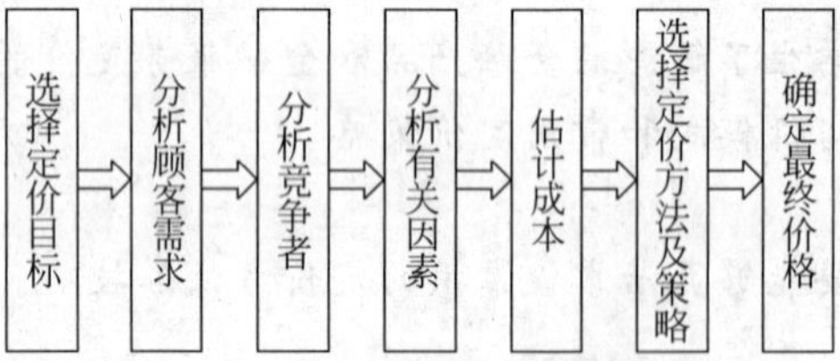

图 6-1　价格制定程序图

（一）选择定价目标

定价目标是指企业通过制定特定水平的价格，凭借价格产生的效用所达到的预期目的。定价目标是企业市场营销目标体系中的具体目标之一，但它的确定，必须服从于企业营销总目标，也要与其他营销目标相协调。从价格方面看，企业总目标并不只对应一种定价目标，在不同情况下，可以通过不同的定价目标来实现。主要定价目标有以下几种。

1. 维持企业生存

在激烈的市场竞争中，维持企业的生存发展是企业运营的首要目标，在定价上也要考虑企业生存。通常是在企业处于不利环境时，不得不以维持营业为定价目标。

这种定价目标只能作为非常时期的过渡性目标，不宜长期使用。

2. 争取当期利润最大化

这种目标是指企业通过制定较高的价格，来获取最大限度的销售利润和投资收益。任何企业都不会放弃对利润孜孜不倦地追求。但盈利最大化取决于合理价格所推动的销售规模，因而追求盈利最大化的定价目标并不意味着企业要制定最高单价。

追求盈利最大化要以良好的环境为前提。当企业及其产品在市场上有较高的声誉时，可以考虑盈利最大化。

3. 实现预期的投资收益率

投资收益率反映企业的投资效益。企业对于所投入的资金，都期望在预期内分批收回。为此，定价时一般在总成本费用之外加一定比例的预期盈利。在产品成本费用不变的条件下，价格高低往往取决于企业确定的投资收益率的大小。

4. 保持或扩大市场占用率

保持或扩大市场占用率也称市场份额目标，即把保持和提高企业的市场占有率(或市场份额)作为一定时期的定价目标。在许多情形下，市场占有率的高低比投资收益率更能说明企业的营销状况。

5. 抑制或应付竞争

有些企业为了阻止竞争者进入自己的目标市场，故意将产品价格定得很低。这种定价目标一般适用于实力雄厚的大企业。有些中小企业在市场竞争激烈的情况下，以市场主导企业的价格为基础，随行就市定价，也可以缓和竞争，稳定市场。

（二）分析顾客需求

企业的定价行为一定要考虑顾客的需求，通过调研，了解市场容量。例如，该产品有多少潜在的顾客，该产品的需求价格弹性如何等，掌握不同价格水平上的需求量。

一般地说，购买者对于价值高低不同的产品的价格的反应有所不同。购买者对于那些价值高、经常购买的产品的价格变动较敏感；对于那些价值低、不经常购买的小商品，即使单位价格较高，购买者也不大注意。

此外，购买者虽然关心产品价格，但是通常更为关心取得、使用和维修产品的总费用。因此，如果卖主能使顾客相信某种产品取得、使用和维修的总费用较低，那么，他就可以把这种产品的价格定得比竞争者高，取得较多的利润。

（三）分析竞争者

企业在考虑定价时，不仅要考虑消费者，还必须考虑竞争对手的反应，要考虑竞争对手的价格水平。在商战中，企业间最原始、最残酷的竞争方式就是价格竞争。

当然，竞争的结果会使企业的利润降低。处于竞争优势的企业往往拥有较大的定价自由，而处于竞争劣势的企业更多地采取追随性价格政策。企业要知己知彼，经过比质、比价，为自己的产品制定出具有竞争力的价格。

（四）分析有关因素

1. 产品的性质

企业要给产品定价，首先必须考虑产品的性质。不同性质的产品，其价格的制定不相同。

2. 产品市场寿命周期

企业在给产品定价时，必须考虑产品市场寿命周期，以及产品处在市场寿命周期的哪个阶段。寿命周期阶段不同，价格制定不相同。

3. 产品组合

企业定价，还必须考虑产品组合。在产品组合中，产品与其他产品是替代品，还是互补产品？如果其中一种产品的价格策略变动，必然会影响同一产品组合中的其他产品。

4. 促销策略

企业在市场营销活动中开展的广告、人员推销、公共关系及营业推广等促销活动，都需要支付相应的费用。在不同的市场条件下，不同的商品促销费用是不相同的。如生活必需品，促销费用较低；而发展用品、享受用品，促销费用较高。

为此，企业在选择促销策略时，既要考虑适应市场拓展的需要，又要考虑能否有相应的价格策略支持，以及消费者对价格的心理及经济承受能力。

5. 渠道策略

在市场营销中，企业选择渠道的长、短、宽、窄及分销环节的多少，对企业定价都会产生不同程度的影响。若企业采取长渠道策略，其中有各类中间商，为鼓励他们积极经销产品，开拓市场，因而出厂价格低；若采取短渠道策略，开拓市场的任务由企业自己承担，必然产生相应费用，因而价格相应提高。可以说，定价制约着销售渠道的选择。

由此可见，定价策略在营销过程中与其他各因素存在着相互依存、相互制约的联系。企业在选择定价策略时，既要考虑其他营销组合因素对价格的影响，也要考虑价格对其他因素的制约。

综上所述，定价是一项很复杂的工作。国外一位专家曾指出："在所有决策问题中，价格是最令人捉摸不定的"。特别是近几年来，随着科学技术进步，产品市场寿命周期缩短，产品质量之间的差异缩小，消费者对产品、服务提出更高的要求，使企业定价工作显得更为重要。企业要正确理解定价的重要性和复杂性，正确认识定价策略在市场营销中的作用，有预见地做好定价工作。

（五）估计成本

产品的价格是根据成本、利润和税金三部分来制定的。但这种成本，不是指企业生产该产品的个别实际成本，而是该产品的平均成本或社会成本。企业在实际定价中，首先要考虑的是产品成本，它是产品定价的基础因素。产品成本是企业经济核算的盈亏临界点，产品定价必须至少能够补偿产品成本，这是企业再生产的最基本条件。只有这样，企业才能在原有规模上从事生产营销；否则，企业将由于亏本而倒闭，连简单再生产也无法维持。因此，产品成本是定价的基本因素和第一个依据。企业在定价时，不应当将成本孤立地对待，而应将产量、销量、效率、价格、成本综合起来考虑。

同时，还应与其他不同产品的价格进行比较，合理地确定不同产品间的比价，反映它们社会价值之间的比例关系，符合等价交换的原则。因此，准确地估计成本是成功定价的保证。

（六）选择定价方法及策略

定价方法受需求与供给的影响。

（1）价格对需求的影响：当产品降价时，会吸引新的需求者加入购买行列，也会刺激原来的需求者增加购买量；反之，当产品价格提高时，会影响需求者减少需求量，或改变需求方向，去选购其他代用品。因此，价格与需求量呈反方向变化。

（2）价格对供给的影响：当某种产品价格上升时，会刺激原产品生产者扩大生产供应，还会刺激其他生产者加入该产品的生产经营，导致产品供给量增加；当某种产品价格下降时，该产品生产者会因利润小而减少生产量，或因亏本而停产。总之，是使这种产品的供给量减少。因此，价格与供给量呈同方向变化，如图 6-2 所示。

价格是市场营销组合因素中十分敏感而又难以控制的因素，它直接关系着市场对产品的接受程度，影响着市场需求和企业利润的多少，涉及生产者、经营者、消费者等各方面

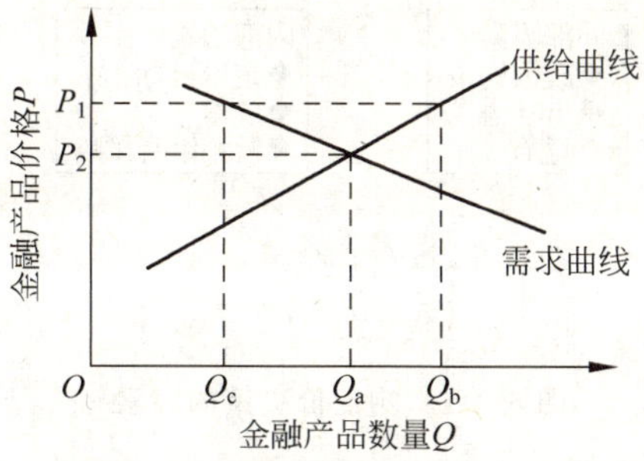

图 6-2 金融产品市场供求曲线

的利益。因此,定价策略是企业市场营销组合策略中一个极其重要的组成部分,需要慎重地做出选择。

(七)确定最终价格

企业在确定了产品的初始价格后,还须考虑其他方面的要求、意见和情况。

首先,必须考虑所制定的价格是否符合政府的有关政策和法令的规定,否则就会违法,受到法律制裁。企业的定价政策回答这些问题:企业需要的定价形象,对待价格折扣的态度,以及对待竞争者的价格的指导思想。企业的市场营销人员选定最后价格时必须检查所制定的价格是否符合企业的定价政策。

其次,还要考虑消费者的心理。在现代市场经济体制下,企业可以利用消费者的心理,采取声望定价,把某些实际上价值不大的商品的价格定得很高(如把实际上只值几十元的化妆品的价格定为几百元),或者采取奇数定价(如把一枚金戒指的价格定为 999.99 元),以促进销售。

最后,还要考虑企业内部有关人员(如推销人员、广告人员、会计出纳人员等)对定价的意见,经销商、供应商等对定价的意见,以及竞争对手对所定价格的反应等。考虑了上述诸多因素后,确定出最终价格。

小贴士

金融产品的价格因金融产品的不同而有不同的名目。利息是金融企业向贷款人借出资金而获得的报酬。手续费是金融企业通过为顾客办理支付结算、基金托管、咨询顾问及担保等服务而收取的。保险费是保险公司为投保人提供保险保障而收取的费用。股票佣金是证券公司为客户提供股票代理买卖服务收取的费用。

二、影响定价的主要因素

图 6-3 所示是影响金融产品定价决策的主要因素。

(一)外部因素

1. 政策约束

政府对产品价格的监督、保护、限制的政策,是金融营销价格决策不可逾越的硬性约束。我国目前仍然实行比较严格的金融管制,尽管趋势是逐步放松,但 2008 年美国金融

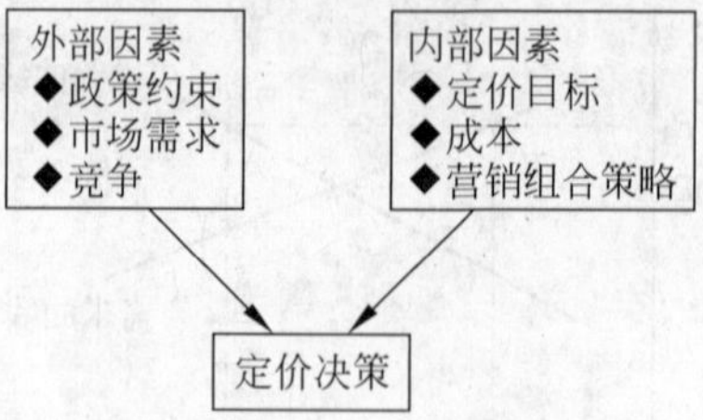

图 6-3　影响定价决策的因素

海啸爆发，减慢了金融管制放松的步伐，实现全面开放的格局还要经历一段时间。

金融产品的价格主要包括利率、汇率、佣金率、保险费率、服务费等内容。

(1) 利率政策。利率是资金的价格，也是商业银行信贷产品的定价基础。作为我国利率体系主要运作体的银行存贷款利率，一直受到严格的管制。从 1996 年开始，我国步入渐进式利率市场化的改革过程，实施“先外币、后本币，先贷款、后存款，先批发、后零售”的战略步骤。

从存款利率看，所有存款利率档次基本由中央银行规定，以此为上限，商业银行可以向下浮动。高息揽存是犯法的，将面临严厉的惩罚。贷款利率 2004 年开始允许区间浮动，但有严格的上、下限限制。后来逐步放开贷款利率下限，形成了“存款管上限，贷款管下限”的管制程度。2013 年开始，我国利率管制进一步开放，存款利率允许上浮 10%。

利率管制逐步放开，使得银行对于存贷款利率有了部分定价决策权。不过，长期习惯被行政力量左右的银行，还要花相当一段时间来接受由市场来决定产品价格的经营模式。学习并用好定价策略是我国银行业提高市场竞争能力最紧迫的任务。

小贴士

即使在利率市场化程度很高的美国，政府的影响力在某些领域依然存在，但只有在市场显失公平或垄断出现的时候进行干预。20 世纪 90 年代初期，美国利率连续走低，骤然下降到几十年来最低点。很多银行没有随之改变信用卡利率，对信用卡债务收取近 20% 的费用，而当时的优惠贷款利率还不到 10%。消费者监督组织对此发出了反对的声音，美国国会开始调查此事。

银行闻风而动，迅速对信用卡调整定价，以阻止即将变更的法规所带来的不利影响。结果，银行的定价更趋合理。很多银行为每月全额支付余额(这样，他们就很少或从不支付利息)的客户制定了不同的定价级别，还为那些持有少量、中等和大量余额的客户制定了不同的定价级别。其他银行也为不同细分市场的客户提供不同的信用卡。由此可见，法规的影响也是刺激银行业调整价格的重要因素。

(2) 汇率政策。汇率是一国货币兑换另一国货币的比率，是以一种货币表示的另一种货币价格。汇率是国际贸易中重要的调节杠杆。一个国家或地区生产或出售的商品都是按本国或本地货币来计算成本的，汇率的高低直接影响该商品在国际市场上的成本和价格，直接影响商品在国际市场上的竞争力。因此，汇率是政府制定货币政策的重要参数。

小贴士

每个国家都有自己的汇率制度，是对于确定、维持、调整与管理汇率的原则、方法、方式和机构等所作出的系统规定。改革开放以来，我国人民币汇率制度在不断改革和完善：1979 年—1984 年，人民币经历了从单一汇率到双重汇率，再到单一汇率的变迁；1985 年—1993 年，人民币对外币官方牌价与外汇调剂价格并存，向双汇率回归；自 2005 年 7 月 21 日起，我国开始实行以市场供求为基础的、单一的、有管理的浮动汇率制度，实行银行结售汇制，取消外汇留成和上缴，建立银行之间的外汇交易市场，改进汇率形成机制。

(3) 证券交易收费政策。证券公司提供证券市场交易服务，其服务收费依据《中华人民共和国证券法》规定：证券交易的收费必须合理，并公开收费项目、收费标准和收费办法。证券交易的收费项目、收费标准和管理办法由国务院有关管理部门统一规定。

目前我国证券活动中的收费项目主要有：证券发行承销费用，以及出具相关文件的收费(包括出具财务会计审计、资产评估、法律意见书等)，证券交易的开户收费，委托交易的佣金收费，证券交易所的席位费、经手费，投资者查询证券交易有关事项的收费，公告法定披露信息事项的收费，等等。其中，占比最大的是承销收费和交易佣金收费。

(4) 保险费率。保险费率，是应缴纳保险费与保险金额的比率，是保险机构按单位保险金额向投保人收取保险费的标准。保险金额乘以保险费率就是保险费。根据《中华人民共和国保险法》第一百三十六条规定，关系社会公众利益的保险险种、依法实行强制保险的险种和新开发的人寿保险险种等的保险条款和保险费率，应当报国务院保险监督管理机构批准。……其他保险险种的保险条款和保险费率，应当报保险监督管理机构备案。经批准后的保险条款和保险费率，保险公司不得擅自更改、制定保险条款和保险费率。

2. 市场类型与市场需求

市场营销学认为，在完全竞争市场，产品或服务的价格上限由需求决定。因此，需求如何影响价格，还与市场形态有关。

(1) 市场类型。我国金融市场实行较严格的许可制，机构准入、产品上市等均要报监管部门审批。金融机构的数量以及产品数量均有限，少数国字号金融机构占据了最大的市场份额。因此，我国金融市场目前接近于寡头垄断的市场类型。

寡头垄断的市场特点是：企业极少；相互依存；产品同质或异质；进出不易。

寡头垄断定价的特点是

① 价格领先制：价格决策往往由大金融机构作出。决定价格的大机构通常被称为价格领导者，或支配型机构；小机构则如同完全竞争一样，是价格接受者。价格领导者包括支配型价格领袖(本行业规模最大的企业)、效率型价格领袖(本行业成本最低、效率最高的企业)、“晴雨表”型价格领袖(能优先掌握市场变化的企业)。

② 成本加成：按一定的百分比在平均成本上加利润 100 元，利润率为 10%，则价格定为 110 元。

③ 寡头联盟：彼此之间达成价格维持协商。

(2) 市场需求。潜在交易者通常会在产品或服务的价格与利益，即通常所说的“性价比”之间权衡比较。因此，在设定价格之前，金融机构必须理解价格与需求之间的关系。尤其是一些中小金融机构，在经营特定目标市场，有一定定价空间时，常常要考虑需求的价格弹性。

需求的价格弹性是需求量对价格变动的敏感程度。不同产品的需求随价格的变动幅度不同，因此，价格弹性有大小之分。需求和价格一般是负相关关系：价格上涨，需求下降；价格降低，需求增加。

价格变动的目的是提高销售收入。销售收入是销售价格与销售量的乘积。价格的升降取决于金融机构对产品的需求价格弹性的了解。一般地，弹性差，价格提高；弹性好，降价扩大销售。对需求弹性差的产品实施提价策略的正面效果比较明显；而弹性好的产品适宜用降价策略以扩大销售，虽然单位产品收入减少，但总收入可能提高。只要扩大生产增加的生产和销售成本不超过增加的收益，就是可行的。

案例 6-1

服务与市场

当很难比较替代品的优劣时，顾客对已知的或声誉较好的供应商的价格敏感性较低。因此，顾客转而购买值得信任的产品。对有声誉品牌的信任来源于自身的或身边值得信任者的使用经验。很多著名金融机构正是依靠顾客对其声名的信任赚取了巨额利润，像花旗银行、瑞士银行、德国安联保险等。它们提供的产品不一定是质量最好的，但是始终如一地向顾客提供希望得到的物有所值的产品和服务。

瑞士银行由于严格的银行保密制度而被认为是全球最令人信赖的银行，它抓住了人们“财不外露”的心理，愿为财富私密性付出代价而赚钱。世界上约有 1/4 的个人财富存放在这里，各国政要、商界巨子和演艺明星对于将存款存在瑞士银行而感到放心，至于银行服务收费的高低则无关紧要。这造就了瑞士闻名于世的金融业，其存款约占全球储蓄总额的 1/3。

产品用途越多，弹性就越大。如果某种物品有好几种用途，较低的价格就可以鼓励更多的人利用产品的第二种用途。例如，银行与航空公司发行的联名信用卡，附有刷卡交易折算公里数的优惠，抵消部分单纯刷卡消费的费用，起到鼓励人们多携带信用卡乘飞机出行的作用。

当高价在某种程度上代表高质量时，顾客的价格敏感性会较低。人们的生活越富裕，就越重视自己的体面和名誉。有声誉的金融产品可以满足人们的这种追求。顾客认为它不仅能带来直接利益，还具有个性表现力，因而愿意接受高价格。例如，商业银行发行的钻石级信用卡的年费比其他等级信用卡要贵 50%～200%。顾客将这种信用卡看成是一种信誉的标志，能从中获得自我满足，因此他们的价格敏感性降低了。

综上所述，影响产品价格敏感性的因素很多、很复杂，几乎很难找到预测价格弹性的通用方法，必须具体分析、研究。金融机构应该通过长期的大量的观察和积累，针对目标市场总结各种产品的价格和销售量的变化规律。

3．竞争因素

在产品最高价和最低价之间的定价，取决于市场竞争状况。产品的任何价格调整都会引起竞争者的反应。如果采取高价格、高利润的策略，则可能引来竞争者；而低价格、低利润的策略可以阻止竞争者进入，或者把他们赶出市场。对于竞争力量强的金融机构，定价选择的空间较大；弱势金融机构往往采取跟随的定价策略。因此，管理者要想充分地权衡价格竞争的直接收益和长期后果，必须建立正确的竞争观念，制定有效的定价计划，合理分配竞争资源。

如果要主动发起价格战，应该具备一定的优越条件，例如：

① 如果已有或可通过低价策略创造绝对成本优势，竞争者就没有能力抗衡减价。

② 如果产品仅在相对较小的细分市场有吸引力，可以推断竞争者无法对自己的威胁作出反应。

③ 如果对价格战的承受能力比竞争者更强——一旦争取到一个顾客，就可以通过销售相关产品获得较大利益，可以主动地以亏损价格销售某一产品。

小贴士

理性的竞争者并不简单地追求价格战的胜利，更多时候是考虑如何避免冲突，以较小代价实现经营目标。实施差异化战略就可以降低竞争程度。经营高端市场的花旗银行服务收费较高：美元提现收0.25%的手续费；每月日均存款不足10万美元，收取100元账户管理费；低于5000美元，收50元或6美元。而把目光投向大众市场的东亚银行，声明无论多少存款，都不收手续费。尽管二者服务价格相差甚远，但属于不同层次的市场，并无冲突发生。

（二）内部因素

1．定价目标

金融改革的深化，使金融产品价格的监管呈现有步骤地放松、向市场化发展的趋势。许多产品给出的自主定价区间越来越大，少数产品定价完全市场化。金融机构需要越来越多地运用营销知识和方法，考虑更多的定价影响因素，使产品价格具有竞争力。

明确目标是定价首先要考虑的影响因素。以既定的目标市场和定位为基础，定价目标通常分为利润最大化、市场份额、产品质量、生存等类型。例如，花旗银行追求利润最大化，针对高端市场收费很高；东亚银行以扩大市场份额为目标，用低收费吸引更多客户。

(1) 利润最大化目标。利润最大化不等于价格最高，理论上是边际收益与边际成本相等时的产品价格。利润最大化又有当期和长期之分。公司内部经理人往往注重财务成果（与个人绩效挂钩），偏向当期利润最大化，在某一特定时期，通常根据不同的需求和成本，选择能够产生最大当期利润、现金流量和投资回报的价格。而公司股东注重中长期业绩，希望是可持续发展的利润最大化。

(2) 提高市场占有率目标。拥有尽可能大的市场份额，可以享有最低的成本和最高的长期利润。为了占有最大的市场份额，企业倾向于尽可能压低价格。

(3) 产品质量领导者目标。追求产品的高质量、高性能，或成为质量领导者。需要用高定价策略，以补偿产品较高的性能质量以及市场调研和开发的成本。在高端客户市场一般采取此策略。

(4) 竞争性目标。根据周围竞争者的情况和自身实力定价。市场上举足轻重的大公司，往往以维持市场价格稳定为目标，或领导价格变动以应付变化。如果想要击败对手或阻止新竞争者进入，则采取低价倾销策略，待独占市场后，再制定垄断价格获取高额利润。对于实力一般的公司，最好采取跟随定价策略，避免与大公司正面冲突。

(5) 预测投资收益目标。以预期收益为定价原则，在总成本之上加一定比例的预期盈利率，至少要在同期银行存款利率之上。

(6) 生存定价目标。在市场竞争很激烈，顾客需求不断变化，面临较多困难时，为了力保企业能运转，或不被淘汰出局，对产品采取低定价策略——保本或亏本价，以增加销售量。例如，人民币汇率长期来看是上升趋势，银行的出口贸易客户可能陷入困境，这为从事国际贸易信贷业务的客户经理带来了新的客户管理内容，例如建议顾客利用生存定价策略，争取尽可能长的生存时间，同时积极寻求其他出路，实现经营转型。

2. 成本因素

成本是定价策略中的重要因素，是金融机构为产品和服务设定的价格底限，以补偿经营管理和提供服务的过程中耗费的物资与劳务。

小贴士

成本有两种形式：固定成本和可变成本。固定成本是不随产品种类和数量而变化的成本。例如，金融机构必须支付的每月的租金(或提取的固定资产折旧)、运行系统维护费、水电费、管理人员的薪金等。可变成本是随产品种类和数量而变化的成本。

具体来看贷款产品的成本构成：固定成本主要是办公设施、信息系统硬件和软件、经营管理人员薪金等费用；可变成本主要是存款利息、销售人员工资费用等，与产品销售数量成一定比例变化。总成本是固定成本与可变成本之和。金融机构制定的价格应该至少能够补偿维持既定经营水平的总成本。

金融机构在设施设备和管理系统允许的范围内，应尽可能通过增加销售量降低单位生产成本。例如，降低资金来源的成本，提升管理信息化、员工专业化程度，提高经营效率，为竞争性定价争取更大空间。

3. 营销组合战略

价格只是金融机构用来实现营销目标的工具之一。金融产品价格策略必须和产品设计、销售和促销决策等其他营销要素相配合，才能形成一个整体协调联动的营销方案。对其他营销要素的不同组合方案会影响定价决策。例如，通知客户新产品上市的方式有电话、短信、邮件、网络等，每种方式的成本不同，从而影响价格水平。

由于价格是一个相当重要的产品定位因素，最好先考虑定价策略，然后据以考虑其他营销组合要素。针对特定细分市场，弄清楚“我们能卖多少钱”的问题，然后设计一种新产品，让所有的成本支出都在价格容许的范围内。

案例 6-2

美国证券经济业务价格的变迁

美国证券经纪佣金制度是美国证券经纪人赖以生存的基础。美国的证券经纪佣金制度在1975年5月1日以前为固定佣金制。1975年以后，美国SEC废除了固定佣金制，导致了折扣证券经纪人的出现。这种经纪人只是按照客户的指令进行简单的证券买卖，不提供任何咨询和建议，因而佣金低，一般比全服务经纪商少75%。

20世纪90年代初，随着网络技术的发展，出现了网上交易，导致经纪业务的佣金进一步降低。全服务经纪商为每笔29.95美元，折扣经纪商为每笔9.95美元，专营网上经纪商为每笔4.95美元。人们盼望已久的“自己动手交易”迅猛发展，目前已达到2050万人，占全部投资者的30%。市场对经纪人的需求一落千丈。网上交易对经纪人的冲击，引发了一种与投资者“同甘共苦”的新的“佣金”制度，即在客户赚钱的情况下才按照净利润的一定比例收费；如果亏钱，则要从年费按照亏损的比例扣除一定的费用。

1999年6月1日，美林证券正式推出“综合性选择”(Integrated—Choice)策略，向客户提供连续的从完全自己管理到全权委托管理的系列产品。这些账户根据服务的内容不同，采取不同的佣金费率模式。例如，自助交易一般不需要理财顾问的指导和建议，每笔交易按29.95美元收取，是典型的佣金模式；无限优势服务则为客户提供全权的资金管理服务，按客户资产的比例收取年费，收费起点为1500美元，是费用模式的典型代表。

根据SIA的调查，1996年费用型收入对每个注册经纪人(Registered Representatives, RR)佣金收入的贡献不足10%；到2001年底，收费产品的收入已占到经纪业务的25%以上。在2001年，每个注册经纪人的人均总佣金收入从48.5万美元降低到40万美元，其中费用型收入占比却由20.1%提高到26.1%，反映了费用型佣金收入的强劲增长态势。2002年，在费用模式下管理的总资产规模已达到1550亿美元。

第二节　金融产品定价方法

对产品定价应该适中。价格太低，无法实现利润；价格太高，压抑需求。生产成本是定价底限，客户对产品价值的认知是价格上限。金融机构要在上、下限之间，考虑竞争者价格以及其他的外部和内部因素，确定一个最合适的价格。选择基本价格的方法通常有三类：成本导向定价法、需求导向定价法、竞争导向定价法。

一、成本导向定价法

具体有三种方法，即成本加利润定价法、盈亏平衡定价法和目标贡献定价法。

（一）成本加利润定价法

成本加利润定价法是在单位产品的完全成本上加预期的利润和应纳税金而制定交易价，价格与成本之间的差额，即利润。这是最传统的定价方法，体现了价格以其价值为基础的原理，是基本的、普遍的，也是最简单的定价方法，且计算准确性较高，买者和卖者都易于理解和操作。这种方法的主要缺点是忽视了竞争和市场需求弹性的影响，没有很好考虑市场供求变化对价格的影响，也没有考虑产品经济寿命周期的不同阶段对价格的影响。

因为金融产品的销售数量常常很难事先确定，当预期利润一定时，销量估计得越大，固定成本分摊越低，价格估计越低，将丧失一部分应得利润；反之，销量估计得越小，固定成本分摊额越高，价格越高，将加剧交易的困难。因此，这种定价方法灵活性差。

（二）盈亏平衡定价法

盈亏平衡定价法是运用盈亏平衡的原理确定价格，即在假定企业生产的产品全部可销的条件下，保证企业既不亏损也不盈利的产品最低价格水平。盈亏平衡定价法的主要优点是金融机构可以在较大范围内灵活掌握价格水平，且运用较简便。

（三）目标贡献定价法

目标贡献定价法又称变动成本定价法，即以单位变动成本为定价基本依据。当市场竞争激烈；或产品市场寿命周期较长，已进入成熟期，固定成本的补偿期很长；或产品线较多，固定成本已在其他产品中得到补偿的情况下，为了提高产品的竞争能力，应以变动成本为依据制定价格，产品的售价只要能赚回变动成本，或稍高于变动成本，即贡献大于零就可行。

二、需求导向定价法

需求导向定价法是指在定价时，不仅要考虑成本，还要注意顾客需求及价格承受心理，根据顾客理解的产品价值，或者顾客的价值观念来决定产品价格。因此，需求导向定价法又称理解价值定价法。对于无形程度很高的金融服务产品，这是一种重要的定价方法。

需求导向定价法以顾客导向的营销哲学为基础。在需求日益更新和产品丰富繁多的时代，定价是否合理，判断权最终不取决于产品的提供者，而是取决于客户。当市场需求较强时，可适当提高价格；在需求较弱时，则适当降低价格。这种定价原则，需要综合考虑成本、产品寿命周期、市场购买力、销售地区、交易心理等多种因素。具体有下述几种形式。

（一）理解价值定价法

理解价值就是“认知价值”或“感受价值”。基于定价理念“不是卖方的成本或实际价值，而是买方对价值的理解”，卖方可运用各种营销策略和手段，影响买方对产品的认知，使之形成对卖方有利的价值观念，然后根据产品在买方心目中的价值来定价。

例如，中国人认为黄金有价玉无价。作为资源稀缺品，玉的价格涨幅远远高于黄金。同样，中国古代字画在拍卖市场屡屡创出历史天价，令人瞠目结舌。这些东西到底价值多少，只有买家自己知道。

运用理解价值定价法的关键，是要把自己的产品同竞争者的产品相比较，找到比较准确的理解价值。因此，在定价前必须进行市场调研，明确产品的市场定位，加深目标顾客对产品价值的理解程度，提高其愿意支付的价格限度，从而确定符合客户满意程度的价格。采用这种方法最重要的一点，是对顾客的购买价值意愿要估测得准确。估测过高，造成定价过高不适销；估测过低，影响销售收益，甚至可能亏本。

（二）差别定价法

差别定价法即对同一产品采用两种以上的不同价格。这种价格上的差异，与成本不成比例，而是以购买对象、产品式样、地点和时间等条件变化所产生的需求差异为定价依据，在基础价格上决定加价还是减价。具体又分如下几种：

① 不同的产品功能采用不同的定价。

② 不同的顾客采用不同的定价。

③ 不同的时间采用不同的定价。

④ 不同的服务方式/场所采用不同的定价。

实行差别定价法的前提是：市场必须是可以细分的，且各个细分市场的需求强度不同；产品或服务不可能从低价市场流向高价市场；高价市场上不可能有竞争者削价竞销；不会引起顾客不满。

三、竞争导向定价法

事实上，顾客常常会在与某一金融机构达成交易的过程中，参照其竞争者同类产品的价格，作为判断将要交易产品价格的依据。竞争导向定价法就是金融机构依据竞争者的价格，结合自己产品的特点，选择有利于竞争胜出的定价方法。

竞争导向定价法的特点是：只要竞争者的价格不变，即使自己的生产成本与市场需求发生变化，产品价格也保持不变；反之，即使成本与需求没有变化，由于竞争者价格发生变化，也跟随调整价格，以免被对手击败。这类定价法主要有如下几种。

（一）竞争参照定价法

制定价格时，参照竞争对手的价格，并以其为基础来考虑自身产品的定价方法。一般采取三种定价形式。

一是与竞争对手的价格相同。采用这样的跟随策略，可以避免价格战。

二是低于竞争对手的价格。旨在维持或提高产品的市场占有率，迅速扩大产品的销售量。这种方法的运用条件是：竞争对手不会实施价格报复，或有能力抵御竞争对手可能实施的价格报复。

三是高于竞争对手的价格。在竞争对手价格的基础上，提高本企业产品的价格水平，以高价格谋取高利润。前提条件是：产品相对于竞争对手有较为显著的优势，买主愿意付出高于竞争对手的价格来购买该产品。

对于上述三种形式，不论采用哪一种，都必须认真地进行市场调查研究，全面地分析竞争对手、竞争环境和自身条件等各方面情况，不能盲目或随意行事。

（二）随行就市定价法

随行就市定价法就是金融企业把自己产品的价格保持在行业平均价格水平上。这是竞争导向定价法中最简单的一种定价方法，因而被广泛运用。

这种定价方法的好处是：①容易与同行业机构和平相处，保持友好的关系，避免激烈的竞争，防止有害的价格战；②可以避开为了另行定价需要准确估计和判断顾客与竞争者作出何种反应的困难，容易被顾客接受，便于促销，稳定获利；③当需求弹性很难衡量时，现行价格体现的是本行业的集体智慧，较准确地反映了产品和服务的价值和供求状况，可以保证获得合理的收益。这一策略对于特色不太突出的产品比较合适。

这也是众多"跟随领先者"的小企业的定价策略。变动自己的价格，与其根据自己的需求变化或成本变化，不如依据市场领先者的价格变动。此外，在完全竞争或垄断的市场上，销售与竞争者类似的产品时，定价的选择余地不大，一般也采用尾随的定价方式。

随行就市定价法，并不是说在任何情况下，产品的价格都和竞争者一致。有的产品可以把价格定得高于竞争者，但要使顾客相信，这种产品虽然价格高，但产品质量好、服务好，"物有所值"，使顾客满意，愿意购买。有的产品也可以将价格定得低于竞争对手，以薄利多销。对于中小金融机构，可用此办法在大机构的竞争夹缝中求得生存和发展。

有些产品，在市场上销售时间较长，从而在顾客心目中形成一种难以变动的惰性价格，这时一般不要轻易改变价格。有些产品的成本难以测算，可以比照目前市场上流行的价格水平。若需求增大，价格可略高于流行价格水平；若需求降低，价格可略低于流行价格水平。

（三）密封投标定价法

密封投标定价法主要用于投标交易方式，常用于大型项目，如国债发行、大宗采购等，一般流程是：卖方公开招标，买方竞争投标、密封递价，卖方择优选取，到期公布中标者名单，中标的企业与卖方签约成交。投标者递价主要以压倒竞争者可能的递价为原则，但不可低于边际成本，否则不能保证适当收益。

一般来说，递价高，利润大，但中标机会小，如果因价高而招致失败，则利润为零；反之，递价低，虽中标机会大，但利润低，其机会成本可能大于其他投资。因此，在报价时，既要考虑自己的目标利润，也要考虑得到合同的机会。符合逻辑的出价是如何定出一个能获得最大期望利润的递价。

国际通行的招标方式有两种：荷兰式招标和美国式招标。荷兰式招标，又称单一价格招标，按照投标人所报买价自高向低的顺序中标，直至满足预定发行额为止。以我国国债发行招标为例，中标的承销机构以相同的价格（所有中标价格中的最低价格）来认购中标的国债数额。

美国式招标与荷兰式招标都是十分成熟的招标方式。在市场信息足够充分、投标人行为足够理性的情况下，两种招标方式的结果应该是基本一致的。但是考察近几年我国国债的发行情况，发债人对于荷兰式招标十分偏好。因为荷兰式招标按照满足招标量的最低价格(或最高利率)作为发行价格(利率),在投标人的相互博弈中,投标人倾向于以偏高的价格(或偏低的利率)投标,使得整体的投标结果偏离理性的价格(利率),进而扰乱债券市场投资人的心理状态。

而在美国式招标中,投标者的中标价格(利率)即投标价格(利率),这必然要求投标人以极其理性、负责的态度制定投标策略,投标的结果能更精确地反映市场利率水平。

曾经有一段时间,我国短期贴现国债主要运用荷兰式价格招标方式发行。当国债市场供不应求时,就出现了不理性行为。一些拥有雄厚资金实力的机构为争取中标额度而肆意压低竞标利率,以此扩大中标份额,助长了竞标时的投机气氛。2003 年,财政部对国债发行招标规则作出重大调整,在原先单一中标价格的荷兰式招标基础上增添多种中标价格的美国式招标方式,使国债市场化发行的发展更健康。

第三节　金融价格营销策略

常用的价格营销策略可以归纳为五种:产品生命周期定价策略、折扣定价策略、心理定价策略、服务定价策略和价格调整策略。

一、产品生命周期定价策略

产品生命周期定价策略主要是根据金融产品所处市场生命周期的不同阶段,分析成本供求关系、竞争情况等的变化特点,以及市场接受程度等,采取不同的定价策略,以增强产品的竞争能力,扩大市场占有率,从而为企业争取尽可能大的利润。

1. 新产品定价策略

新产品是在产品的生命周期中处于导入期。新产品刚刚投入市场,顾客对其尚不熟悉,销量低,没有竞争者或竞争者很少。为了打开新产品的销路,在定价方面,可根据不同情况,在撇脂(高价)定价、渗透(低价)定价或中间定价之间作出选择。

(1) 撇脂定价。

一种高价策略,将新产品以尽可能高的价格投放市场,赚取高额利润,在短时间内收回投资。因其类似于从牛奶中撇取最富营养的奶油而得名。高价定价策略的基本依据是:客户中有部分收入较高者,对新产品有特别偏好,愿意出高价购买。一般对全新产品,或有专利权的新产品,采用此策略。在具体实施过程中,有快脱脂和慢脱脂两种方法。

快脱脂即金融机构配以大规模的广告或其他促销活动,强力推动新产品出售,以图更快收回投资。对市场寿命周期短、需求弹性小、应一时之需的产品,能引起顾客"求新心理",使得需求强度大增,实现高价出售。慢脱脂,指金融机构在高定价的同时控制市场扩张速度,实行限量销售。例如,20 世纪 70 年代,美国的富国银行采用这种策略推出"金账户",尽管当时有些人认为该产品不值一个月 3 美元的收费,但银行通过大量广告宣传,逐步吸引了不少重要的客户。

运用这个策略,有利于金融机构获取丰厚利润,掌握市场竞争及新产品开发的主动权,同时可以提高产品的身价,树立自身良好形象;其缺点是不利于市场的拓展,容易使竞争加剧。因此,它适合新产品在最初投入市场时采用,不适合长期采用。

(2) 渗透定价。

一种低价格策略，即在新产品投入市场时，价格定得较低，以便顾客容易接受，使产品在市场上广为扩散、渗透，提高市场占有率；随着份额提高，再调整价格，降低成本，实现盈利目标。

这一策略曾经应用于美国20世纪80年代初推广NOW账户的活动中。80年代，美国政府确认其合法地位以后，全国普遍开设此种账户。以前不能提供支票账户的储蓄银行与储蓄信贷协会等为了挤进市场，针对原有办理支票账户业务的银行，采取了渗透定价策略，以很低或者不规定最低余额吸引客户、扩大销售量。又如，货币市场存款账户产品投放市场时，也大规模地采用了渗透定价。

由于所有银行同时投放这一新产品，争夺客户的竞争非常激烈。有些银行采取高于市场的利率来吸引客户，扩大市场份额；等到利率回归稳定，再采取非价格竞争策略，留住被高额利率吸引来的客户，很多银行利用渗透策略获得了市场成功，这一策略适用于需求弹性大的产品或服务。其优点是薄利多销，以量取胜，不易诱发竞争，便于长期占领市场；缺点是本利回收期较长，价格变化的余地小，难于应付骤然出现的竞争和需求的较大变化。

(3) 适中定价。

介于"撇脂"与"渗透"策略之间，以价格稳定和预期销售额的稳定增长为目标，力求将价格稳定在一个适中的水平上，所以也称稳定价格策略。一般是处于优势地位的金融机构为了树立良好的市场形象，主动放弃一部分利润，既保证自己获得一定的初期利润，又能为顾客所接受。这种定价策略主要适用于产量大、销量大、市场较稳定的产品。

2. 成长期定价策略

成长期的主要特征是：产品大批量生产，成本大幅度下降，销售量急剧上升，利润增长较快，竞争开始激烈。因此，成长期产品一般是选择适合竞争条件，能保证企业实现目标利润或目标报酬率的目标定价策略。采用的营销策略，可以考虑选择适当时机降低价格，既可吸引更多消费者，又可打击竞争者。

3. 成熟期定价策略

产品进入成熟期后，市场需求呈饱和状态，销量已达顶点，并开始呈下降趋势，市场竞争日趋尖锐、激烈，仿制品和替代品日益增多，利润达到顶点。

在这个阶段，常用的手段是将产品价格定得低于同类产品，以排斥竞争者，维持销售额的稳定或进一步增大。此时，正确掌握降价的依据和降价幅度是非常重要的，一般应视具体情况而定。如果可以成功地使产品具有明显特色，从而拥有忠诚的顾客，则仍可维持原价；如果产品无特色，则可采用降价方法进行竞争，但要小心，以免引起价格战或导致企业亏损。

4. 衰退期定价策略

衰退期常采用的定价策略有维持定价策略和驱逐定价策略。

(1) 维持定价策略。

维持定价策略是指维持产品在成熟期的价格水平或将之稍作降低的策略。采取这种定价策略的目的：一是希望产品在顾客心目中继续留有好的印象；二是希望继续获得一定的利润。对于需求弹性较小的商品，多采用这种定价策略。维持性价格的成功与否，取决于新替代品的供给状况。如果新替代品满足不了需求，那么金融机构可以维持一定的市场；如果替代品供应充足，顾客会转向替代品，从而加快老产品退出市场。

（2）驱逐定价策略。

对于需求弹性大的产品，可采取驱逐定价策略，有意将价格降低到无利可图的水平，将竞争者逐出市场。要尽量扩大市场占有率，以保证销量，回收投资。驱逐价格一般在成本水平之上，必要时，可降到等于产品的可变成本与税费之和的水平。

二、折扣定价策略

在基本价格的基础上，灵活运用折扣定价技巧，是金融机构争取顾客、扩大销售的重要方法。折扣定价策略一般有以下几种。

1. 现金折扣

现金折扣指对按约定日期付款或提前付款的顾客给予一定的现金折扣。几乎各家财产保险公司都有保费打折策略，依据上年的事故率或赔付款额的大小，达到规定标准的给予保费折扣。

有的证券经纪公司代理客户国债回购交易，就是根据委托代理的资金数额确定佣金标准。随着委托资金的增加，手续费折扣增加。

2. 数量折扣

数量折扣指卖方因买方交易数量大而给予的一种折扣，其数额一般不应该超过批量销售所节省的费用额。数量折扣有非累进折扣和累进折扣之分。非累进数量折扣，是规定顾客一次性购买一定数量或购买多种产品达到一定的数量所给予的价格折扣。累进折扣是规定在一定时间内，购买总数超过一定数额时，按总量给予一定的折扣。例如信用卡的折扣优惠计划，累计刷卡金额达到一定数量，可以兑换一定的礼品。

数量折扣有利于顾客保持向特定的机构购买，而不是向多家金融机构购买。

3. 交易折扣

交易折扣又叫功能折扣，是产品提供者根据代理商、中介在市场营销中担负的不同职能，给予不同的价格折扣，目的是用价格折扣刺激他们充分发挥其组织市场营销活动的功能。证券和保险经纪人作为金融产品交易的中间商，例如商业银行代销证券投资基金和保险产品，常常以提成的方式获得交易折扣。提成数额一般根据交易金额和提成比例计算。

三、心理定价策略

心理定价策略主要有以下几种。

1. 尾数定价

尾数定价是指利用顾客数字认知的某种心理，尽可能在价格数值上不进位，而保留零头。例如，如果信用卡挂失手续费是 2.98 元而不是 3 元，使顾客产生价格低廉和卖家是经过认真核算才定价的感觉，从而产生信任感。这种方法主要用于弹性较大的大众零售商品的销售，名牌优质产品就不一定适宜。

2. **整数定价**

对于档次较高的产品和服务，如服务于高端客户的私人银行产品，可在基础价格上凑成整数，使顾客形成高价高质的印象，吸引社会上的高收入阶层。整数定价会增强顾客的购买欲望。因为高收入者重视质量、品牌，而不很计较价格，如果以尾数定价，就会给人以低价感，反而无人问津。

3. **声望定价**

市场上的不少产品在顾客中有较高的声誉，顾客对它们产生了信任感，购买时，不在乎钱的多少，而在乎商品能否显示其身份和地位。这是一种"价高质必优"的消费心理。即使该类产品成本下降，价格一般也不会下降，否则有损于这类商品的形象。

招商银行的金葵花贵宾卡，事实上是给高收入人群提供的一个综合理财账户。拥有这个账户的条件是各项存款或理财资产合计 3 个月日均存款余额在 50 万元以上，或 30 万元以上同时各类贷款(无不良记录)30 万元以上，或个人贷款 70 万元以上。持有这样一个账户卡，无疑是尊贵身份的体现，迎合了一些人希望获得身份认同、获得尊重的心理。

四、服务定价策略

服务是无形的，不能试用和退货，存在较大的购买风险。顾客往往从其他一些交易线索了解产品的价值，价格是一个重要的价值提示。金融营销人员在制定服务价格策略时，要通过定价，明确无误、令人信服地揭示并传达服务价值。服务定价有三种方法：满意度定价法、关系定价法和效益定价法。它们各不相同，但密切相关，都揭示并传达了服务的价值。

1. **满意度定价法**

顾客在购买金融服务产品前都可能存有某种疑虑，例如理财产品的"预期回报率"常常让客户不放心。满意度定价法旨在降低顾客的疑虑。金融机构可采用多种方式来降低顾客的担心，如提供必要的信息，包括提供以往业绩证明、中间过程阶段性状况报告等，甚至提出给予补偿的保证——降价或退款，以显示对自己产品的自信，给顾客以强力定心丸。

服务保证是一项冒进性的承诺，采用这种策略应该特别慎重，实施前必须彻底分析实施的必要理由及相应风险，同时要考虑客户的反应，如果对客户说提高价格是"为了帮助我们更好地为您服务"，他们往往不悦。

案例 6-3

美国第一银行是个成功的例子。1989 年，它收购了得克萨斯州一家破产银行后，创建了信托部。该部的经理们的信念是：只有定位在卓越服务上，才能使自己初试啼声的业务具有竞争力。由于创业之初没有声誉，无法吸引潜在客户，他们实行了服务保证策略，承诺顾客只要对服务不满，分文不收。结果，1989 年—1995 年间，4500 名顾客中只有 7 位不满服务并获银行全额退款。如今，美国第一银行得州信托行是全美发展最快的信托银行之一。显然，该行的服务保证策略减轻了顾客对其服务的疑虑，同时为员工平添了一股强劲动力，使他们努力满足顾客期望。

这个例子说明,金融机构拥有高质量的产品信誉和高水平的专业服务,有利于提升在目标市场的整体形象,并收取比竞争对手稍高的手续费(或支付较低的利息)。客户感到金融机构员工了解他们,服务态度亲切而又懂行,总是乐于助人,天长日久就成了忠诚客户。忠诚的客户不大可能为了节约支票账户的几个美元,或为了稍高的存单利率而转去其他的银行。

2. 关系定价法

根据客户与盈利的"二八"规律,发展持续交易的长期客户是金融机构重要的客户策略。争取与客户签署长期合同是加强与现有顾客的关系或发展新顾客的有效方法,它能彻底改变业务的交易方式,把一次次相对独立的交易活动变成一系列持续的互动行为。同时,这种稳定的收入使金融机构能够集中更多资源在自己的优势和特长上,与竞争对手拉开距离。

关系定价有时又称为组合定价,即将两种或两种以上的服务"捆"在一起销售。这种价格激励方式,对于顾客有一起购买比分别购买便宜的好处,对于金融机构则能降低成本,因为提供一种附加服务通常比单独提供一种服务成本低,还能增加与顾客的联系。与顾客之间的联系越多,就能越多地掌握顾客的信息,发掘顾客的需求。

商业银行通过关系定价,鼓励客户在银行有多个账户,使用多种服务。鼓励的形式可以是提供较低的手续费、较高的存款利率,或用多种账户提供较低的贷款利率。

3. 效益定价法

效益定价法以精确的成本计算为基础,通过明晰成本、管理成本和降低成本,将节省的成本部分或全部以低价格形式转给顾客。这一方法的好处是:一方面,这种有效的更精练的成本结构使得竞争对手在短期内难以模仿;另一方面,成本优势结合产品特性,能让顾客感受到成品独特的价值所在。

效益定价者往往是行业中某方面业务的领跑者或标新立异者。它们努力摒弃行业里传统的操作方式,寻求持续的成本优势。美国一家叫 CharlesSchwab 的折扣证券交易行是这种定价方式的突出例子。该公司以往是通过销售代理商发布投资咨询信息,后来它通过开发一种高度自动化的低成本信息系统,将原来通过代理商联系投资者的常规间接关系改变为直接关系,可以在同一时间内以一对一的方式有效地处理数以百万计的顾客交易请求。

五、价格调整策略

价格调整是金融机构对上述基础价格的调整。因为市场的情况千变万化,有时价格需要根据经济环境的变化、产品生命周期、竞争对手新策略、顾客消费心理变化等因素相机而动,以实现预期的营销目标。

例如,银行调整价格时,需要考虑何时宣布、何时生效,是一种产品还是整个产品线(譬如是否所有的银行卡);或是在更广泛的产品范围内(譬如客户存款账户所有其他项目的收费)实行价格调整;一个产品的调价对其他产品影响如何。几年前,一家银行推出了储蓄替代产品——信托基金,其利率高于同期存款利率并免税,很多客户将其他账户的存款纷纷转换到这个账户。虽然该产品下的存款量有所增加,但低利率的活期存款下降,提高了银行的资金成本，对贷款利率及其收益产生不利影响。因此，金融机构各种产品和服务的价格必须相互照应、协调。价格调整应该基于必要和可行的原则。以下列举了可能需要调整价格的一些原因：

① 账户数量或市场份额有所下降。

② 与竞争者的价格相比，或与其产品的益处相比价格太高。

③ 由于成本增加或需求量太大，价格相对过低。

④ 未能提供满足低收入客户的定价而受到批评。

⑤ 产品线中每个产品项目的价格差异不合适或令人费解。

⑥ 向客户提供太多的价格选择，使客户感到无所适从。

⑦ 价格对于客户来说似乎高于其真正价值。

⑧ 定价行为使客户对价格过分敏感，并不赏识其质量上的差异。

⑨ 提高产品质量增加了经营成本，同时也增加了产品的价值。

案例 6-4

2009 年 5 月 1 日，光大银行和花旗银行均宣布从 5 月 1 日起下调网上银行转账手续费，前者打三折，后者则完全免费。之后，民生、交行、工行等纷纷跟进，调低了其个人网银同城跨行汇款的费率。而工行日前发布公告，调整 23 项个人金融业务的收费标准，涉及个人客户的汇款、异地存取款、资信证明、综合对账单、外汇汇款等，部分业务收费上限涨幅达 100%。值得注意的是，本次收费标准的调整仅针对柜台业务。

银行能够在价格上让步，一方面是成本的原因。据悉，客户在柜台办理业务，银行平均支付的成本在 1 元左右；而客户通过网上银行办理一笔业务，其平均成本不到 0.1 元。另一方面，银行此举可以为网银新业务的开发拓展客户群体。

本章小结

研究金融产品定价策略，首先要考虑定价影响因素，分为外部因素和内部因素两大类。外部因素首先主要是政府对金融行业的控制与监管政策，在我国尤其重要；其次是市场因素，要考察金融市场类型与顾客需求；最后是行业间的竞争状态。内部因素要考虑金融机构自身的定价目标、成本和营销组合战略等因素。

给金融产品或服务定价的一般方法主要有三类，即以成本为导向的定价方法、以需求为导向的定价方法和以竞争为导向的定价方法。常用的金融产品定价策略有：产品生命周期定价策略、折扣定价策略、心理定价策略、服务定价策略和价格调整策略。

复习思考题

1. 影响金融产品和服务定价策略的因素有哪些？
2. 试述我国政府对金融行业监管的主要内容及其对定价的影响。
3. 试述我国金融市场的类型与需求特点。
4. 什么是产品的定价目标？金融产品定价目标有哪些？
5. 试述金融产品定价的成本因素。

6. 有哪些基本的定价方法？它们在制定营销策略时的作用有哪些？

7. 竞争导向定价是如何在金融产品上体现的？举实例说明。

8. 金融新产品定价策略有哪些？

实训题

根据下面的案例，请你分析金融产品和服务的价格竞争策略应该如何合理运用。

2007年，佣金跟随火爆的股市水涨船高，许多地方营业部的佣金率接近规定的上限3‰，网上交易的佣金率为1.8‰～2‰。2008年，市场转冷，交易减少，行业内开始以大幅降低佣金来应对竞争。因为“有的券商不管资金量，只要去开户，就能给到0.5‰的佣金率，甚至能低到0.3‰；一些地方还推出了几百元包年的服务，甚至在广东还出现了零佣金的情况。”因而，这种佣金战已经演变成“赔本赚吆喝”。

为了不陷入亏损境地，2009年初，招商证券冒着流失客户的风险提高佣金。与此同时，中信证券、国泰君安等券商也采取了类似的措施，试图调高新开户佣金水平，以抵制佣金战。因为调高了佣金水平，这些抵制佣金战的企业市场占比都出现萎缩。

2009年1—2月份的数据显示，东兴证券、方正证券、东莞证券、齐鲁证券等中小券商中的市场份额都出现了正向增长，而中信证券、中银国际、申银万国、银河证券等一些大型券商的市场占比则出现了萎缩。事实上，监管层也已对券商间的佣金战给予了关注。

2009年年初，证监会发函要求券商彻查经纪业务，并要求辖区证监局加强营销人员的监管。此外，包括云南、福建、深圳、温州等地的多个地方证券业协会组织本地券商营业部签订了自律公约，如《云南省证券行业自律公约》要求在滇券商对客户收取佣金的最低标准为：网上交易不低于2‰。尽管如此，因为一些券商的不配合，证券业协会这类行动的进展并不顺利。业内人士称：“有的券商称其成本线只有0.2‰，但谁都知道这不可能。”

第七章

金融产品促销策略

学习目标

［知识目标］

通过本章的教学，使学生了解营销要素促销的基本含义与促销实施的具体步骤，掌握金融机构营销推广的概念、特点和方法，掌握人员推销的概念、特点和实际做法，了解金融客户经理制度。

［技能目标］

通过实训练习，能够初步养成良好的人际沟通意识，为将来工作中各方融洽关系的建立打下一定的基础。

第一节　促销形式组合与促销实施步骤

产品促销是指企业用人员或非人员方式传递信息，引发和刺激顾客的购买欲望和兴趣，使其产生购买行为，或使顾客对卖方的企业形象产生好感的活动。金融产品的促销，在营销中发挥着告知、劝说和提醒的作用。告知，是要让潜在的客户知道金融产品的存在，可以在哪里得到，了解其用途和功效；劝说，是向客户说明应该购买和使用某金融产品的理由；提醒，是指当金融产品只在特定的地点和特定的时间才销售时，金融机构要提醒客户不要错失购买的最佳时机。

信息传递是指人们通过一定的文字、图像或声音等手段互相沟通的过程。

信息传递过程通常是：发送者→信息→通路→接收者→效果，由此构成了信息传递模式。传统上，金融机构一般通过告知、劝说、提示等传递方式，激发客户的初始需求和需求选择。初始需求是客户第一次购买某产品和服务，需求选择则是客户在众多产品和服务中选择某一品牌的产品和服务。无论采取何种促销方式，金融机构都必须通过有效的信息传递，才能达到产品促销的目的。

一、金融产品促销组合

常见的金融机构对其产品的促销方式主要有以下几种类型。

1. 广告

广告指由商业组织、非营利组织或个人支付费用的，旨在宣传构想、商品或者服务的任何大众传播行为。金融机构在促销宣传过程中，越来越多地使用广告方式。广告不仅是推销产品、诱导客户购买的重要工具，也是树立金融机构形象的重要工具。

做广告需要付出一定费用，通过特定的媒体向市场传递信息。广告的接触面广，信息艺术化，且可以多次反复使用。但由于其说服力较小，难以促使客户立即购买。金融机构运用广告策略时面临的决策主要有：制定广告战略、确定广告目标、选择广告代理商、广告实施控制与效果评估等。

2. 人员推销

人员推销是金融机构利用推销人员向客户直接推销产品和提供服务。由于金融服务产品有无形性、异质性、同时性和不可存储性的特点，使得金融产品难于展示。这决定了金融机构必须在做广告宣传的同时，配备一支推销人员团队，与潜在或现有客户面对面沟通。

这种现场直接推销形式传递信息更为直接、具体和准确，也令顾客感到亲切。金融机构的推销人员可以是固定人员、流动人员、投资顾问或经纪人。推销方式可以采取坐席、电话、拜访、研讨会、路演、讲座和社区咨询活动等。人员推销方式直接灵活，推销与促销兼顾，但是由于其接触面较小且费用高，广泛使用有一定的难度。

3. 营业推广

营业推广是一种适宜于短期推销的促销方法，是金融机构为鼓励客户购买金融产品和服务而采取的除广告、公关和人员推销之外的所有营销活动的总称。由于销售信息刺激较强，可以起到吸引消费者购买、奖励品牌忠实者、实现营销目标的作用。营业推广的不足之处是：影响面较小，只是广告和人员销售的一种辅助的促销方式；刺激强烈，但时效较短；过分渲染或长期频繁使用，容易使顾客对产品或价格的真实价值产生怀疑。

4. 公共关系

公共关系是指金融机构在从事营销活动中正确处理与社会公众的关系，协调与股东、内部员工、工商企业、同业机构、社会团体、新闻传播媒介、政府机构及消费者的关系，树立自身良好形象，从而达到扩大销售的目的。由于公共关系影响面大，因此金融产品容易受到客户的欢迎和信任。但是由于公共关系涉及面广、有一定外部性等特点，金融机构难以对其实施严格、有效的计划和控制。

案例 7-1

上投摩根：携手快消品巨头基金跨界营销

上投摩根的跨界营销大胆突破了原有基金行业惯例，通过借力彼此品牌优势，深挖客户的价值需求，迈出了基金营销创新的一大步，也为基金营销提供了新的借鉴方向。

2011 年 7 月，上投摩根基金公司与快速消费品巨头——百事集团七喜品牌实现跨界合作，在全国大范围推广“喝超值七喜，赢超爽基金”活动。本次上投摩根在业界首开先河，与百事集团展开跨界合作，源于双方对市场需求的准确把握。营销活动围绕“喝超值七喜，赢超爽基金”为主题，通过七喜制作的营销视频——《公主的男人》、校园创意竞赛、门店促销活动，并配合上投摩根微博、专题网页、网站活动、专属客服电话等主动营销方式，实现跨界运作。

时下最流行的营销方式是混搭、跨界，基金本与快消品属于风马牛不相及的两类，但上投摩根基金公司与七喜品牌能够实现跨界合作，正是由于两者的用户群体相近，同时对财富及时尚都志在追求，才能谱写营销界一段佳话。

二、金融产品促销步骤

（一）确定促销对象

促销对象是接受促销信息的潜在客户。每一种金融产品都有其特定的目标客户，金融机构在促销之前，要分析目标客户对金融机构及其产品的熟悉程度。因为熟悉程度不同，决定了促销宣传内容的不同。然后，分析目标客户对金融机构及其产品的偏好程度及偏好原因，有针对性地调整促销的内容和形式。

（二）明确促销目的

在不同的市场环境以及经济周期的不同阶段，金融机构要制定合适的促销目标，主要包括以下内容。

1. 告知目的

通过促销宣传，使更多的客户了解本机构和产品，提高知名度。

2. 激发目的

激发客户对某一新的金融产品的需求，争取客户对某一竞争激烈的金融产品产生选择性需求。

3. 劝说目的

通过促销宣传，劝说更多的客户使用本金融机构的某种金融产品，扩大销售，提高产品的市场占有率。

4. 提示目的

通过促销宣传，提醒客户不要忘记本机构的金融产品，并能够反复购买和使用该产品，以巩固市场地位。

5. 偏爱目的

在目标市场中营造本机构的经营与产品具有的独特风格和个性，树立良好的机构形象和产品形象，使客户对该产品产生偏爱。

（三）确定促销预算

促销预算是金融机构打算用于促销活动的费用开支。预算规模直接影响到促销效果的大小和促销目的的实现程度。确定促销预算的方法一般有以下几种。

1. 量力而行法

根据金融机构自身能力所能负担的程度来灵活确定促销费用。此法简便易行，但是应用不多，原因是容易低估促销对扩大销售的隐含作用。

2. 销售额比例法

根据以前销售水平和未来预测销售水平的一定比例来确定促销预算。这种方法应用比较广泛，但对竞争对手的预测存在一定困难。

3. 竞争比较法

根据竞争对手的促销费用来确定自己的促销预算。由于促销可以作为一种竞争的工具,因此往往用在竞争比较激烈的金融市场中。不足之处是,它完全依据竞争对手的情况而定,忽视了金融机构自身实力和促销目标,存在一定的盲目性,甚至引起恶性促销竞争。

4. 目标任务法

根据金融机构的促销目标和任务来确定所需要的费用,进而确定促销预算。这是一种比较科学的促销预算决策方法,它将促销活动目标与促销预算直接联系起来,针对性较强。不过在运用时,促销预算人员必须明确了解市场情况,才能够制定正确的促销目标,才能较准确地估计促销活动的所有费用,对工作人员要求比较严格。

(四) 决定促销组合

促销组合是金融机构根据促销目标对促销方式的合理搭配和综合运用。金融机构的促销策略通常采用多种促销方式结合,而不单单运用一种促销方式。因为不同促销方式各有优缺点,不同促销方式的组合运用,可以扬长避短。有效的促销组合一般应符合以下几个条件。

1. 符合金融机构的促销目标

好的促销组合一定要符合金融机构的促销目标。如果金融机构希望让了解其产品的潜在客户群达到最大,并且大多具有购买的意愿,适宜用广告和营业推广相结合的促销组合;如果希望客户直接了解其产品特色,改善金融机构形象,可以采用人员推销和公共关系相结合的促销组合。

2. 符合市场条件

市场条件包括市场规模和市场特性。预计市场规模的大小决定了能够购买该产品的潜在客户群的大小,也就决定了何种促销组合最为有效。如果金融产品的市场范围广,则客户多,那么适宜采用以广告为主、营业推广为辅的促销组合;如果市场范围窄,客户少,则适宜采用以人员推销为主、营业推广和广告为辅的促销组合。

市场的特性对促销组合也会产生一定的影响。不同的市场特性决定了客户对不同促销方式接受程度不同。有的市场不太信任广告,比较信赖直接推销,则人员推销比广告的效果明显。总之,促销组合的选择搭配必须依据市场条件,有针对性地选择与金融产品目标市场相适应的促销组合。

3. 好的促销组合一定要符合产品的特性

产品性质不同,决定了客户的购买目的不同,营销人员要采取不同的促销组合。例如,大额贷款金融产品主要针对工商企业,客户相对集中,专业性较强,因此适宜采用人员推销为主的促销组合。针对大众的保险类产品、信用卡类产品,由于市场份额较大,适宜采用广告和营业推广为主的促销方式。

金融产品还有不同的产品市场生命周期。在产品生命周期的不同阶段,促销的目标往往不同,因此需要采用不同的促销组合。例如,在产品的投入期,促销目的是希望最广泛的人群能够了解该产品,适宜采用触及面广、影响面大的广告和公共关系为主的促销方式。在产品的成熟期,可以用广告提醒、营业推广方式来刺激客户更多购买。

4. 可行的促销预算

促销方式不同,决定了促销预算的大小不同,不同的金融机构只能在自身实力允许范围内选择合适的促销组合。促销预算必须是能够负担的,适应竞争需要的,为此要考虑销售额多少、促销目标、产品特点等影响促销的因素,以避免预算落空。

5. 促销实施、控制与效果反馈

促销策略实施与控制过程就是对促销进行监督、指导的过程,必要时应及时采取调整、改进措施。促销活动展开以后,金融机构还必须收集市场反馈信息,调查促销效果,考察是否实现了预期的目标,以此为依据来提高促销质量、实现促销目标。

第二节 广告策略

广告是通过各种宣传媒介直接向目标市场上的客户对象(包括现有的和潜在的)介绍和销售产品、提供服务的宣传活动。广告产生的相关费用由广告发布人承担。金融广告旨在巩固现有客户和诱使潜在客户意识到金融机构提供的某种产品或服务将有助于达到他所期望的目标。例如,在什么地方存放资金最为安全,如何通过贷款买一套新的住宅,委托哪家证券公司进行证券投资,在何处可以买到自己最需要的保险,等等。

一、金融机构运用广告的显著变化

西方国家的商业银行在20世纪五六十年代偶尔也登一下广告,规模很小,而且主要是宣传银行的作用,介绍银行的业务状况。就整个金融业而言,广告大多只出现在专业报刊上,内容停留在开业介绍、大型促销活动及银行经营范围之类的非专业化介绍。广告开支在业务宣传费中占很小的比例。

自20世纪七八十年代以来,国际上金融机构对营销重要性的认识日益提高,广告宣传手段越来越像工商企业那样大胆和激进。发生这种变化的原因主要基于以下几个方面。

① 各种金融机构成立,彼此竞争越来越激烈。计算机技术的应用使金融业务步入一个新时代,新产品不断出现,需要运用广告手段迅速、准确、全面地传达给顾客和潜在顾客。

② 金融机构之间在网点数量、价格和营业时间等方面的竞争作用相对下降,竞争的焦点集中到服务质量和服务差距上,更需要借助广告,广而告之。

③ 金融零售业务(个人客户业务)在金融业中的地位日益提高。一般而言,金融“批发”业务、公司客户更多地依赖人员推销和公共关系活动;金融零售的大众市场则需要通过宣传媒介大做广告来争夺客户。

④ ATM网络和POS网络的建立和发展,需要强有力的广告战来促销这些分销点的业务。

二、金融机构的广告策略

（一）明确广告目的

广告的目的是帮助金融机构吸引客户，基本作用是传播信息，同时有劝说作用。由于金融机构提供的服务具有抽象虚拟性，各家金融机构提供的产品和服务具有同质性，金融机构社会地位决定的责任性，客户不仅要得到忠告，而且需要安全和理解。

因此，金融机构在决定广告策略时，即在什么时候做广告、做什么广告以及怎样做广告等问题上，都需通过市场调研，不仅要确定金融机构的目标，而且要了解客户需要的服务方式，金融机构网点分布状况——全国性还是地区性，客户对象性质——公司客户为主，还是个人客户为主，客户需求特征——投资行为，还是储蓄行为等诸多因素，这些都将影响广告策略的选择。

以银行为例，通过广告劝说那些尚未在银行开立账户的潜在客户来开立账户，是一种可选择的策略。但对分支网络很少、以公司为主要客户对象的银行，不宜采用广告来争揽公司客户，而应该考虑采用其他更合适的方式。

案例 7-2

关注小客户

英国威廉格兰银行的主要精力集中于小商人客户。该银行在广播公司播出了一台节目，通过节目主人公瓦格斯塔夫先生向观众介绍，银行并非像某些人想像的那样是一座令人窒息的“坟墓”，节目描述了瓦格斯塔夫先生如何帮助顾客解决困难。由于这些小商人是潜在的私人银行客户，所以这则广播节目在一定程度上向社会公众和小商人客户宣传了该银行服务的特色，收到了良好的效果。

（二）明确广告类型

金融广告主要分为两种类型：形象广告和产品广告。这两种类型广告策略的选择主要取决于金融机构的长期和短期目标。金融机构如为了达到树立声誉这一长远目标，就要对以形象为主的广告给予特别重视；相反，如果要建立某一产品的声誉，就要采用产品广告的策略。

（三）广告策划考虑的主要因素

1. 预算

金融机构的市场营销活动不仅仅是为传播信息，也不仅仅是为吸引客户，而要把广告活动的成本和银行所得利益相联系。在产品广告策略中，这种联系似乎更容易发现和评估，因此更容易为营销主管所接受。然而在机构形象广告中，这种联系和效应由于其隐含性和长效性，更难觉察和测定，需要采用市场定价方法进行成本收益估算。为了节约费用开支，一些较小的金融机构聘请外部咨询专家，定期（每周、每月）提供广告咨询，按年度支付咨询费。

2. 宣传对象

为了达到广告的效果，金融机构在设计广告创意和内容时，必须分析、了解那些有兴趣购买其产品的个人、家庭或组织的类型，并且要判定谁能作出购买的决定。金融机构做广告时，要针对不同的对象，选择媒介、内容设计和形式设计等。国内金融广告普遍存在的问题是，不分客户对象，用遍及所有社会公众和那种只登在专业刊物上的方式，难以引起目标客户的注意。例如，一位 65 岁无子女靠领取养老金生活的人不会对学生助学金贷款计划有丝毫兴趣，广告完全没有必要将其覆盖。

3. 广告内容

首先，金融广告内容要直接指向宣传对象的切身利益，用理性的逻辑表明这些产品或服务将使目标对象获得预期的实际利益。

其次，简单、扼要地阐明接受产品和服务所必备的条件和要求，以便客户在去金融机构之前有一种明确的选择。

最后，广告在很大程度上是帮助分支网点销售产品，将本地区办理机构的网点地址清楚地刊登在广告内，将极大地方便客户的选择。

小贴士

华盛顿银行的广告是黑色幽默式的：冰冷的银行大厅，冷酷的职员，钉在客户额头上的条形码和长长的人龙。运用戏剧性的夸张手法加深人们的印象。

恒生银行的广告则是温情的：无论是为了哄儿子理发而使出浑身解数的爸爸，还是用镜子把天上的星星摘下来的妈妈，都用平实而动人的故事表达了“恒生在乎你”的理念。

4. 广告词

广告词的设计对金融机构的差别性战略起到很大的作用，因此，金融机构创造了许多富有个性和创意的广告词，如牡丹信用卡“一卡在手，潇洒走神州”，美国运通银行“一诺千金”，保险公司“年年保险、岁岁平安”，日本储蓄银行“为了孩子今后的幸福”。个性鲜明、富有创意的广告词，将深深印在客户脑中，金融机构的形象随之“安营扎寨”。

例如，在香港，电话银行是近年来发展很快且竞争十分激烈的银行服务项目，为突出个性，提供该项服务的银行都为自己的电话银行取了别致的名称和响亮的广告词，特收集列于表 7-1，供读者参考。

表 7-1　广告词

银行名称	服务名称	主要广告词
恒生	电话理财快	化静为动，灵活变通
中银集团	电话银行服务	以手代足
广安	广线索	财牵一线
渣打	渣打 888 直线	银行时刻随身
大新	大新电话通	方便又轻松

三、广告媒体选择

金融机构选择广告媒体取决于以下几个因素：第一，广告预算；第二，受众特点和规模；第三，形象广告还是产品广告。

可采用的广告媒体主要有如下几种。

1. 电视

电视的优点在于综合了视觉、听觉和动作，富有感染力，能引起高度注意，触及面广，有利于金融机构的形象塑造，生动的场景描述可以更好地说明金融产品的功能，引起客户对金融产品的兴趣。其不足之处在于成本高、干扰多，瞬间即逝，观众选择性少。因此，对于市场细分性强的产品，如投资理财产品，不适宜采用电视广告。一些复杂的金融产品，要播发一段冗长的内容复杂的说明，也是难以达到良好效果的。

现在总的发展趋势是，随着电视影响的扩大以及公众对金融服务重要性认识的提高，金融机构更愿意运用有创意的广告来表达企业形象。这使得电视广告在金融广告预算中的比例逐年提高。英国在20世纪70年代初，银行的电视广告支出仅占其广告预算的4%，而在80年代以后，这一数字达到50%左右。同样的过程在我国目前的金融行业发生着。

2. 广播

广播的优点是宣传的地域和人口覆盖面广、成本低，属于大众化宣传；其缺点在于只有声音，不如电视直观、形象，信息展露瞬息即逝，不易引人注意。广播的这些局限性难以为抽象的金融产品和服务提供引人入胜的宣传。因此，以往金融机构很少利用广播媒体。但是广播广告费用相对低廉，对于广泛建立金融机构的形象和知名度而非宣传产品是非常有必要的。

3. 广告牌

广告牌的特点是：树立广告牌的位置始终不变，在一定时期内其宣传内容很少改动。由于位置固定，宣传的对象属同类，如飞机场内广告牌的宣传对象是乘坐飞机的人群。国内金融机构在广告牌宣传方面很积极，宣传内容主要是机构名称宣传和服务内容宣传，偶尔有某一产品宣传的广告牌，如信用卡之类的。

广告的重复性十分重要，广告牌本身便具有这种特征，因此广告牌的画面设计是核心要素，广告用语必须简明易记。在不同城市或跨度较大的地理分布中，广告内容应该保持同一性，或至少保持风格的相似性，以提高宣传效果。

4. 报纸、杂志

报纸尤其是金融版，对于读者是最有选择性的。每种报纸都有自己的读者范围和编辑特点。报纸的优势在于金融机构可以根据不同的产品情况和促销目的，制作各种类型的广告，即使是一种复杂的金融产品，也可以在报纸广告中刊登一段复杂和详细的说明。在为金融机构下属分支机构和网点提供促销支援时，也可将每个分销渠道的情况列于其后。

杂志尤其是专业杂志是金融机构选择较多的媒体之一，其可信性和权威性很符合金融机构的形象。其局限性主要在于读者范围较窄，广告成本与读者规模之间不成比例。报刊媒体由于具有可信性以及人群选择性，是金融机构刊登促销广告的理想选择。

5. 直接邮寄

这种方式有极大的营销选择性，其中包括邮寄品的形式设计、内容安排和送达对象。

直接邮寄是一种目标导向型宣传工具，可对特定细分市场进行宣传，尤其是在宣传金融机构特有的产品和服务项目时，更是一种廉价而有效的向个人促销的办法。在向已有客户提供新产品时，效果较好。

在新产品推出市场初期，邮寄方式既可以起到短期保密作用，防止在推广前招来模仿者；又可以让老客户首先了解推出新产品的信息，优先享用新产品，是对老客户忠诚的报答。随着客户群体的扩大以及数据库的建立，金融机构更关心为客户提供更多的服务，直邮方式的作用也越来越大。在英国，1987 年直邮已成为报纸和电视之后第三大广告媒体，金融机构在运用直邮方式营销的行业中名列第六位，占整个直邮市场的 4.5%。

6. 其他方式

传单、手册、说明书和服务指南等广告宣传品也是金融机构推广业务，尤其是宣传内容复杂的创新产品的一种重要方式。随着印刷和设计水平的提高，这类广告媒体的制作水平相应提高，成为金融零售业务的主要宣传手段，用于协助某一特殊产品与服务项目的销售活动。其作用主要是向现有客户提供更多的金融服务信息。当客户进入分支机构洽谈或办理业务时，会查阅和带走随手可得的服务指南手册等。在向潜在客户宣传、吸引新客户的市场开拓方面，可配合人员推销活动，向客户散发各种手册。

总之，金融机构选择广告媒体，应在充分了解各媒体特点的基础上，根据目标宣传对象的性质、特点、范围、规模以及广告费用等因素综合考虑，并在重点选择某一媒体后，辅助以其他媒体，通过媒体组合方式强化其促销功能。

第三节　人员推销

人员推销在金融行业至关重要。由于服务的无形性，顾客无法用视觉、听觉、感觉、味觉和触觉去使用并体验产品，而金融机构之间的金融产品同质性较高，加大了顾客识别金融产品和服务的难度。必须要通过销售人员清楚地解释产品和服务给顾客带来的益处，才能赢得他们的信任。

人员推销活动大致分为两种：第一，简单的推销活动，只要求保持现有顾客关系并接受其交易委托；第二，创造性的推销活动，要求寻找潜在的顾客，引导他们成为现实顾客。

一、人员推销的观念变化

不同类型的金融机构对人员推销的态度不尽相同。比如，证券业和保险业一开始市场化程度就较高，人员推销得到了较广泛的运用。而我国银行业曾经在比较长的一段时期是等客上门的“坐商”，瞧不起销售和推销人员。在传统印象中，银行职员从来都不是以推销员的形象出现的。现在，人员推销越来越成为所有金融机构的核心竞争要素，客户经理制度得到极大的普及。

小贴士

人员推销是一种以促成销售为目的的口头交谈，即与一个或几个购买者进行交谈。

金融机构推行客户经理的经验证明，是否以客户为中心是人员推销成败的关键。如果销售人员只专注销售“手头上的产品”而不关心客户真正的需求，就可能滑向强卖推销的境地，给客户留下不愉快的印象。把握销售说服、劝导的分寸是一门学问，也是一门艺术。

以客户为中心的客户经理与顾客接触时的表现应该如下所述：

(1) 询问客户，倾听客户心声，了解客户真正的需求。

(2) 回答客户的问题，帮助客户了解销售的产品。

(3) 使客户方便地购买和使用产品。

(4) 向客户提供售后服务，坚定客户的信心。

(5) 提出最能满足客户需求的产品建议。

二、人员推销的几种方式

对公司客户市场的批量销售和对个人客户的零售，推销方式是完全不同的。人员推销在金融零售市场的意义和作用，也是近年来才被更多地认识并大量运用。与有形产品购买不同，客户对虚拟程度很高的金融产品了解比较有限，缺乏充分信息，难以进行对比，存在较高的产品认知风险。

（一）人员推销显示出独特的优点

(1) 面对面的接触，能建立起买卖双方直接的相互关系，加深双方的了解和信任。客户可以将无形的金融产品的质量与客户服务人员的可靠性、可信赖程度相联系。

(2) 加深顾客关系，使双方的关系超出柜台程式化乏味的交易关系，向客户提供更多的服务，也可能发现更多的顾客需求，获取更多交易机会。

(3) 与广告相比，使客户感到难以拒绝购买。客户经理相当详细地介绍了产品的好处，客户即使不购买，至少也会注意所介绍的产品。

（二）人员推销方式

金融企业要根据产品和服务的类型及市场状况的不同，实施不同的人员推销方式。

1. 营业大堂推销

为了节省人力，提高业务效率，银行零售业务引进电子计算机柜台业务自动处理系统，但客户面对 ATM 感到陌生和冷淡。通过设立专业咨询服务台，由熟悉业务者任大堂经理，向客户介绍产品和服务，可以降低机器工作的负面效果。许多银行在营业大堂设立了大堂经理岗位，弥补与客户个人接触的不足。每一位走进银行的顾客，在有需要的时候，都可以在第一时间得到大堂经理的照应，提高了大堂的人情味和柜台与设备的配置效率。这一做法得到许多顾客的赞赏和满意。

2. 贴身服务的客户经理推销

客户经理即与顾客接触的服务人员，集业务员、咨询员和情报员三位于一体，向客户推销产品、谈判费用、达成交易、提供售后服务。客户来大堂不仅仅是办理某项业务，同时希望获得理财方面更多的金融咨询。为了适应客户，尤其是“大户”的各种金融需要，客户经理必须提供多方面的服务：对客户的财务状况提供咨询，提供所需的产品或服务，对所需项目作出具体安排，当出现资金问题时帮助解决，与客户不断保持联系。

小贴士

在香港,金融客户经理向客户提供的个性化服务分两种类型:一种称为“方便导向”,一种称为“投资导向”。香港大通银行的每位客户经理要负责50到100位客户,向客户提供服务和咨询,并推销投资理财产品。

3. 大宗消费品融资推销

大宗消费品融资推销主要指进入房地产交易市场、汽车交易市场,为消费者提供消费信贷、住宅按揭计划等融资服务。在消费信贷发达的国家,客户在购买房子、汽车时都有金融机构的配套服务。目前有几家国际知名汽车金融公司进入国内市场,汽车消费融资贷款的竞争将更加激烈。

4. 潜在市场客户推销

人员推销在这一领域发挥作用的潜力很大。金融机构可以向工厂、学校等企事业单位,甚至政府部门派出理财专家或财务顾问,主动上门办理收款、结算、融资、理财等“内部银行”业务。如果集中精力拓展某一个小规模市场,人员推销可以有针对性地为那些对金融服务抱有怀疑和不信任态度的人提供更多的销售努力。金融机构还可以在超级市场内派出自己的推销人员,主动与进入超市的客户直接接触,为他们提供金融咨询服务,一旦发生金融服务要求,就及时给予办理。

5. 保险推销模式

在利用人员推销方面,人寿保险业务表现得更为成熟。欧美一些国家的保险业主要采取经纪人制度,日本和我国则广泛地采取人员推销方法。推销人员的活动在保险业具有特殊的重要性和职能。人们一般对生活中的各种经济性危险很难分别测出它们在何时发生,会达到何种程度。因此,人们对于人寿保险服务效用的认识和随之而来的需求往往是潜伏的、不明确的,被置于满足各种感官需求的商品之后。

同时,由于各种保险种类存在差异和优劣,客户很难识别并作出明智的决策。因此,保险推销人员的主要工作首先是要让潜在客户了解人寿保险的重要性,这是其他促销方式无法替代的。

三、人员推销的管理

在人员推销管理的过程中要着重进行四方面的工作,即招聘、培训、激励和评估。

1. 招聘

招聘好的推销员是成功营销的前提。平庸的推销员和优秀的推销员之间的差别巨大。根据科特勒引述的一项研究材料,在一般情况下,优秀推销员比普通推销员多推销1.5～2倍的商品;在销售队伍中,30%的优秀推销员可以推销60%的产品。此外,人员挑选不当,会增加人员调整成本。在美国,一个有经验的推销员辞去工作后,培养一个新的推销员的成本可以达到5万～7万美元,而且新手比例增加,将降低营销队伍的销售能力。

金融机构的优秀客户经理是具有很高价值的无形资产,成为企业的核心竞争力之一。因此,从招聘开始就要重视选拔素质较高者。在招聘工作展开时,不仅人力资源部门要全力以赴，营销经理和营销主管也应参与决策。

2. 培训

为了达到人员销售的目的，新聘人员必须经过培训再进入推销岗位。培训客户经理的重要性并不是公司内部所有管理层都认识到的。领导的重视是培训取得成效的关键。不仅要培训销售技巧，还要培训产品和服务知识；不仅新员工需要培训，老员工同样需要；不仅要有短期计划，还要有长期安排；要使人员培训成为金融机构长期战略规划的重要部分。

3. 激励

为了吸引和留住优秀的客户经理，必须要有相应的工资待遇。低了没有人来，高了又增加销售成本。因此，激励制度设计是客户经理管理部门最重要、最有挑战性的问题。激励有多种途径，如酬金激励、荣誉激励等。

薪酬一般包括固定收入、变动收入、消费补助和小额奖励。合理的薪酬制度能激发客户经理的热情，又能指导他们的工作。管理人员应该清楚哪些薪酬成分是最有意义的。例如，如果新客户的发展是当务之急，可以增加新客户奖金额。

荣誉奖励包括升迁晋级、扩大权限、享受福利项目等，比如在内部刊物登出员工月度奖金额、带薪外出旅游度假或休假、在大厅贴出奖状、在大会上给予特别介绍，都会带来荣耀和满足感，进而激励推销人员相互攀比业绩的热情。

人寿保险公司在这方面有一套比较成熟的经验。针对推销人员的工作特点，采取特有的工资报酬形式，即以业绩为薪酬基础。具体地说，就是从客户签订的保险契约中提取。例如，将第一年保险费一定比例（通常为30%～50%）的初年度手续费，和第二年以后保险费的一部分（通常为5%）的延续手续费，两者合并支付，作为报酬，激励员工努力提升业绩。

4. 考察与评估

考察和评估的依据是预期推销目标和相关业务指标。要达到考察和评估的目的，首先要设计合理的目标和指标体系。经常用到的推销目标是：销售额或销售收入、利润额、客户扩展个数等。相关的业务指标是对目标的具体化或规定限制，如考核总量还是增量、毛收入还是净收入、费用支出大小、资金占用、损失率、新客户与老客户的销售量区分、客户意见和评价、市场占有率等有形和无形的指标。

指标是推销人员的行为导向，应该体现公司的营销理念和战略。许多营销人员的短期行为都可以从考核指标上找到根源。例如，银行推销信用卡，以出售张数计算业绩奖金，使推销人员利用各种关系不择手段推销，只要能卖出就是成功。结果大量的信用卡并不是持卡人所需要的，成为长期没有交易发生的“睡眠卡”，浪费了大量资源。因此，指标设计和调整是推销人员管理中十分重要的基础工作，需要花费大量时间和精力，认真研究。

针对既定目标进行考核，需要收集人员业绩信息。主要的信息渠道有几条途径：定期销售报告、个人观察、查看客户信件和投诉、对客户进行调查、与推销人员谈话等。

原始信息资料掌握得越多、越详细，就越有可能对销售人员的业绩量化评估。评估的项目及其重要程度，需要根据情况设计。这是一项非常具体、细致的事情，例如获取订单的成功率是否高？每天打多少电话？娱乐公关的开销是否过大？找到多少新客户？老客户是否流失或保持交易？评估的结果可以用作发放奖励、评选先进、晋级的依据，也可以作为是否需要再次培训的依据。

四、优秀推销人员应具备的特点

成功的推销人员或者客户经理至少要具备两方面的良好素质：一是个人性格；二是销售技能。个性由长期的生活环境和经历练就，而销售技能可以从培训和实践中学习得到。

推销人员应具备的性格素质有不同的说法，一般公认的特点概括为十个方面：自信、勤勉、守信、敏捷、抱负、健康、专业技能、工作兴趣、策划能力、关注社会。所有这些方面还应该均衡发展，某一方面突出可能导致性格偏差。

销售技能主要是通过培训和实践获得的。通过培训和实践，学会如何尊重和了解客户，培养团队合作精神。人员推销过程大致分解为三个阶段：问候及印象形成、满足客户需求、销售后期。推销人员应该知道这一过程中各个环节的一些行之有效的行为方式。

有了业务和技术性素养的培训还不够，还需要培养销售文化素养，与客户建立长期友好关系，核心是如何根据时间、地点、对象作出灵活应对，通过良好的沟通使客户消除戒心，产生好感。有效沟通的方法大致有以下几个：视觉接触，微笑，问候客户，使用客户名字，避免过多使用金融专业术语，以积极态度回答客户问题，表示感谢。

当客户显示出好感和对产品服务的兴趣时，要明白他真正的需求。这就需要具备倾听能力，否则就不可能向客户提出中肯的建议，帮助客户购买最能满足其需要的产品和服务。有效地倾听至少应做到：有时间倾听；集中精力；重点放在客户的主要想法；积极地反馈，进一步证实客户的想法；提出问题，重复主要思想；修正个人偏见；察言观色。

与倾听密切相关的是有效地提问。因为提问有助于从客户那里引出更多的信息，有助于推销人员向客户推销正确的产品和服务。有效地与客户沟通还要求得体的仪表。即使金融机构允许在办公室随便着装，但对于推销人员，在客户面前保持职业仪表十分重要。

第四节　营业推广

一、营业推广的类型和特点

营业推广也称为销售促进，是金融机构利用各种刺激的促销手段吸引新的尝试者或报答忠诚的顾客。

在金融行业，按客户对象，将促销分为三类：第一类是向尚未接受金融服务的潜在客户促销；第二类是向已接受其他金融机构同类产品的客户开展竞争性促销；第三类是向金融产品或服务的尝试者进行挽留性促销。

一般而言，营业推广具有以下三个突出特点。

1. 促进“交易”机会

许多营业推广手段都具有这样一种值得注意的特性，即它可以打破购买者倾向于某一特定决策或交易的习惯，告诉那些潜在购买者只有这样一次"难得机会"去购买某一特定产品。不过，营业推广的缺点在于，尽管为广大购买者所欢迎，但其中的多数人对任何特定的产品缺乏长期的忠诚。现代金融机构广泛使用电脑建立客户数据库，使金融机构能够为那些保持长期业务关系的客户提供优惠报答。现在，国内一些信用卡公司推出"累计积分优惠计划"就是一种旨在与客户建立长期关系的促销策略。

小贴士

20世纪80年代后期以来，中国金融机构曾纷纷利用有奖储蓄（房屋有奖、汽车有奖和旅游有奖）争夺储蓄客户，造成存款"大搬家"，这种非长期忠诚客户培养的促销手段，实际上与金融机构与客户建立长期关系的目标相背离。

2. 营业推广是一种辅助性促销方式

人员推销、广告和公关都是常规性的促销方式，多数营业推广方式则是非正规性和非经常性的，只能作为常规性促销的补充。使用营业推广方式开展促销活动，虽能在短期内取得明显的效果，但它一般不能单独使用，常常配合其他促销方式使用。营业推广方式的运用，能使与其配合的其他促销方式更好地发挥作用。

3. 营业推广有贬低产品之意

采用营业推广方式促销，似乎迫使顾客产生"机会难得、时不再来"之感，进而打破顾客需求动机的衰变和购买行为的惰性。不过，营业推广的一些做法过于频繁和轻率，容易引起潜在客户怀疑金融机构所提供的产品和服务，怀疑其价格是否公道，是否安全可靠。事实上，不少金融客户（包括个人客户和机构客户）宁愿交付较高的收费标准，接受一流的全面、高质量的金融服务。因此，金融机构在开展营业推广活动时，要注意选择恰当的形式和时机。

二、金融营业推广的目标

尽管营业推广在金融业中的运用存在着各种矛盾的观点，许多金融机构还是在运用各种促销工具，尤其是在需要促进信用卡发卡和刷卡，需要大力吸收储蓄存款的时候。因此，有必要强调，金融机构的营业推广活动必须确定目标市场，选择合适的形式，制定方案，实施和控制方案，并评价结果。

在我国，由于资金的稀缺性，营业推广主要运用于个人客户零售市场。银行类金融机构在使用营业推广手段时，考虑将以下目标列入计划：

(1) 吸引新客户开立存款账户。

(2) 增加存款账户中的存款余额。

(3) 新产品和服务的促销，包括电话服务、短信服务免收费。

(4) 吸引持卡人更多地用信用卡消费。

营业推广作为一种非价格竞争手段，在金融行业具有特殊作用。金融机构在同业竞争中一般都设法避免进行直接的价格竞争，包括利率竞争和费用竞争，这样的结果常常是两败俱伤。金融机构常常使用一些特定的奖励性赠品促销方式，国内曾经比较盛行有奖定期储蓄促销方式，由于容易为同业竞争者所模仿，同时，随着其他彩票的出现，有奖储蓄让位于更加隐蔽的赠品方式。

与国内金融业将促销主要用于吸收存款不同,发达国家运用促销的范围比较广泛。例如20世纪80年代,英国以住宅抵押比企业财产抵押更安全为理由向客户促销利率优惠的住宅抵押贷款,同时向客户推销保险、养老基金、住宅改善等其他金融服务。由于住宅抵押贷款盈利较大,竞争十分激烈,英国住宅协会的住宅抵押贷款市场占有率从曾经的80%下降到60%。为保持市场占有率,它采取了一系列促销手段,其中包括:

(1) 对第一次购房者的大额贷款提供暂时性的利率折扣,并限制客户转向其他机构寻求贷款,等到折扣优惠期满后,贷款盈利将大幅度增加。

(2) 对贷款者安排较优的偿还计划,采取前轻后重的方式,即在开始几年抵押贷款偿还负担较轻,以吸引和满足年轻人的购房需要。

(3) 提供固定利率的抵押贷款,即在两三年内抵押贷款利率固定。在存在通货膨胀的情况下对客户十分有利。

为了获得成功,促销必须与顾客的实际需要相关联,其奖励规模应是以激发顾客使用某种服务的兴趣为度。

小贴士

曾经有一些美国的银行在竞争压力下,大行营业推广之道,如对存入15万美元的客户提供一辆梅赛德斯450型轿车,或给予1200美元的家庭设施改善贷款,或"负责铺设地毯",等等。据美国麦克康尼公司调查统计,美国四家银行中至少有一家尝试过馈赠式的促销手段,其中只有5%的客户对促销结果不满意。

三、如何选择促销工具

有许多种促销工具,可以适应不同产品的促销需要。金融产品的类型很多且差异很大,如负债类产品、资产类产品、中介服务产品之间有很大不同,还有其他一些收费的服务项目等,对这些产品选择促销工具时要考虑产品的特点。金融机构常用的促销工具介绍如下。

1. **赠品**

赠品是金融机构运用得较多的促销方式之一。促销产品包括:从吸收存款到办理信用卡,还包括金融机构新设分支机构开业典礼的促销活动。在时间选择上,包括短时期内的促销,如对信用卡达到签账高峰赠送礼品,以及长时间内的促销,如规定对在几年乃至十几年内保持客户关系者赠送奖品。

小贴士

赠品的价值一般都较小。在英国,许多银行为拓展学生市场,常常采用低价值的赠品方式,如赠送半价车票等,价值仅在3~4英镑之间。又如,英国信托储蓄银行很早就开始把目标指向婴儿,它们向持有账户的婴儿赠送免费的围嘴儿。在美国花旗银行在东京开设第十家分行的开业典礼日,银行职员向过路行人分发印有"最好的银行,花旗银行"的小传单,并且向前1000名存款额超过10万日元的存户赠送一张崭新的10元美钞。

2. 配套优惠

国外许多金融机构隶属于跨行业的集团公司。如果客户要以分期付款方式购买汽车,汽车公司和发放消费贷款的银行往往属于同一家企业集团。例如,美国三大汽车公司均有其从属的财务公司或银行,这三家集团企业的附属金融机构为其母公司 1/3 的产品提供信贷服务。作为一种促销手段,它对于购买本公司汽车的客户,以低于市场利率提供汽车消费贷款。

3. 专有权益

专有权益是指金融机构为自己的客户提供某种特殊的权益或方便。例如,香港渣打银行推出一种其信用卡客户可以享有的专有权益。客户可以在香港及海外各大城市的任何一部电话上使用国际电话服务,电话费由信用卡账户支付。由于目前国外信用卡市场竞争激烈,发卡机构纷纷增加向用户提供专有利益。

4. 有奖销售

有奖销售主要运用于存款、信用卡购物消费等方面。随着争夺存款的竞争日益激烈,各家银行曾纷纷推出各种有奖储蓄:中国建设银行推出"住房有奖储蓄";中国银行推出"外币出国旅游有奖储蓄";邮政储蓄推出了"聚宝盆"、"百日发",等等。有奖储蓄一般用于定期储蓄,一年开一次奖,有的一年开几次奖。"百日发"有奖储蓄期限为一百天,由于期限短,购买者十分踊跃。

5. 免费服务

对于金融机构提供的许多服务,由于前期有大量投资,一般采用按年收费或按次收费的办法。当此类产品服务的市场竞争加剧时,为扩大市场,招揽客户,往往采用免费促销办法,如信用卡持有者曾经要付几十元年费,后来几乎免除年费(刷卡六次以上)。

电话银行在开办之初,作为一种少数金融机构创新的业务渠道实行收费;同样,证券公司开设的电话服务曾经要收取费用。随着竞争日益激烈,金融机构都已经改为免费服务,鼓励客户多用服务系统,以便发现新需求,增加交易量。

6. 促销性策略联盟

促销性策略联盟是指金融产品与服务配合生产或流通部门的经营活动而提供的融资服务。例如,针对信用卡业务,发卡银行和航空公司联合推出的"信用卡航空优惠计划",便是策略性联合促销的案例。新加坡等国航空公司在 20 世纪 80 年代就推出了航空优惠计划,即在一定时期内,乘坐某航空公司班机的飞行公里数累积到一定数额,便给予各种优惠。

发卡银行为鼓励持卡客户多使用本银行的信用卡签账支付各种飞行费用,与航空公司联合推出"信用卡航空优惠计划"。

例如,万国宝通银行推出"空中贵宾",凡持该银行信用卡客户乘坐国泰、新加坡和马来西亚航空公司(只限头等舱及商务客位)的航班,每签账 8 元为 1 分,按累积多少给予各种优惠奖励。我国南方航空公司最早与广发银行信用卡合作,发行"南航明珠广发卡",后来陆续与多家银行合作,发行了招行卡、牡丹卡、中银卡、龙卡、中信卡,实行刷卡积分换飞行里程等优惠,鼓励商务人士和喜欢搭机旅行者多乘南航飞机,多用卡支付机票费。

小贴士

信用卡领域的“策略性联盟”还包括与电信公司结成联盟。例如，1993 年国际电信经营商城市电信与美国大通卡合作推出了“城市电信 Chase 信用卡”。该信用卡的用户除了可以享有大通信用卡的一贯优惠外，还可以获取城市电信公司现有的一般国际电话费折扣 25%，再额外享有 5% 的优惠，优惠期 1 年。此外，该信用卡新会员可以获赠 5000 积分，立即享受大通卡用户应有的“复式积分优惠”。

金融机构建立策略性联盟有不少好处：可以充分利用联盟对象现有的各种资源，包括人力资源、设备资源；有助于银行在该市场中的原有市场份额得到保护；提高金融产品的竞争优势。

7. 关系营销

金融服务业促销方式的最新发展表现为数据库行销，典型代表是“信用卡关系营销”。上述几种促销方式均带有一次性色彩，如存款多少可获一次中奖机会，办理某项业务可以享受一次优惠；而信用卡数据库营销方式带有连续性特点，它可以为金融机构建立起客户的长期关系，增强客户的忠诚度。就发卡公司而言，业绩的关键不仅在于持卡人越来越多，还要促使每个持卡人增加用卡消费，即用卡消费越多，发卡公司得益越多。

由于发卡公司存有每个持卡人的个人档案，公司对每个持卡人的消费状况均有记录。许多信用卡发卡公司以消费记录信息为基础，纷纷推出“信用卡积分优惠计划”。此计划分为两种：一种是发卡公司独自发起举办，按持卡客户在各家商店信用卡消费数量的累计积分给予优惠；另一种是银行与商家联合推出，消费数量只限于在合作商家的刷卡消费金额。

例如，美国大通银行信用卡推出“复式积分优惠计划”，凡持有该公司 VISA 和万事达的金卡或普通卡的会员均可享有该优惠计划，优惠项目包括可用累积分数换取礼物；可用累积分数换取机票。

8. 目标行销——集促销与捐助于一体

进入 20 世纪 90 年代，在西方发达国家出现了一种集促销与捐助于一体的目标行销，一些金融机构也模仿采用。由于金融产品和服务在一定程度上的同质性和易模仿性，金融客户选择金融伙伴还会考虑金融机构的声誉，而社会责任感是客户评判和选择金融机构的重要依据。抓住金融客户的这种心理因素和行为方式，美国运通公司率先推出这种兼顾促销和捐助的目标行销。该公司宣布，凡持有美国运通信用卡的客户，每交易一次，该公司就会捐出 2 美分给美国“反饥饿基金会”。

在短短一年中，运通公司通过这种方式捐出了 500 万美元给“反饥饿基金会”。运通公司的目的显然不纯粹是为了做公益事业，它的主要着眼点是在招揽信用卡客户，扩大其金融业务。这种以捐助为主题的行动的确吸引富于同情心的人，运通公司掀起这种“爱心活动”，成为“动机行销”的一个实例。在公众社会责任感日益强烈的年代，推行这种兼顾公益目的的金融促销活动可以获得很好的效果。

我国金融机构很快也学会了这一促销方式。2008 年，中国工商银行、中国农业银行、中国银行、中国建设银行和上海银行成为“中国红”慈善信用卡首批发卡机构，向中国红十字基金会“中国红行动”进行捐款。善款将重点资助“红十字天使计划”，帮助援建乡村红十字博爱卫生院，培训乡村医生，开展贫困农民和儿童大病救助。其他商业银行也先后发行类似与慈善捐助捆绑的慈善信用卡。

案例 7-3

招行借力大运会，抢占年轻客户群体

深圳“大运会”的闭幕仅仅意味着一场赛事的结束，而企业品牌的推广是一个持续、长期的战略。招商银行就借助“大亚运”，进行了一次成功的品牌营销活动。2010 年末，招商银行发行“大运会一卡通”，以年轻族群和热爱体育赛事的族群为中心。与此同时，招行借助深圳“大运会”特许授权的规定，推出“招运金”系列产品。此外，借赞助“大运会”、参与“大运会”之机，招商银行将牢牢地占据年轻人这个客户群体，抢占银行业务拓展的制高点。全方位、多角度借助体育营销手段，把体育营销的方式做足，把体育营销的功效发挥到极致。

案例 7-4

中行网银：大学生创业大赛

将银行机构与高校创业机构、传统纸媒、互联网媒体进行捆绑营销，并充分借助网页、FLASH、微博等宣传手段，实现社会化媒体营销的尝试。

中国银行于 2011 年 9 月 22 日至 2011 年 11 月 23 日开展“我当团长我来团”中行网银大学生创业大赛主题活动。本次大赛面向高校学生征集团购方案，由资深的团购专家评审和全体网友投票产生优胜方案。

评委会对最终入选方案的作者进行线下指导及跟进，帮助大学生实现团购创业梦想。

中国银行是中国银行业的老字号，却能放下身段，与各种关联媒体进行抱团营销，进一步贴近了消费者，达到了其营销目标。

第五节 公共关系

公共关系活动应该协助金融机构与有关各界公众建立和保持良好的关系，使金融机构建立良好的形象，处理可能发生的对企业不利的谣言和事件。公共关系是一门追求良好企业形象的艺术。企业形象具体指企业的产品形象、服务形象、员工形象、外观形象的风格和特征。良好的企业形象会给金融企业带来巨大的助力，能为企业赢得更多的客户和市场。

金融机构的公共关系活动主要有以下几类。

一、金融机构与新闻界的关系

与新闻界建立良好关系的目的是将有新闻价值的信息通过新闻媒体传播，引起社会公众对金融机构、金融新产品或者金融服务的注意。

新闻报道在说服力、影响力、可信度等方面比商业广告所起的作用大得多，也更容易被公众认同。建立与媒体的良好关系是现代关系营销的重要组成部分之一。

二、公司信息沟通

公司信息沟通包括内部和外部信息沟通，以促进股东、客户和社会公众对本金融机构的了解。目前我国大型国有银行和一些中小银行已经上市，成为拥有广大个人股东的公众公司。投资者关系是上市金融机构公共关系的重要组成部分。金融机构要通过与股东之间有效的信息沟通，建立和维护使公司股票市场价值最大化的互惠互利的关系。

下用引用一个例子，说明良好的公司信息沟通如何有利于投资者关系及价值最大化。

某银行有 1 亿股已发行股票，每股售价 10 元，其市场价值 10 亿元。假定投资者、金融分析师和个人投资者知道有关这个银行的产品、服务、管理、财务状况和发展计划以后，发现该银行的成长性很有吸引力，反映到市场上，将股票价格推升到 15 元，公司的市场价值就增长到 15 亿元。现在假定该银行需要 3000 万元用于业务扩张，需要从市场筹集资本金，只要发行 200 万新股就可达到目标，相比用每股 10 元价格筹集相同的资金，少发行 100 万股。股份越少，股东分享的投资收益率可能越高，所以上述增发情况是老股东乐于接受的。相反，当这家银行失去股东信任时，股东将“用脚投票”——抛售股票走人，股价下跌会导致公司市值下降，不仅增加筹资困难，也有损公司形象。

三、游说

通过游说沟通，可以处理好金融机构与政府机构与官员之间的关系，争取和促进政府部门对企业经营的支持。

金融行业一般受政府的管制和监管较严，因此游说对金融机构来说十分重要。中国银行深圳分行在开展电脑代收交水费、电费、电话费、煤气管道费、社会劳动保险费、高层楼宇费，代发工资，代办股款收付结算等现代生活“一条龙”服务时，就巧妙地游说了有关管理当局。当这项服务刚推出的时候，曾受到反对，有关管理部门还下文不赞成这种做法，可是深圳市民、邮电局和在深圳买了楼宇的香港人欢迎这项服务。

为此，该行开展了广泛的公关活动：在政府方面，积极反映情况，并介绍这一服务符合“国际惯例”，对深圳投资环境的改善和确立深圳国际化、现代化都市形象很有意义；组织有关部门参观、考察电脑代收费的全过程；与邮电部门联合召开客户代收费座谈会，把客户的意见，尤其是邮电部门“十五分钟等于过去人工代收二十天”，客户“再也不用挤柜台、排长队和为增加滞纳金而烦恼”，以及香港人“出门归来再也不用为不及时交费而断电话的问题而烦恼”的意见，及时反映给市政府及有关主管单位，并写成长篇报道《改革带来的思考——电话代收费以后》登在《深圳特区报》上。通过这一系列公关活动，最后取得了市政府和主管单位的支持，推广了银行的“电脑代收费”业务。

案例 7-5

中信理财全方位营销

2004 年，中信银行作为第一批获得开办银行个人理财业务资格的银行，始终把握市场脉络，以“中信理财”人民币理财产品创新引领理财新潮流，以全方位营销推广来扩大销售规模。

2006 年 7 月以来，“中信理财”人民币理财产品在市场推广中采取的促销组合策略包括以下几个方面。

(1) 分支机构推广。每只理财产品的营销都由总行统筹安排，以协调营销活动的节奏，但十分强调分布在全国各主要城市的 400 多家分支机构在理财产品营销中发挥的最直接面对面促销的作用。为了规范全行理财产品营销工作，总行统一制定《理财产品营销快速启动方案》和《理财产品推介活动方案》，对营销推广工作提出了明确要求，各营业网点的宣传等活动开展得丰富多彩，大大增强了客户对产品的了解。

(2) 大众媒体传播促销。通过大众传媒树立品牌认知，进行知名度范围的扩大建设，培养潜在用户的品牌识别。具体做法包括：

① 平面广告：在《经济观察报》、《21 世纪经济报道》、《环球》、《财经》等报刊投放广告。

② 电台广告：在所有分行所在地，选择以交通台为主的电台频道，播放产品广告。

③ 新闻报道：与地区性媒体加强沟通，以新闻报道形式宣传品牌和产品。

④ 互联网传播：与和讯网合作设立“中信理财”频道，介绍中信银行理财产品和相关业务；在中信银行网站上开设“理财专栏”，介绍理财知识和产品特点。

(3) 针对目标市场的营业推广。针对目标用户进行广泛的营业推广，促成直接的销售达成，具体措施包括：

① 终端网点传播：张贴海报、DM 单、宣传横幅，在柜台前放置宣传折页。

② 路演：常规性的社区路演和商业区路演。

③ 与合作企业进行现场营销宣传。

通过这些促销策略的组合，中信银行的理财产品销售取得了优异的业绩，如 2006 年 6—7 月，中信银行向市场连续推出“双季”系列理财产品——双季 1、2 和 3 号。自 6 月末“双季 1 号”面世到 7 月 31 日“双季 3 号”销售结束，该系列产品累计销售 92.1 亿元，在不到半年的时间，这 3 只产品实现近 3000 万元的中间业务收入，给银行带来了可观的收益。“中信银行个人理财产品”营销也获“2006—2007 年度中国杰出营销奖分类决赛(金融类决赛)二等奖”。

四、社会公益赞助活动

社会公益赞助活动与深入社会、承担社会责任有密切的关系，在当今的社会中可以最大限度地增加市场营销机会。在西方国家，金融界赞助已成为金融机构开展公关活动的主要形式。在美国等发达国家，对文化团体和福利事业的捐赠，是公共关系活动中一个最适度且令人感到“低调”的部分，以赞助为主的公共关系迅速发展的原因主要在于：①消费意识的提高；②对人们福利关心的增加；③失业人数增加。

另外，现代金融业越来越注重在公众面前树立自己的企业形象。在西方发达国家，企业形象的塑造和构成已形成一个比较规范的系统，即企业识别系统，也叫企业形象系统。金融机构可借鉴这一系统，树立自己的良好形象。企业识别系统的主要目的在于通过企业行为识别和视觉识别传达企业理念、文化，树立企业形象。有关具体内容将在第十章探讨。

案例 7-6

万事达：将“无价”进行到底

“万事皆可达，唯有情无价。”万事达卡真情无价系列广告已经在 110 个国家和地区以 51 种语言播放，使万事达卡的品牌形象家喻户晓、风靡全球。

娜塔莉·洛克伍德在接掌万事达卡亚太、中东和非洲地区（以下简称“APMEA”）市场部之前曾负责管理澳大利亚和新西兰的市场推广工作，两者相比较，她说自己更喜欢在 APMEA 地区工作，因为“这个快速增长的市场有着无限的新机遇”，经济发展“令人激动不已”。

对她来说，了解新兴市场消费者习惯和他们交流的方式是一件非常有趣的事。正是凭借着对工作的热情和对当地市场的了解，她带领着团队把万事达的全球品牌理念成功地融入了当地文化。

“无价”形象的本土传播十多年前，万事达推出“无价”主题系列营销活动，在全球的宣传口号是“总有些东西是金钱买不到的，而万事达信用卡与你相伴。”万事达卡开始无价系列营销活动的策划，是为了在全球范围内统一品牌宣传，为万事达卡提供全能的国际平台，成功塑造一个与 Visa、美国运通及其他信用卡组织区隔开来的品牌形象。

围绕“无价”这个主题概念，万事达制作了一系列深受大众喜爱的电视或平面广告作品。“无价”的主题强调了一个理念，即万事达卡了解什么才是人生最重要的东西。

为了让中国的消费者对这个国际信用卡品牌有更深入的了解，万事达为中国市场“量身定制”了“无价”广告，加入了本土的创意和文化，中文广告语随之诞生：“万事皆可达，唯有情无价。”

其中一条广告，也是洛克伍德女士亲自参与制作、坦言是她最喜欢的，描述了一对中国年轻夫妻在欧洲旅行，虽然他们仅仅学会了用英文说“谢谢”，但这句全世界通用的话就犹如他们手上那薄薄小小的一张卡片，让他们畅通无阻，丝毫不妨碍他们享受旅途，颇有“会说一句话、一卡在手就万事不愁”的意味。

“无价”主题的整合营销巧妙之处就在于，“万事达虽然是一个支付平台，它却强调有些东西是钱买不到的，着重为消费者提供非物品的体验，那就是和家人、朋友共享美好时光。而这个为人类普遍共有的追求是没有文化和地域限制的，放之四海而皆准。”洛克伍德女士解释说。

在问答为什么万事达要花大力气打造专属网站时，娜塔莉·洛克伍德女士解释说：

“本地区的消费者越来越依赖网络进行购物，寻找富有特色的产品和服务。万事达卡做了大量研究，了解消费者的诉求，以更好地迎合持卡人的生活方式需求，为持卡人提供获取大量独享优惠的便捷渠道。”万事达清楚地知道，服务的质量才是影响消费者的关键。

本章小结

金融产品与服务促销策略，在营销要素中起着告知、劝说和提醒的作用，有人员推销、广告、营业推广、公共关系等方式，可以根据情况和条件组合运用。促销实施的步骤包括：确定对象、明确目的、确定预算、决定组合、实施控制与反馈。

人员推销首先要改变传统观念，建立客户经理制度。要根据产品和服务类型及市场状况的不同，实施不同的人员推销形式。在推销人员管理的过程中要着重四方面的工作，即招聘、培训、激励、评估。

广告促销表现大胆激进，逐渐被金融机构采用。电视、广播、广告牌、报纸杂志、邮寄品等都是广告媒体，它们各有优缺点，要根据情况选用。营业推广是一种短期促销活动，要注意其特点，把握其力度。促销工具有很多，金融机构要根据产品特点、促销目标与对象进行选择。公共关系的促销活动主要包括：与新闻界保持良好关系、经常进行公司内外信息沟通、善于游说关键部门、参与社会公益赞助活动。

复习思考题

1. 试述金融机构促销策略的作用。
2. 试述促销组合的内容及其特点比较。
3. 试述制定金融产品促销的主要步骤。
4. 列举公共关系活动的主要类型以及营销意义。
5. 比较各类广告媒体的优劣，并简述金融机构广告促销有何特点。
6. 金融机构选择营销战略时，除了要考虑战略本身的适用性外，还需要考虑哪些因素？

实训题

一、从 2002 年起，国内金融机构每年在电视广告上的投放呈现不断上升的趋势，各地区的银行、保险企业纷纷在国内各级电视台播放广告，而且相当注重高端媒体及黄金时段。例如，2002 年中国人寿投放《新闻联播》片尾，2003 年、2004 年继续在央视招标时段投放大量广告，获得了极大的反响。金融广告忙于擦亮“金”字招牌。纵观 2005—2006 年各媒体的广告投放数字，金融广告在排行榜上突飞猛进。据尼尔森媒介的报告，2006 年各银行仅在信用卡上的广告金额就比 2005 年增长了 46%。2004 年以来，金融企业在央视的中标金额增长了 22 倍，2010 年与 2011 两年的增长速度分别达到 37.99% 和 20.02%。

根据以上资料，分析金融机构广告促销的功能及主要策略。

二、2007 年，招商银行举办 20 周年行庆，招商银行以“共赢二十载、伙伴一生情”为主题，同步策划和组织实施了一系列行庆活动，主要包括：真情篇“行庆贺卡贺礼赠送”活动；沟通篇“聆听关爱共赢”客户见面活动；典藏篇“行庆纪念卡发行”活动；回馈篇“聆听您的声音”客户体验调查活动；促销篇“E心为您、伙伴一生”网上银行促销活动；品牌篇“第五期金葵花指数发布”活动；创新篇“行内员工创新建议评选”活动以及献礼篇“零售主要业务行庆表彰”等活动。通过有效的组织和实施，极大地推动了招商银行零售银行品牌的树立和业务的发展。

请结合这一活动分析其中的营销战略组合。

第八章

金融产品分销策略

学习目标

[知识目标]

通过本章的教学,使学生了解分销策略对金融机构的影响,掌握金融产品分销策略的含义与种类,了解我国金融机构分销渠道存在的问题和金融产品分销渠道建设要考虑的因素,掌握分销渠道的含义、种类与策略。

[技能目标]

通过本章的教学,使学生能够区分金融产品的特性对分销策略的影响,结合案例掌握选择分销策略的基本原则与方法。

第一节　金融产品分销策略概述

近些年,由于科学技术迅猛发展,新金融市场陆续开辟,许多金融机构减少了其传统的分销网络。由于金融服务自动化程度不断提高,市场需求发生变化,对分销策略(数量、地点、方式)提出了新的要求。就金融机构营销者而言,满足目标市场的客户在一定时间和地点,方便、快捷地得到他们所需要的金融产品和服务,才能实现金融机构的营销目标,取得较高的经济效益。

金融机构需要结合金融产品的特点,在不同的时间、区域为客户提供多种渠道的选择,使客户能方便地购买其所需的产品,必须要制定和实施分销策略。

一、金融产品分销策略的含义与种类

(一) 分销策略

分销策略是传统市场营销分析中的营销组合"4P"中的第三个"P",即地点(Place)。在现代市场营销理论中,分销策略重新诠释了这个"地点"。

分销是产品营销的渠道,即产品的所有权或使用权从生产者手中转移到消费者手中这一过程所经过的渠道。美国市场营销协会对分销策略作出如下定义:分销是一种包括生产企业内部组织(如销售部门)和生产企业外部代理商、经销商、批发商和零售商在内的产品销售网络结构,并通过这种结构使产品(包括服务)参与市场活动,实现销售目的。由此可见,分销不仅包括产品提供者本身,还包括代理商、经销商、批发商或零售商等组成营

销渠道的各种成员。

分销渠道是连接企业和消费者的基本纽带。金融业创造产品的目的是为了实现其价值；产品价值能否实现，关键在于销售是否取得成功。销售成功与否不仅在于产品的品种、质量，重要的还在于对分销渠道的合理选择。同时，分销渠道具有长期性的特点，一旦建立就不易改变，这使得分销渠道的选择和管理成为金融产品分销策略的关键所在。金融业要尽可能多地占领市场份额，扩张分销渠道，建立有序的营销网络，提高服务的便利性和可用性。

（二）金融机构分销策略的含义

金融机构分销策略是指金融机构把金融产品和服务推向目标客户的手段和途径。金融机构市场营销活动效益的高低不仅取决于金融机构产品开发，而且取决于金融机构的分销渠道。前者是形成金融产品使用价值的过程，即金融机构降低金融产品的成本、提高产品质量、增加产品的式样与功能、制定合理的价格以提高市场竞争力；后者是金融产品使用价值和价值的实现过程，即金融机构通过适应客户需求的变化，将已经开发出来的产品及时、方便、迅速地提供给客户，以满足目标客户的需要。从某种程度上讲，建立良好的分销渠道要比组织产品开发更为重要。

任何一家金融机构，要想把它的产品迅速推向市场，并在同类市场中占有一席之地，必须建立一整套科学、高效的分销渠道，以最短的时间、最低的成本、最快的速度将金融服务提供给客户。然而，金融机构提供的产品和服务怎样以最快的速度和最低的费用送到客户手中，确保分销渠道畅通无阻？根据目标市场的不同和产品的特点，怎样选择最佳的分销渠道？这是直接关系金融机构发展的重要环节。金融机构分销的基本过程如图 8-1 所示。分销渠道的起始点是金融机构，终点是客户（包括自然人、企业法人）。

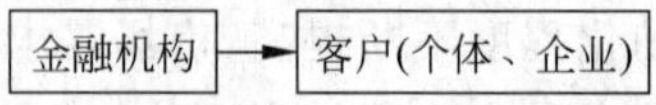

图 8-1　金融机构分销的基本过程

二、分销策略对金融机构的影响

20 世纪 90 年代中后期，我国经济快速增长，导致金融总量大幅度增加，从某种程度上得益于金融机构广泛地建立分销网点。但是，由于银行过度地追求规模效益，导致成本上升，坏账增加，21 世纪初金融机构纷纷地减少“分销网点”。

例如，中国工商银行的网点从最高时的 47000 家下降到目前的 17000 家，反映出金融机构重新审视分销策略与客户需求之间的差距，并改用多种分销渠道策略来增强企业产品的销售效果。

（一）促进了“引进来与走出去”的有机结合

经济全球化的发展，要求我们要善于利用好国外、国内两种资源、两个市场。“引进来”是指外资金融机构带来了先进的营销方式和经营理念。随着我国加入 WTO 之后，外国金融机构纷纷涌入中国金融市场，它们不仅带来了先进的经营理念、营销理念、专业技术、管理经验、优质产品及售后服务等，还对中国同行产生了良好的示范和启迪作用。外资企业的这种示范效应和扩散效应对于中国金融业的健康成长起到了助推作用。

由于外资金融机构采取积极、有效的分销策略进行市场开拓，增强了人们对各类金融产品的了解，提高了全社会的金融意识，从而迅速增加国内市场容量，使中资机构也得到了更多的实惠。

"走出去"是指中资金融机构通过从机构设置、分销模式到运作机制的一系列重大改革，走出国门，到海外设立分销渠道，促进本国金融机构的国际化，并且将风险在世界范围内分摊，提高自身承担风险的能力。

（二）促进了国内金融市场的竞争

随着我国金融业改革开放逐渐深入，国内金融机构种类不断增加，有效促进了市场竞争，提高了金融创新程度，建立了专业分销渠道。直接分销是金融产品的主要分销方式，这是由金融产品不可分割性和专业性决定的。直接分销使得金融机构能更快、更有效地接触到目标客户，而且可以直接接收来自客户的信息反馈。

根据反馈的信息，金融企业可以创造新的金融产品满足客户的新需求。例如，我国的保险公司通过一线销售人员多年的努力，充分了解客户的潜在需求，开发了人寿保险、财产保险、医疗保险、再保险、旅游保险、农业保险和体育保险等金融产品。

（三）电子商务的分销策略改变了金融机构的销售方式

正如消费方式彻底改变人们的生活习惯一样，电子股票、网上银行、网络保险的出现，不仅改变了金融机构与客户的关系，而且提供了新的业务机会，拓展了服务的范围，改善了客户获取产品的方便程度，并降低了服务收费。金融机构可以通过电子商务，将原来不赢利的业务变为赢利的业务，更有效地改善金融机构分销的质量和结果。

例如，自动柜员机（ATM）的广泛使用增强了获取银行服务的方便程度，减少了支票的数量。网络技术使零售企业的电脑与银行电脑直接联网进行资金转换。通过网络化手段介绍和推广保险公司及其险种，进一步开拓保险市场的广度和深度。保险需求、产品评价、理赔服务等电子化信息使得保险公司几乎能够实时了解更全面的市场供需情况，大大缩短调整经营策略和经营品种的时间，适应市场的快速变化。

新的分销渠道对金融机构提出了更高的要求。个人和企业客户对价格的敏感性增强，反过来影响金融机构对其所提供产品的选择。金融机构必须通过业务量的增长来弥补缩小的利润率，甚至需要调整某些产品的营销策略和销售方式。

三、金融产品的特性对分销策略的影响

在商品经济条件下，绝大多数企业生产出来的产品不是直接卖给客户，而是经过一系列中间组织配合输送到消费者手中。这些中间组织能使产品及时、迅速地到达消费者，以达到扩大商品销售、加速资金周转、降低流通费用的目的。

在金融活动中，由于金融产品的特殊性，金融机构的分销渠道有其独特的方式，一般是通过建立分支机构与网络来实现销售，即以直接分销为主。当然，随着金融产品不断创新，功能逐渐多样化，金融机构开始使用信息技术手段，如通存通兑、信用卡、自动柜员机（ATM）、售货终端机（POS）等自动化营销渠道。同时，金融机构的营销渠道开始强调中

介机构和个人的作用。有时,金融产品比一般产品更需要中介的参与才能完成销售职能。

(一) 金融产品的不可分性

一家金融机构向客户提供了某种产品,就同时将一系列服务分配给客户,而能否充分、有效地接触客户,了解他们对服务的意见,成为营销成败的关键。金融产品的销售并不是一次性服务,销售后的跟踪服务和信息反馈对于金融产品的销售来说显得更为重要。这就要求金融机构经常地、充分地接触客户,这会消耗一定的成本。如果将这些费时、费力的工作交给中介机构(特别是代理和零售商),必然节省财力、人力与物力。

(二) 金融产品具有高风险性

风险性是金融产品的另一个特点,即使是被人们普遍认为最安全的"储蓄存款"也存在通货膨胀的风险。因此,风险使得客户比较谨慎,只有在完全了解金融产品的特性和估计预期的风险之后,才会作出购买的决定。基于这一点,金融机构需要开展强有力的产品宣传和营业推广,借助广泛的销售网络,充分发挥代理商、经销商以及批发、零售商的宣传优势。当然,金融机构本身为更好地分散金融产品的风险,也可选择多个中间商进行销售。

正是金融产品的特殊性决定了金融机构不仅要依靠自身的优势来直接销售产品,而且更应充分利用各种中间商实现及时、迅速地向客户销售产品的目的。

四、分销策略的作用

分销策略是沟通金融机构与客户之间关系的桥梁,合理选择分销策略对保证金融机构的正常经营,建立国际化、现代化的金融战略具有十分重要的意义。

(一) 正确的分销策略可以更有效地满足客户的需求

金融机构根据不同的需求因素选择合理的分销渠道,可以把各种产品提供给目标客户群;并根据消费者需求的变化,随时调整产品的种类与功能,更好地解决金融市场中的供求矛盾、结构矛盾、时间矛盾与地区矛盾,以满足不同地区、不同层次客户的个性化需要。

(二) 选择合适的分销策略可以简化流通渠道,方便客户购买

一家金融机构自身的活动范围是相当有限的,无法将其全部产品销售给所有的目标客户。但如果选择合理的分销渠道,借助中间商的优势,便可以在一定时间与空间的范围内方便顾客购买,实现销售的及时性与扩大化,有效地平衡供求关系。

(三) 合理的分销策略有利于降低金融机构的营销费用

直接分销与间接分销各有所长。金融机构直接分销,一般是通过广布销售网点的方式来实现,但会使成本上升。所以,金融机构可以借助间接渠道的优势来弥补这一缺陷。通过合理选择中间商,既可以减少金融机构分支机构的设置,节约相应的营销费用,又可以扩大客户面,增加销售量,加速资金周转。

由此可见,金融机构经营效益的高低,不仅取决于产品的种类,还取决于营销渠道的选择。金融机构如何选择合理的手段和途径,把产品适时、适地、方便、快速、准确地销售

到终端客户，成为企业维持现有客户和增加新客户，制定和实施分销策略的主要问题。

第二节　金融产品分销的渠道

金融机构营销活动效益的优劣不仅取决于金融产品的开发，而且取决于金融机构的分销渠道。从一定程度上讲，建立良好的分销渠道要比组织产品开发更为重要。

一、分销渠道的含义

分销渠道，是指产品从生产者到达最终用户过程中所经过的个人或组织所构成的体系。销售渠道的始点是生产者，终点是用户。若生产者自己建立营销网络将产品出售给用户，这种销售体系称为直接销售渠道；若生产者利用独立的中介机构将产品出售给用户，这种销售体系称为间接销售渠道。与一般企业类似，金融产品的分销渠道也分为直接渠道和间接渠道两大类。

二、直接分销渠道

（一）直接分销渠道的含义与功能

1. 直接分销渠道的含义

直接分销渠道也称零阶渠道，是指金融机构不通过任何中间商将产品直接销售给最终需求者。

2. 直接分销渠道的功能

金融产品的特殊性决定了在销售产品时，通常与金融机构自身无法截然分离。它往往依靠金融机构直接与客户联系，将各种产品直接提供给客户。金融机构的直接分销渠道主要是通过广泛设置分支机构开展业务，或派业务人员上门等方式销售金融产品。

在实践中，直接分销渠道对金融产品销售发挥的功能有：①金融机构自身网点或分支机构分布较广，体系较为完善，能够满足销售要求；②金融产品专业化程度较高，通过其他渠道无法满足专业化的要求；③一些金融产品的目标客户群较为集中、明确，需针对重点客户，实行点对点的专业服务。

（二）金融机构直接分销渠道的类型

1. 分支机构

金融机构在全国乃至世界各地直接投资建立的分支机构，构成了其产品的直接分销网络，可直接服务于客户。例如，我国商业银行在各省市所设立的分行，分行在各区县市设立的支行，支行在各街区、乡村设立的分理处和储蓄所，构成了银行的产品分销网络。分支机构网络是金融机构传统分销渠道的典型形式。

金融分支机构的规模大小、分布的合理与否，关系到金融机构经营的效益。因此，金融机构要在不同时期，根据自身的发展情况，科学地设置其分支机构，以实现自己的战略目标。

2. 人员推销

在金融机构网络中，除了开设“分支机构”这一基础的形式外，派人员进行面对面推销也是一种直接销售形式。越来越多的金融机构成立专业的销售队伍，对潜在客户进行访问，发展他们成为现实客户，并不断增加其业务。如银行业所实施的客户经理制度，就是从事面对面推销的直接销售组织。

目前，我国保险代理人、经纪人已有数百万之多，保险业一半以上的保单是通过这些人交易的。随着证券业经纪人制度和以销售网点为核心的经纪业务体系的逐步建立，证券营业部的核心职能也将由经纪业务经营场所转变为客户资源开发、服务和管理的中心。

小贴士

保险营销员与保险产品的分销

保险营销员是指取得中国保监会颁发的资格证书，为保险公司销售保险产品及提供相关服务，并收取手续费或佣金的个人。他们必须通过国家保险会的资格考试，考取《代理资格证》，签订《代理合同书》，取得《展业证》，才能依法合规开展保险代理业务。

保险营销员是运用整体营销或协同营销的手段，将保险商品转移给消费者，以实现保险公司长远经营目标系列活动的从业人员。他们以消费者对保险商品的需求为导向，以满足消费者转嫁风险的需求为中心，通过多种营销手段促进保险产品的销售。

目前，保险营销员营销模式已成为我国保险业最重要的销售渠道。特别是2007—2008年，保险营销员增加很快，其保险销售是保险公司保费的重要来源。根据保监会的统计，截至2010年底，全国共有保险营销员3297786人，其中寿险营销员2879040人，财产险营销员418746人。保险营销员2010年实现保费收入4682.08亿元，同比增长13.45%，占总保费收入的32.29%。其中，实现人身险保费收入3587.52亿元，实现财产险保费收入1094.56亿元，分别占同期全国人身险保费和财产险保费收入的33.84%和28.10%。

截至2010年底，保险营销员实现佣金收入568.96亿元，同比微降0.29%。其中，寿险营销员佣金收入为471.48亿元，产险营销员佣金收入为97.48亿元。而2011年上半年，保险营销员更是实现保费收入3072.57亿元，占同期全国总保费收入的38.16%。

但现行保险营销模式也带来管理粗放、大进大出、营销员素质不高、关系不顺等弊端。目前传统保险营销模式矛盾凸显，保险代理市场混乱，保险公司与保险中介机构业务关系不真实、不合法、不透明。一份针对国内某寿险公司营销员收入结构、活动率、年度留存率的调研报告显示：该保险公司一年的营销员留存率低于20%。各国经验表明，最优秀的销售人员只占到这个群体的7%，余下的人力产能并不高。

保监会不断加强对保险营销员的管理。2006年7月1日，《保险营销员管理规定》开始施行；2010年9月20日，保监会会同人力资源和社会保障部、国家工商行政管理总局，下发了《关于改革完善保险营销员管理体制的意见》，2012年稳步推进营销员管理模式改革，出台《保险销售从业人员监管办法》，提高营销员准入门槛。

另外，针对有些保险营销员"急功近利"、与保险公司关系不稳定，保险公司一方面需要加强培训，提高营销员人均产能及佣金收入；另一方面，还要积极探索新的保险营销模式，大力拓展其他渠道，如银保、电话销售等渠道。

3. 电子渠道

20 世纪 90 年代以来网络经济的产生与发展，使得金融产品的分销出现了全新的形式，即电子分销渠道。以电话、手机、电脑等媒介，以客户自助为特点，使得顾客足不出户便可享受金融产品消费。例如，电话银行、网上银行、手机银行、企业银行、家庭银行、自助银行和各类电子资金转账业务，就是将传统的银行产品通过电子网络系统直接分销给用户。

（三）直接分销渠道的优缺点

金融机构直接向客户销售产品具有一定的优点，简述如下。

1. 实现及时性

将金融产品直接销售给客户，可以使客户及时了解金融产品。特别是新开发的产品能迅速投入市场，缩短流通时间，减少因销售环节多、时间长引起的损失。

2. 降低营销费用

在间接分销中，各中间商要收取一定的费用，这对金融机构来说是一种成本开支，特别是当中间商过多时，这笔费用相当可观。对于那些客户相对集中、顾客需求量大的市场，直接销售可以自己控制价格，大大节约流通费用，降低营销成本，利润可以有较大的增加。

3. 增加产品销售

在直接销售金融产品过程中，更应强调金融机构对客户的服务。金融机构派人直接提供产品，贴近市场，并保证较高质量的售前、售后服务。这样可以进一步扩大金融机构的影响，提高声誉，密切金融机构与客户的关系，扩大销售量。

4. 便于了解信息

直接推销产品可使金融机构及时掌握市场上的相关信息，了解客户的心理，把客户对产品品种、功能等需求信息直接反馈给产品开发部门，以便更新产品，并不断开发符合客户需要的新产品。

由此可见，如果金融机构将直接分销渠道巧妙运用，可大幅度降低金融机构的流通费用，加快金融产品流通速度，增加收益。

当然，直接分销渠道也有不可忽视的缺点。当金融机构的规模达到一定程度时，由于广泛地设立分支机构，并为其配备相应的服务人员，势必占用一定人力、物力和财力，增加分销费用，影响金融机构的经济效益。特别对于客户分散、需求差异大且多层次的市场，此渠道的缺陷更为明显。

三、间接分销渠道

（一）间接分销渠道的含义和功能

1. 间接分销渠道的含义

间接分销渠道是指金融机构通过中间商向客户销售产品。这种分销模式如图 8-2 所示。

2. 间接分销渠道的功能

金融服务在其整个动态化的过程中，可将一部分金融服务项目进行物化，使其呈现实物形态，而这些物化的金融产品可脱离金融机构独立存在。在某些分销环节上，通过中间

图 8-2 间接分销渠道

商将产品销售到客户手中。事实上，金融产品的分销渠道可被视为“价值增值链”，当某些机构的介入能使金融产品增值时，这些机构就是金融机构的中介机构。

在实际经营中，间接分销渠道对金融产品销售发挥的功能有：①使客户更容易获得金融服务，或使金融服务更加方便；②促使人们使用金融产品，或因金融服务提高了收益；③帮助留住现有客户，促使现有客户增加使用金融服务的频率，或吸引新用户。

例如，银行信用卡业务的最终消费对象是消费者，但消费者获取信用卡消费服务，需要借助于商场、酒店等消费场所，所以银行只有让商场、酒店等消费场所开展信用卡业务。消费者才能享用到信用卡服务。这正是利用了金融产品分销的间接渠道。

消费贷款业务同样是借助于商家完成的：汽车销售商向消费者销售汽车贷款；房地产商向消费者销售住房贷款等。同样，银行面向广大消费者开展的中间业务，也要借助于各个商家完成：银行代发工资业务需要有消费者就职单位的配合，银证通业务需要证券公司的配合等。

在客户购买房产的同时销售财产险；购买新车时销售责任险和财产险；购买机票、车票时销售人身险等，都是保险公司引入中间商，利用分销间接渠道的方式。

（二）间接分销渠道的策略类型

1. 短渠道策略和长渠道策略

这是根据金融产品传递过程中，纵向所经过的中间商的多少来划分的。

（1）短渠道策略：也称一阶渠道分销策略，是指金融产品在销售过程中只利用一个中间商来传递产品。在产品的转移过程中，可通过批发商、零售商或代理商，但只有一个中介机构，由它负责将产品转售给最终客户，其模式如图 8-3 所示。

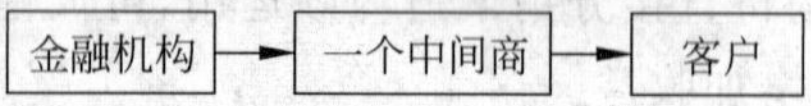

图 8-3 短渠道策略

这种分销渠道策略使金融机构能直接将金融产品通过一个中间商(一般为零售商)转售给最终用户。其特点是分散了金融机构的风险，同时降低了设立分支机构直接推销产品的费用，扩大了销售市场，也使客户能更方便地得到产品。

（2）长渠道策略：是指金融机构利用两个或两个以上的中间商来传递产品的策略，有以下几种形式：

第一，二阶渠道分销策略是指金融产品销售要经过两个中间商，通常是一个批发商和一个零售商，也可能是一个代理商和一个批发商，将金融产品销售至客户，其模式如图 8-4 所示。

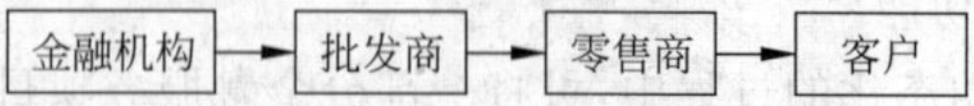

图 8-4 二阶渠道分销策略

在这种策略中，一般由批发商或代理商从几个金融机构手中购得产品，再转售给各个零售商，由其将产品售给客户。例如，某家证券公司获得了一家公司股票的包销权后，可以自己销售，也可以通过中间商去销售。

第二，多阶渠道分销策略，是指金融产品的销售要经过三个或三个以上中间机构的传递。金融机构为自己的产品寻找一个代理商，代理商再转售给批发商与零售商，由零售商将产品卖给最终客户，其模式如图 8-5 所示。

图 8-5　多阶渠道分销策略

这种模式下，由于代理商的出现，加快了金融产品代销的过程，有利于金融产品的传递与推销，进一步扩大了金融产品的销售范围，增加了中间销售产品的品种，丰富了金融市场。

2. 宽渠道分销策略和窄渠道分销策略

这是根据金融机构在销售产品时横向选择中间商数量的多少来划分的。

(1) 宽渠道分销策略：是指金融机构在同一地区设立多条分销渠道，或者选择同一层次或不同层次的多个中间商分销产品。

这种策略又有两种类型：首先，广泛的分销策略，是指金融机构在同一地区内对各类中间商的数目不加限制，尽量拓展分销渠道的宽度与密度。它适用于客户日需求量大、适用性广，客户能及时、方便地购买金融产品。一般来说，此类产品的标准化、通用化程度较高，客户对金融机构、品牌和中间商的要求不很高。其次，有选择的分销策略，是指金融机构在某一市场对中间商进行对比、分析与筛选，从中选择几家中间商推销其产品。此种分销策略通过选择一些基础好、声誉高、效率高的中间商推销其产品，既可节约销售费用，又能增加产品的市场占有率，提高销售效率。

(2) 窄渠道分销策略：是指金融机构在同一地区只设一条分销渠道，选择某一特定中间商分销产品。这种策略一般是独家经销的中间商享有推销金融产品的权利，它适用于高价产品或某种特殊金融服务。独家经销策略的好处是：①有利于金融机构加强管理，比较容易对中间商进行控制，完全掌握产品的销售价格；②金融机构与中间商关系比较密切，在营销策略上可以有效协调；③可以节约费用，降低成本，提高经济效益；④有利于提高服务质量。但独家经销可能使金融机构失去部分市场，特别是当选择中间商不当或市场条件发生变化时。

（三）间接分销渠道的优点

(1) 转变了金融产品的提供方式。金融机构与客户并不必直接见面，不再受分支机构地点和开业时间的限制，可以更好地满足客户的需求，为客户提供方便。

(2) 加快了金融产品的分销速度。间接分销渠道使中间商充当了产品交换的媒介，有效地调节供求之间地区、时间、数量和结构等方面的矛盾，加速产品的合理分流，大大缩短了产品流通的时间。

(3) 有利于金融机构拓展市场。由于中间商熟悉产品特点及本地市场情况，可以改善金融产品的推销状况，挖掘市场潜在购买力，为更多的客户提供多样化服务，进一步扩大业务范围，提高产品市场占有率。特别是对于金融机构新开发的市场或地区，可以通过寻找代理商而使产品快速进入。

(4) 有助于降低营销费用。金融机构通过中间商作为媒介，可以降低营销费用，并改善金融机构与客户的关系，收到事半功倍的效果。

(5) 便于提供更多的市场信息。中间商作为流通媒介，同本地区、本市场的客户有着广泛的联系，能有效地收集客户的信息，并将之反馈给金融机构，以便更好地促进金融产品的开发与销售。

四、我国金融机构分销渠道存在的问题

为了与客户建立更紧密的联系，我国金融机构开发了一些新的分销渠道。通过调整与客户直接接触的网络分支机构，设计出让客户感到方便的环境，拓宽了产品的分销渠道。但与国外同行相比，我国金融机构的分销渠道较少，营销观念较落后。

（一）银行分销渠道存在的问题

在我国，银行分销渠道仍大体沿用 1979 年以来实行的按区域划分和按专业分工体系。这个体系主要的问题有以下几点。

1. 银行网点设置区域不尽合理

长期以来，我国银行分支机构的设置是以行政区域来划分的，使得银行分支机构在经营过程中受到较大程度的行政干预。各家银行的管理受控于地方政府，难以发挥银行内部的调节作用，其特殊的企业性质被削弱。

案例 8-1

中国工商银行的分支机构分布

作为国内最大的银行，中国工商银行的分支机构布局关系到其经营。近几年，工商银行在保持物理网点总量基本稳定的基础上，加强营业网点布局优化调整，适度增强县域渠道建设和资源投入，提升其在县城和农村地区金融的服务水平。工商银行的分支机构分布情况如表 8-1 所示。

表 8-1　2010 年底中国工商银行境内、外机构分布

项目	资产金额/百万元	机构个数	员工人数
总行	6416616	35	11880
珠江三角洲	1816317	1997	44342
环渤海地区	3204012	2714	62132
长江三角洲	2647319	2452	50894
东北地区	767301	1750	49701
中部地区	1687592	3462	85558
境外及其他	588788	207	4714

注：(1)境外及其他资产包含对联营及合营公司的投资。(2)资产合计不含抵消及未分配资产。资料来源：中国工商银行：《中国工商银行股份有限公司 2010 年年度报告》，2011 年 3 月 3 日。

从表 8-1 可以看出，工行的网点和资产规模有相当程度的集中。其中，长江三角洲、珠江三角洲和环渤海等经济发达地区汇聚了 43.6%的分支机构，40.4%的资产及 39.6%的员工，工行在网点的分布上打破了我国以行政区域来划分的传统特点，体现了金融与经济的协同发展；但是还需要完善其布局，特别是根据不同区域的发展状况与比较优势，进一步深化区域发展战略，制定差异化发展策略，推动发达地区分支机构转型创新，同时扶持和推动中西部地区和潜力地区加速发展。

另一方面，工行大力推进国际化，抓住后金融危机阶段的有利机遇，新兴与成熟市场并举，加快境外机构申设和并购步伐。截至 2010 年末，工行在 28 个国家和地区设立了 203 家境外分支机构，其中境外分行及其分支机构 21 家，境外控股公司及其分支机构 181 家；与 132 个国家和地区的 1453 家境外银行建立了代理行关系（见表 8-2）。基本建成跨越亚、非、欧、美、澳五大洲，渠道多样、层次分明、定位合理、运营高效的全球金融服务网络。

表 8-2 2010 年底中国工商银行境外机构分布情况

	资产/百万美元	机构/个
港澳地区	48411	126
亚太地区（除港澳）	13568	56
欧洲	6216	12
美洲	6592	9
非洲	5971	
抵消调整	(5031)	
合计	75727	203

资料来源：中国工商银行：《中国工商银行股份有限公司 2010 年年度报告》，2011 年 3 月 31 日。

2. 对机构规模缺乏定量分析，整体经济效益不高

银行对机构网点选址及规模没有深入分析与决策，过分重视地理环境、人口分布情况；对网点未来的经济效益缺乏评估分析与战略构思，造成银行整体经济效益不高。中国银监会的统计显示，截至 2011 年底，银行业金融机构资产总额 113.3 万亿元人民币，占我国全部金融机构资产的 90%以上，是中国金融体系最主要的组成部分。但是它们的平均总资产回报率较低，其中一部分原因是由于分销网点的设立缺少对经济效益的考虑。

3. 海外营销网络不完备

对银行来说，海外市场的开拓非常重要，它是银行赢利的重要来源。据统计，世界最大的十家跨国银行的海外收益占总收益的比重为 50%左右。改革开放以来，我国银行的海外分支机构也得到了较快的发展，数目大幅度增加。

截至 2010 年底，我国四大国有银行已在世界各地建立了一些分支机构和代表处，形成了一定的营销网络，这可以从表 8-3 中看出。但我国银行海外分支机构仍相对单一，中国银行在海外及港澳的分支占到绝大多数，其他商业银行的海外分支相对较少，因此，要形成银行全球营销网络还有待时日。

表 8-3 我国四大商业银行境外机构一览表

分行	中国工商银行	中国农业银行	中国银行	中国建设银行
境外机构总数	203	8	984	10
在境内外机构中占比	8.9%	0.03%	8.9%	0.07%

4. 银行分销网点内的服务不够细致、周到

我国有些银行的网点较多，但对于网点内的设施不够关注，服务人员的素质相对较低，客户无法得到满意的服务。

案例 8-2

银行营业网点存在问题的调查

2007 年 6 月 2 日和 3 日，人民网经济部的 20 余名记者对北京城区的各大银行共 113 家营业网点进行了实地调查。调查发现了三个问题：

(1) 排队现象严重的银行中，国有四大商业银行占 94.9%；其中，工行 58.3%的被调查网点排队现象严重，居各银行榜首(如表 8-4 所示)。

表 8-4 国有四大商业银行排队现象严重分布情况

四大银行排队调查	排队现象严重网点数量及所占被调查该行总数和比例
工商银行	14(58.3%)
农业银行	10(55.6%)
建设银行	7(43.8%)
中国银行	4(30.8%)

(2) 在 50%以上的银行中，饮水、读报设施不齐全或根本没有。

(3) 仅有 7.1%的银行有向顾客开放的洗手间，如厕难问题突出。

对于银行而言，排队等候服务的顾客是银行的宝贵资源，银行应该花更多的心思，让他们获得周到、快捷的服务以及幽雅、舒适的环境。

(二) 保险公司分销渠道存在的问题

目前，我国保险公司在分销渠道选择上较为简单，缺乏计划性、系统性和创新性。存在的主要问题有以下几点：

(1) 过多依赖人员推销，造成了一定的负面影响。由于个人代理人队伍的增长能迅速带来保费的增长，因此通过人员推销成为各保险公司主要的分销渠道。由于没有经过认真的筛选，且后期的培训支持未能跟上，业务员的技能与素质较低，使其在销售时误导和隐瞒的事时有发生。这导致客户投诉、退保上升和续保下降等后续问题的出现。

(2) 销售渠道单一，中介严重不发达。个人代理、团险业务员和行业代理占保险营销绝对主导地位，而间接销售渠道所占份额微不足道，不能满足不同客户需求。通过中间商经营的保险业务量目前仅为 1%左右，中介不发达，较严重地影响了保险市场的开发。

(3) 保险电子商务处于初始阶段。互联网的兴起，使各金融机构争先恐后地建立自

己的网上品牌，顾客也由传统的消费方式逐步转向网上消费。目前保险公司仍大量采用人员推销方式，名牌意识不强，不注重塑造企业形象和营造企业文化。

（三）证券、基金公司分销渠道存在的问题

证券、基金公司等金融机构在我国发展非常迅速，然而证券、基金业的分销活动还存在着诸多问题。

(1) 证券、基金公司通常采用单一的分销渠道进行营销，成本较高、效率偏低。

尽管我国证券、基金的销售逐渐形成了以银行代销、券商销售、基金公司直销的销售体系，可整个分销体系仍处于粗放式经营的状态。从基金业来看，托管银行代销在总销售额中占绝对比例。

事实上，一方面，有些基金的销售可能不一定需要遍布全国的分销机构，可能靠基金管理公司自身就足够了；另一方面，代销银行的营销毕竟是有限的。这种过分依赖银行代销基金的现象导致了目前开放式基金的营销渠道总体成本较高，且营销效率低下。

(2) 证券、基金业自身拥有的营销人员较少，专业素质不高。

首先，目前证券、基金渠道营销中还面临过分依赖销售代理机构的问题。其次，证券、基金营销人员过度追逐佣金，损害客户利益而引发法律纠纷，降低了公司的社会形象。而且证券、基金的环境竞争激烈，其淘汰率高、流动性非常大，也使销售队伍水平长期处在参差不齐的状态。

五、金融产品分销渠道建设要考虑的因素

金融机构在设立与管理分销渠道过程中要综合考虑多方面的因素，主要包括成本与利润、金融产品及需求、市场及控制等因素。

（一）成本与利润因素

金融机构选择何种类型的分销渠道，完全取决于收益的情况。不同的金融机构即使采用相同类型的分销渠道，其具体的操作效果也会迥然不同。在西方，大多数营销经理认为，使用企业自己建立和拥有的分销网络的销售量较大。

因为企业的推销员完全致力于本企业的产品，在如何推销本企业产品方面受到专门的培训，他们的未来与企业的发展密切相关，因而更富有进取心，而且客户更愿意与企业直接打交道，因此，他们成功的可能性更大。然而，销售代理商或经纪商也可能比企业推销队伍的销售量大。这是因为，代理商早已建立了广泛的市场网络，如果企业的激励机制科学，代理商会像企业推销员一样拥有积极性。

（二）金融产品及需求因素

从金融产品角度看，通常技术复杂的产品或服务，其展开具有极强的连续性，多采取直接渠道；如果产品或服务的技术要求较低，其展开具有多环节，且相对分割和独立，可采取间接渠道。从需求方面看，客户对服务的专业性要求高，服务过程具有较高的参与度，对产品及服务的需求具有整体性，宜采取直接渠道；反之，客户需在一定时间和地点一次性购买很多产品，可采取间接渠道。

例如，基金公司在向战略投资者配售业务中，面对的只是少量的、较为集中的机构客

户,拥有较大规模的券商,可通过营业部自身满足要求。反之,如果面对的是广大中小投资者,就需要充分利用银行营业网点多的优势作为间接渠道进行销售。还有像保险公司销售不同的险种,也可利用独立中间商,例如经纪公司、银行或邮局来开展。而银行业的自身特点,使得银行服务利用独立中间商较有限,大量的业务主要靠自己的销售网络直接服务于客户。因为银行业的各个服务环节很难相互独立,产品和服务的技术性很强,顾客的参与程度很高,且具有整体性的要求,所以它只有利用自己的销售网络来综合性地、一揽子地开展整体服务。

信用卡业务之所以可利用间接销售渠道,是因为只有借助于商场和酒店开展相应的业务,信用卡的使用价值才能得以实现,客户才能真正享用到银行信用卡的全面服务,因此信用卡业务的这部分服务是可以从银行整体业务中独立出来的。

(三)市场与控制因素

利用间接渠道,通常能够迅速扩展市场,提高市场覆盖面,但会失去对分销的直接控制。销售代理商或经纪商是一个独立的机构,它更关心的是本企业的利润最大化。因而,它特别关注关键业务的销售和开展,或是产品组合的整体经营业绩,而不大关心某一特定代理业务的经营业绩。

此外,销售代理商的营销人员可能缺乏有关产品的技术细节和对具体市场的了解,不能有效地进行促销宣传和市场拓展工作。金融机构通过直接渠道销售产品,能直接控制分销状况,但受网点数量、推销队伍规模、成本利润等因素的影响,不能迅速提高市场覆盖面。

第三节 金融产品的分销策略

随着中国加入 WTO,外国金融机构和资金大量涌入,加速了资本市场的发展,加剧了同业竞争,我国金融机构的经营环境面临着深刻的变革。在激烈的市场竞争环境中,我国金融机构的分销策略应从增加分销网点数量来实现销量增长的外延型发展战略,向提高金融产品分销的有效性的内涵型发展战略转变,从注重分销渠道数量的粗放型增长方式转变为提高分销渠道业绩的集约型增长方式。

一、分销策略的含义

分销策略,亦称为分销渠道策略,是企业为了使产品迅捷地转移到消费者手中,选择最佳的分销渠道,并适时对其调整与更新,以适应市场变化所采取的策略。金融机构在沿用生产企业的传统分销策略基础上,结合金融产品的自身特点创造出了一些新的分销策略。

二、分销策略的种类

随着分销策略为金融机构带来竞争优势,许多企业越来越注重营销渠道的开发和建立。如单一分销策略、双重分销策略、建立比较宽的渠道成员网络策略、使用新技术策略、提供优质服务策略、保持低分销成本策略等,已广泛地被金融机构采用。下面介绍金融机构的几种主要的分销策略。

（一）直接分销策略和间接分销策略

这是根据金融机构销售产品有无中间商来划分的。直接分销策略也称零阶渠道策略，是指金融机构直接把产品销售给客户，不需要借助任何中间商完成商品销售的策略；间接分销策略是指金融机构通过中间商把金融产品销售给客户的策略，它又分为多种形式，如图 8-6 所示。

- 直接渠道　　分销策略（单渠道分销策略）
- 间接渠道分销策略
  - 单渠道分销策略
  - 双渠道分销策略
  - 多渠道分销策略

图 8-6　直接与间接分销策略

（二）单渠道分销策略和多渠道分销策略

单渠道分销策略指金融机构只是简单地通过一个渠道实现产品销售，例如，金融机构的产品全部由自己销售或交给经销商销售。多渠道分销策略指金融机构通过不同的销售渠道将相同的金融产品销售给不同的市场或不同客户的策略。

比如，金融机构可以在本地区采用直接分销，外地区采用间接分销；有些地区独家经销，有些地区多家分销；对某些产品采用长渠道，对另一些产品采用短渠道。这种分销策略比单渠道分销策略能更有效地扩大市场占有率，对市场竞争激烈的金融产品的销售具有更大的作用。

（三）结合产品生命周期的分销策略

金融机构将分销策略与金融产品生命周期理论相结合，以产品所处的生命周期为前提所采取的分销策略，称为产品生命周期分销策略。如产品导入期应以自销或独家经销为主，尽快占领市场，提高新产品声誉；在成长期应选择有能力、有前途的中间商进行分销，提高销售量，扩大市场份额；在成熟期应拓宽分销渠道，与更多的中间商积极配合，进一步扩展业务活动的范围；在产品的衰退期，可以选择声望高的中间商分销产品，获取产品最后的经济效益。

（四）组合分销渠道策略

组合分销渠道策略是指金融机构将分销策略与产品策略、定价策略、促销策略等相结合，更好地开展产品的销售活动。这种策略分为三种：①分销渠道与产品生产相组合的策略，即金融机构根据产品的特征选择分销策略；②分销渠道与销售环节相结合的策略，即金融机构根据平等互利的原则，尽量减少销售环节，拓宽分销渠道，更好地减轻客户的负担，促进产品的销售；③分销渠道与促销相结合的策略，即金融机构通过大量的广告，宣传或协助中间商做广告，以促进金融产品的销售。

（五）综合渠道成员网络策略

金融机构要利用固定网点、先进的设备和技术、销售人员、中间商、地区性和全国性的广告等一切行之有效的分销渠道，创立和维持一个地区性的或全国性的金融分销网络。

由于新技术的发展提供了传递金融产品的新渠道，并开辟了新市场，所以许多金融机构已减少了其传统的分销网络。一方面是为了削减成本；另一方面，使金融机构认识到，随着金融服务自动化程度的提高和市场需求的不断变化，综合化的分销策略为金融机构国际化发展奠定了基础。

三、选择分销策略的基本原则

金融机构选择分销策略要遵循以下基本原则。

（一）经济性原则

企业是以追求利润最大化为经营目标，因此金融机构应以最小的投入取得最大的产出，以最有效率的方式和最低的营销费用销售产品，这是选择分销渠道的一个重要原则。

金融机构在制定分销策略时，一般可建立两种或两种以上的销售方案，再将备选方案中的每一种分销渠道所能引起的销售收入增长同实施这一渠道方案所需要的费用作比较，以评价该种分销渠道效益的高低，然后择优采用。这种比较可从两个角度进行：

(1) 静态效益的比较，即在同一时点对各种不同的渠道方案可能产生的经济效益进行对比。

(2) 动态效益的比较，即对各种不同的渠道方案在实施过程中所引起的成本和收益的变化进行对比。通过比较，金融机构认为直接分销获利大于间接分销时，则选择直接分销；若直接分销系统的投资报酬率低于中间商进行间接分销的投资报酬率，则选择后者。

当然，在利用中间商推销产品时，金融机构也要对中间商进行挑选，应选择处于有利地理位置（如交通枢纽、运输便利区、繁华街道及主要商业区），有较强经济实力和经营管理水平，信誉好，并能提供较好服务的中间商。

（二）适度控制的原则

控制是指金融机构对分销渠道施加影响的程度。从长远来看，金融机构对分销渠道的选择除了考虑其经济性外，还必须考虑能否对其进行有效的控制。在各种分销策略中，金融机构对于本企业设立的分支机构的控制最容易，但其成本相对较高，市场覆盖面较窄；建立特约经销或代理关系的中间商较容易控制，但金融机构对特约中间商的依赖过强；利用多家中间商在同一市场进行销售，会降低风险，但对中间商控制能力会相应削弱。分销渠道越长、越宽，金融机构与中间商之间的关系越松散，就越难以对中间商施加影响。

然而并非所有产品都必须要求金融机构对其分销渠道实行完全的控制。例如，市场面较广、购买频率较高的大众化产品就无需过分强调对于分销渠道的控制；在金融产品供不应求时，也不必太强调对分销渠道的控制。

（三）易于沟通的原则

沟通包括金融机构与各类中间商之间的沟通，也包括各中间商之间的沟通，它是一种信息的双向传递和反馈。金融机构与客户、金融机构与中间商、各中间商之间、中间商与客户之间都需要经过沟通才能相互了解。因此，它对分销渠道的正常、有效运转至关重要。金融机构在选择分销渠道时，必须考虑沟通问题。金融机构制定的分销策略必须在最大程度上有利于各方之间的信息交流，以加强合作。

（四）灵活性原则

除了金融机构的分支机构外，很多分销渠道都是金融机构不能完全控制的，所以金融机构在制定分销策略时应讲究灵活性，随机应变，以适应环境的变化。金融机构应根据不同地区、不同经济发展水平、不同购买习惯、不同时间、不同文化背景等因素选择不同的分销策略，并保持适度的弹性，随时根据市场及其环境的变化适当调整分销渠道。

（五）连续性原则

连续性是指金融机构要找好中间商，以便实现对其产品的持续销售。对金融机构来说，分销渠道的设计是营销组合中具有长期性的决策，某条渠道的建立需要付出一定的代价，维持它也需要大量的投入。因此，要尽量维持产品分销渠道的持续经营，避免出现中间商在本产品销路好、利润大时蜂拥而至，在销路不好时投向他家的现象。

四、分销策略的具体选择

（一）根据目标客户群对金融产品种类的需求不同来选择分销策略

金融机构首先要进行市场细分，然后确定目标市场。只有确定了谁是目标顾客，才能去了解他们的需要，以及他们会在何时、何地对什么金融产品提出诉求。

在金融机构分销活动中，必须坚持要根据目标顾客的需要提供正确的金融产品；根据目标顾客需要的时间，在正确的时间销售产品；根据目标顾客需要发生的地点来决定在哪里销售产品。

同时，金融机构在选择分销网点时，要打破过去那种“姜太公钓鱼，愿者上钩”式的销售习性。通常，顾客的需要具有时效性、多样性、个别性，所以金融机构应尽量选择顾客最愿意光顾、最容易购买的地方去销售产品，让顾客能够及时、方便购买。对分支网点的选择主要取决于以下几点：

(1) 顾客最方便购买的地点，如居民区、商业街、学校、医院门口、车站、机场、工作场所边缘和交通干线等。

(2) 顾客最乐意光顾并购买的场所，如商场、娱乐场所等。

(3) 产品最充分展现，让更多人认知的地点，如国内外的金融产品展示会、各种媒体广告和广播等。

(4) 树立金融产品形象的地点，如公益活动、社会活动等。

选择分支网点时，要求根据目标市场的特征及竞争状况、企业自身的经济实力、产品特点、公关环境和市场基础等特点，以及企业外部的市场环境、竞争对手状况等因素，经过综合权衡，选择出直接面向顾客的分销点。

案例 8-3

国外银行分支网点设立的创新做法

从 20 世纪 90 年代起，国外许多银行开始探讨、试验网点的新概念，更新网点设计、设备和人员安排，将网点从处理基本业务调整为主要从事其他渠道无法替代的复杂、高附加值的业务，从而提高分销渠道的竞争力和效率。这期间，发展出了多种新型的业态渠道，如店内网点、咖啡厅网点、"艺术"银行、机场网点及卫星网点等。

(1) 店内网点。由于在超市和百货商店购物的人群密集、流动量大，成本比传统网点低，可分别接触客户，能更快实现赢利，澳大利亚、英国、美国普遍设立了超市银行。据估计，2003 年美国有 8100 家店内网点，占全部网点的 10%左右，约 600 家银行在超级市场设有分支，富国银行就有 1000 家左右。

(2) 咖啡厅网点。为了给客户带来舒适的感觉，提高客户在银行网点的停留时间，一些银行将网点设计成咖啡厅的形式。部分银行自己经营咖啡厅，如华盛顿互惠银行开设了星巴克咖啡厅风格的分行。ING 直销银行也采取了这样的方式在各国扩张：开办低成本的连锁咖啡馆，ING 直销银行的咖啡馆都设在能带来最大收益且成本较低的地方。

(3) "艺术"银行。"艺术"银行通常以艺术展览的方式营业，展览从世界各国收集来的艺术品，其定位目标客户为高端客户。这种形式的"银行"成本比较高。纽约的帕克大街(美国纽约市的豪华大街街名，常用作奢华时髦阶层的同义语)是银行竞争最激烈的地方之一。为了有别于其他竞争者，纽约银行将艺术展览设在银行网点中，吸引爱好艺术的客户走进在曼哈顿的一个营业网点。这个艺术展览展示了从世界各国收集来的艺术品。展览持续 6～8 周，目的是吸引更多的高消费层客户。展览和银行的主要办公区域用玻璃门隔开，只要网点营业，展览就会进行，而且不收门票。

(4) 机场网点。为了宣传银行形象，扩大银行零售产品的销售，出现了"机场网点"。机场网点的优点在于它们的成本很小，但所达到的对外宣传的效果很好。比如，通过安全通道的乘客将可能会在很长一段时间内记住银行的品牌标志。另外，机场网点为旅行者和机场工作人员提供了便利。不过现在只有少数银行在机场设有网点。

(5) "卫星"网点。"卫星"网点的特点是规模小、网点多、覆盖范围广，可以最大限度地向最多的客户提供服务，满足客户与银行直接交流的需要。每个网点配备一或两名金融顾问，帮助客户选择适合的产品，向客户推荐适合的银行服务，维护客户关系。

例如，嘉信银行决定对其营业网点进行新的规划改造，这种变化是为了建立更紧密的客户关系，再平衡和优化网点资源。这些改变包括在市场上以客户为基础设立 54 个卫星网点，而不是传统的营业网点。这些新的小网点可以节约成本，以便提供低的有竞争力的价格给客户。为了最优化网点网络效率及再平衡网点资源，嘉信银行将选择的不同城市的 19 个网点合并入紧邻区域的其他网点。在这些改造完成之后，大约有 282 个网点，85%的嘉信银行网点的覆盖半径将从 9 公里扩大到 20 公里。对于住在传统网点或卫星网点覆盖区域之外的客户，金融顾问会通过电话的形式与其沟通。

(二) 根据竞争需要选择分销策略

金融机构选择分销策略时，无论从生存的角度还是从发展的角度，都必须充分考虑竞争对手的情况，所以要全面分析竞争对手的数量、竞争对手的策略、竞争对手的优势、企业的竞争优势及战略目标。

1. 竞争对手的数量

竞争对手的数量越多，选择分销策略的复杂性就越高。竞争对手数量多，一方面意味着市场竞争更激烈；另一方面，说明市场需求离饱和边界越来越近，要求企业更加小心、谨慎。当然，竞争对手数量多，说明产品的普及程度相当高，会造成渠道形式的多样化，因而有利于分销策略的选择。

2. 竞争对手的策略

金融机构在选择分销策略时，必须研究和调查竞争对手所采取的策略，然后根据自己的实力和条件选择分销策略。一般而言，不应采取与竞争对手同样的策略，以便扬长避短，相互补充，使市场协调发展。

例如，我国中小金融机构大多规模小、实力弱、人员素质相对低、分支网点少，无法与国有商业银行、股份制商业银行开展竞争。因此，中小金融机构可针对自己具有优势的细分市场进行单一、短渠道分销产品。例如，城市信用社应该把城市个体私营经济作为市场定位对象。由于一般国有商业银行难以顾及城市个体私营经济，股份制商业银行由于网点布置问题也不可能顾及，农村信用社身处农村，顾及的可能性也不大，所以城市信用社完全可以把城市个体私营经济作为市场的主要对象。而城市个体私营经济的特点基本相同，所以城市信用社可以采用单一、短渠道策略开拓这一市场，避开强大竞争对手的优势，方便、及时地满足客户的需求，实现利润增长。

3. 竞争优势策略

金融机构选择分销策略要注意发挥企业的优势，如在国外金融机构纷纷进入我国金融市场的同时，国内金融机构可发挥“本土”优势，力求在广大的农村市场建立起自己的分销网络和便捷的服务体系。

例如，外资保险公司已经在技术上和经营管理上取得了很多成功的经验，但进入中国市场后，它们不可能依老经验办事，必须选择适应中国经济、政治、法律、文化的金融产品和服务，它们可能需要花大量的时间和费用在其金融产品“本土化”上做文章。而中资保险公司在这方面有得天独厚的优势，它们土生土长，对国民的生活习惯、消费水平有充分的了解。因此，从产品设计与创新，营销网络与社会关系网络都优于外资保险公司，而且政府支持民族产业，对中资保险公司会给予更多的支持。如申请在华开业的外资保险公司，在经营地域上只能在指定的城市内开展业务；在业务上，财产保险公司只能做外资企业的保险业务，人寿保险公司只能做个人分散业务，而不能涉足团体业务等。这些规定对外资的发展速度、扩展规模起到了限制作用。

（三）根据中间商的性质、能力及对各种产品销售的适应性选择分销策略

如同一般产品营销一样，金融机构在决定中间商的数量时也有三种分销策略可供选择：密集分销策略、选择分销策略和独家分销策略。对三种策略的选择，要考虑到众多因素，如所推出的产品类型与规模、潜在市场及其目标顾客群、欲求的市场占有率、分销的环节以及产品的生命周期等。每一个金融机构都希望有众多合作者，进行密集分销，但不能胜任的潜在中间商会影响金融产品的营销效果，所以采用选择分销策略或独家分销策略将有助于金融机构提高销售业绩。

1. 密集分销策略

在密集分销中，凡符合金融机构最低信用标准渠道的成员都可以参与其产品或服务的分销。密集分销意味着渠道成员之间的激烈竞争和很高的产品市场覆盖率。密集式分

销最适用于专业技术性不高、易于满足客户需求的金融产品，通过最大限度地便利客户而推动销售的提升。采用这种策略有利于广泛占领市场，及时销售产品。

密集分销策略的缺点在于：提供服务的经销商数目总是有限的。金融机构应对中间商进行必要的培训，以及对分销支持系统、交易沟通网络等进行评价，以便及时发现其中的障碍。而在某一区域内，中间商之间的竞争可能造成销售努力的浪费。由于密集分销加剧了中间商之间的竞争，他们对金融机构的忠诚度降低，价格竞争激烈，而且中间商不再愿意合理地接待客户。

2. 选择分销策略

金融机构在特定的市场，选择一部分技术性较强的中间商来推销本企业的产品的策略叫做选择分销策略。采用这种策略，金融机构无需花太多的精力联络为数众多的中间商，而且能够与中间商建立起良好的合作关系，还可以使金融机构获得适当的市场占有率。与密集分销策略相比，该策略有较强的控制力，成本相对较低。

选择分销策略，应注意确定中间商区域重叠的程度。在选择分销中，重叠的量决定在某一区域内是选择分销还是密集分销。市场占有率高会方便顾客，但会增加企业的营销成本，而且中间商之间会产生一些冲突，可能降低金融产品的营销效果。低重叠率会增加中间商的忠诚度，但降低了顾客的方便性。

3. 独家分销策略

金融机构在一定地区、一定时间只选择一家中间商销售自己的产品的策略叫做独家分销策略。独家分销的特点是竞争程度低，成本相对较少，可以形成长期、稳定的密切关系。因为它比任何其他形式的分销更需要企业与中间商之间更多的沟通与合作，其成功是相互依存的。它比较适用于服务要求较高的金融产品。

独家分销策略使中间商获得一种特许经营权，避免与其他竞争对手竞争的风险。独家分销还可以使中间商无所顾虑地增加销售费用和人员以扩大自己的业务，不必担心金融机构会另谋他途。采用这种策略，金融机构能在中间商的销售价格、促销活动、信用和各种服务方面有较强的控制力，进行独家分销的金融机构还希望通过这种形式获得中间商强有力的销售支持。

当然，独家分销也有其缺陷，例如，中间商由于缺乏竞争，将导致销售力量减弱，从而影响到金融产品的销售。独家分销会使中间商认为他们可以支配顾客，因而占据了垄断性位置。对于顾客来说，独家分销可能使他们在获取服务的过程中感到不方便。采用独家分销，通常双方采用契约方式约定，在一定的地区、时间内，规定中间商不得再销售其他竞争者的产品，金融机构也不得再找其他中间商销售该产品。

（四）根据金融企业的战略目标选择分销策略

企业的战略目标是企业在一定时期内发展的总体目标，分销是实现上述目标的重要手段之一。我国金融机构有着与西方国家不同的发展轨迹。西方国家的金融机构经历了扩展到收缩的过程，而我国的金融机构正经历一个产权创新和组织结构创新、规模重组和整合的过程。

例如，银监会2007年对修订了《金融租赁公司管理办法》，允许合格的金融机构参股或设立金融租赁公司。之后，交行、工行、建行、招商银行和民生银行先后向银监会提交设立金融租赁公司的申请。同年 11 月，由工行独资设立的工银金融租赁公司开业，这是在商业银行退出租赁行业十余年后的首次进入。

（五）根据金融产品的生命周期选择分销策略

没有哪种分销策略能保证产品在生命周期内永远具有竞争优势。因此，企业在选择分销策略时，必须考虑产品生命周期的变化、阶段和时间长短。金融产品生命周期的有限性对产品的分销提出了客观要求。

金融产品像其他产品一样也有其生命周期，即导入期、成长期、成熟期和衰退期四个阶段。然而，金融产品和普通产品相比，二者的生命周期有很大区别，主要表现为：金融产品的引入期比普通消费品的引入期要短得多，这是因为大部分金融产品都没有专利权或商标权，很可能在短期内被竞争对手模仿；其次，金融产品的成熟期比其他有形产品的成熟期要长，因为消费者并不愿意经常变换自己的投资方法。所以，一些金融产品可以保持多年，不容易被其他金融产品淘汰。

案例 8-4

中国平安的分销渠道创新

在银保渠道受制于新政，营销员渠道陷入增员困境，车险代理渠道面临佣金率上涨的复杂大环境下，高速发展的新渠道正以上规模后低成本、快速传播等优势，迅速成为国内保险公司开辟保费新增长的主要渠道。

（一）车险：电销助力、增速超前

打个电话，就能轻松搞定复杂的车险投保，不但价格便宜还有专人送单上门——如今，这种既便宜又快捷的电话投保方式已经为广大车主所熟知。这就是近几年来发展迅速的电话车险，最早喊出这一口号的，就是中国平安旗下的平安产险。

业内人士分析认为，电话车险实现盈利的原理是：电话车险所产生的价格差异，是在保证综合成本可控的前提下，最大限度地节省综合费用率，提升综合赔付率空间，从而保证渠道获利。

平安产险推出国内首个电话车险专属产品仅仅 3 年时间就实现盈利的消息一经发布，让电销阵营中的后继成员们个个变得活跃起来。平安电销的示范效应，开始让越来越多的产险公司开始发力电话车险市场。据了解，目前已有 14 家产险公司拿到电销牌照，开始大张旗鼓地挺进电话车险市场。

消费者对这个新生的车险投保模式也从最初的怀疑转变为现在的认可，相对于传统渠道，约有 15%价格优惠的电销成为车主投保车险的主流渠道之一。

但就发展阶段而论，目前大部分保险公司的电话车险业务仍处于起步阶段，平安在这个市场的“老大”之位短期内难以撼动。据了解，平安产险 2011 年 1—9 月累计实现保费收入 156 亿元，同比增长 84.6%，为行业第一，在电销市场的占有率为 52.7%。

（二）寿险：渠道创新、力抗“寒冬”

有观点认为，国内寿险公司目前正遭遇业务增长乏力的“寒冬”。一方面，国内保险业正面临保险营销员的增长瓶颈，“增员难”使得个险保费增长的前景堪忧；另一方面，监管层对银保业务持续规范的“组合拳”，也影响了寿险保费规模的扩张。

一时间，国内寿险的两条主要销售渠道同时陷入前所未有的发展瓶颈。而中国平安再次走在了寿险大军渠道改革的前列。近几年来，中国平安全面利用综合开拓、电销、E化行销等多种创新营销渠道，给予客户全方位的服务体验，对改进业务增长方式进行了新的探索。

在中国平安看来，寿险电销的价值在于：一是集约化经营，固定成本摊薄效应明显；二是佣金率低，保单变动成本低；三是电销主要以传统保障型产品为主，契合监管主基调；四是客户资源事先经过筛选，一定程度上降低了逆选择风险。

与此同时，信息技术、电子商务的发展为寿险业务的转型与创新提供了技术支撑。在此值得一提的是中国平安另一大渠道创新项目——移动展业新模式（MIT）。据介绍，目前移动展业新模式所带来的保费收入已经占平安人寿新单保费的85%以上，用户人数超过40万人。

尽管目前移动展业模式仅仅在平安人寿内使用，但移动展业模式将逐步推广到平安集团旗下其他业务，目前办理业务的范围已经包括产险、养老险，未来还会逐步延伸到银行、投资等业务。

本章小结

本章主要分析了金融机构主要的分销渠道，并讨论金融机构可以选择的分销战略。分销渠道既是连接企业和消费者的基本纽带，也是金融企业完成其销售职能的实体。所以，产品分销渠道在金融营销活动中至关重要。就金融机构营销者来说，满足目标市场的客户在一定时间和地点，方便、快捷地得到他们所需要的金融产品和服务，才能实现金融机构的营销目标，取得较高的经济效益。

金融机构需要结合金融产品的特点，在不同的时间、区域为客户提供多种渠道的选择，使客户能方便地购买其所需的产品，这就必须要制定和实施分销策略。

复习思考题

1. 简要描述金融机构分销的基本过程。分销策略对金融机构具有什么意义？
2. 金融机构直接分销渠道与间接分销渠道有哪几种类型？
3. 金融机构在设立与管理分销渠道过程中要考虑的因素主要包括哪些？
4. 请联系实际，分析我国金融机构的分销渠道存在哪些问题。
5. 金融机构的分销策略有哪些？分析选择分销策略要遵循的基本原则。
6. 分析、讨论下面的案例。

众合 ABC 模式：保险中介营销坐标

众合在实践中创造的“A＋B＋C”复合营销模式已经成为业界经典。

频繁的地下保单、低价诱饵、内外勾结等事件的曝光使老百姓对保险中介大失信心，宁可减少理赔也选择直接与保险公司打交道。

“中国保险中介机构小而散者居多，内部管理极不规范，高投资收益、有证代理、低保价等营销方式在老百姓眼中可谓陷阱重重。作为保险中介之一的众合，多年来一直走创新道路。”众合董事长郑磊说。

2003 年，公务员出身的郑磊“下海”了，误打误撞进入了完全陌生的保险中介领域。

郑磊的确想不到，当初的误打误撞会创造出保险中介公司营销模式的最高境界。

复合营销 ABC 模式

早期众合率先推出“保险产品销售超市”的营销模式，即在“超市”里，“陈列”保险公司的每一款产品，然后通过专属代理人寻找客户，再针对客户需求提供适合的服务。这种模式虽取得一定业绩，但存在弊端：代理人规模受限制，发展并非无疆界；代理人为佣金而动，团队稳定性薄弱；缺乏竞争壁垒，容易被复制。实非保险中介公司长期发展的有效形态。

几经摸索，众合通过整合线上销售服务、线下营销渠道，创造出独具特色的“众合模式”。所谓“众合模式”，实际上是一个复合销售模式，概括为“A＋B＋C”，每个字母代表不同层次的营销方式。

A 模式：落地模式。基于前期搭建的“保险产品销售超市”，在多个看好的社区内，通过专属代理人为目标客户提供服务，再靠“积分会员制”的激励管理方式维系和稳定专属代理人队伍。

B 模式：携程模式。通过广告宣传和成立各种保险俱乐部，使客户成为众合会员，再通过“呼叫中心”，在适当时间为客户提供对应服务。该模式的发展方向是培养客户形成一种消费习惯。

具体做法：推出国内首个服务于保险中介机构的电子商务平台。此平台基于互联网，集电子保单交易、代理人展业支持、保险产品营销规划、保险客户服务管理、成本利润预结算于一体，是一个信息化综合管理平台。这种模式与携程模式异曲同工，最大优点是代替手工操作的繁杂程序，无缝对接各大保险公司，提高效率的同时，降低运营成本。

同时，成立国内首家金融渠道服务会员制俱乐部，在全国范围内招募会员。该俱乐部的成立标志着 B 模式成熟。与国内众多汽车保险俱乐部模式不同的是：除车险及其他相关险种，还提供寿险、财险、理财服务、融资担保等金融综合性服务，满足会员各种层次的金融需求。

C 模式：整合营销，或称“组合营销”。该模式解决了保险中介既要长期发展又要短期盈利的问题，是“众合模式”的最高境界。它是将保险公司推出的各种保险产品，譬如理财保险、少儿保险、养老保险、责任险等打成以某一种险为重点，其他险为补充的各种各样的保险产品包，譬如家庭理财、信贷服务、保险服务、汽车服务等。投保人购买某一险种的同时，也购买了其他辅助险种，这种强势的服务方式不但拉动客户的保险需求，更使众合实现收益。

“货运通”是众合复合营销模式的典型代表。该险种通过众合旗下产品“汽车电子锁”，给货物装上“电子眼”，再依托电子商务平台实时跟踪，为物流行业会员解决了“货物丢失”难题。

实训题

长期以来，美国实行单一银行制度，银行不允许在国内的其他州开设分支。20 世纪 80 年代初，美国法律放松了对金融业的管制，允许商业银行跨州经营。于是，花旗银行决定打进大西洋区的抵押放款市场。但考虑到设立一家分行的巨大成本，花旗银行决定采用直复营销战略。银行产品开发部门在设计出房贷产品后，营销部门利用广泛普及的电话及邮递业务与客户直接接触，安排经过严格训练的电话营销员在电话中详细与热情地解答客户来电，并在电话中协助其填写房贷业务申请表，将填好的申请表送到区域推销员处进行处理，这样达成了多笔贷款交易。

这一做法开辟了金融产品营销的新渠道，成为美国金融营销中的一个成功案例。试对花旗银行的上述金融产品营销渠道策略进行分析与评价。

第九章

金融服务营销策略

学习目标

［知识目标］

通过本章的教学，使学生了解金融服务营销的定义，掌握金融服务营销特点，了解西方金融业服务营销的特点。

［技能目标］

通过本章的教学，使学生了解我国金融服务市场的发展趋势；理解员工忠诚与客户忠诚的关系，并能够在工作实践中自觉执行。

引言

尽管人们常常有金融产品或金融服务的称谓，但本质上金融就是服务。因此，从事金融营销，仅仅了解市场营销理论还不够，还需要进一步掌握服务营销的理论知识。作为市场营销理论知识的必要补充，本章将概括介绍服务营销理论的发展与特点，了解服务活动和服务产品的本质特征，以及有关营销策略。由于金融营销发展历史比较短，学习金融服务营销理论时，还需从其他服务行业的经验教训中吸取营养。

第一节　金融服务营销概述

服务营销学源于市场营销学，伴随服务经济时代的到来而越来越受重视。在学者们多年研究的努力下，服务营销理论日益显现出其独特性，并逐渐形成具有巨大发展潜力的新兴学科。它从理论上分析并解释服务活动的本质与特征，比较服务产品与有形产品的差异，提出了许多新的营销理念，为企业、政府、社团组织提供了服务管理方法和策略。

从传统来看，市场营销学注重的是生产有形产品的企业营销活动，对基于劳务的服务产品营销的重视，只是近二十年的事，并由此派生了服务营销的新学科领域。金融行业是不同于有形产品生产的服务行业，其虚拟性和重要性使它成为一个特殊的服务行业，其营销更适用服务营销理论。遗憾的是，许多金融营销者对此并不熟悉。

一、服务营销理论的兴起与发展

服务营销理论于 20 世纪 60 年代兴起于西方，80 年代进入高潮。原因是西方经济发达国家进入了知识型的服务社会，不仅服务机构，包括工商企业针对有形产品附加服务活动，都需要新理论来指导。服务营销学是市场营销学运用于服务行业后，进行适应性的蜕变或变革的必然结果。

服务营销学是一门年轻的理论，回顾其发展历程，学者们大致将其归纳为三个阶段，每个发展阶段都有关注和研究的重点问题。

第一阶段(20 世纪 60—70 年代)是服务营销学的脱胎阶段。这一阶段是服务营销学刚从市场营销学中脱胎而出的时期。

第二阶段(20 世纪 80 年代初至 80 年代中期)是服务营销的理论探索阶段。

第三阶段(20 世纪 80 年代后期至今)是理论突破及实践阶段。在第二阶段取得对服务的基本特征的共识基础上，营销学者们集中研究了传统的“4P”组合要素用来推广服务产品存在明显缺陷的对策，究竟要增加哪些新的组合变量的问题。

案例 9-1

1977 年，美国花旗银行副总裁写了一篇文章，名为“从产品营销中解放出来”，由此揭开了服务营销研究的序幕。他写道：“服务营销的成功需要有新的理论来支撑。如果把产品营销理论只是来个改头换面，就应用到服务领域，营销问题还是难以解决。服务行业中缺少相关营销理论，恐怕与市场营销本身的近视不无关系吧?”这段话足以说明花旗银行在同行中，甚至在整个服务领域，其营销领先一步。花旗银行率先从消费品公司的领袖宝洁引入营销经理制，树立起营销理念。

纵观世界各国的发展，服务和创新成为经济发展的重要主题，服务产业的营销管理研究也成为传统市场营销的重要分支。毋庸置疑，金融作为国家的宏观调控工具，在一个国家的经济发展中起着至关重要的作用。然而金融作为典型和特殊的服务行业，在经济的发展中不仅要为个人消费者以及各行各业提供资金支持和服务，还要为整个国民经济的发展提供大量的就业岗位。而从事资金经营获利所导致的风险性、安全性以及流动性等特点，使得金融企业具有与一般服务企业不同的特殊性，因此对于金融这一特殊服务行业的营销问题的研究显得格外重要。

二、金融机构营销与普通企业营销的比较

与普通企业的营销活动相比，金融机构的营销具有以下特点。

1. 宏观环境比较严格

普通企业的营销活动只需避免不正当竞争，不触犯法律，所受到的其他限制相对较少，宏观环境比较宽松；而商业银行营销活动受到货币信贷政策、金融业务制度以及金融监管等的限制，宏观环境比较严格。

2. 营销产品相互联动

普通企业产品的关键因素是质量和价格，金融机构产品的关键因素则是所能提供的配套服务内容。金融机构产品的这种联动性特点使金融机构的总体协调显得尤为重要。

3. 营销渠道短而直接

普通企业产品渠道的环节一般比较多，与中间商联系较多，不直接面向最终消费者；

而金融机构产品的营销渠道短而直接，一般都直接面向客户。因此，设立直接的经营机构、营业网点是金融机构以往扩大业务、占领市场通常采用的分销渠道策略。这一特点，使得金融机构从业人员的素质直接影响到银行的形象。

4. 营销创新的独占性非常有限，竞争周期加快

普通企业的产品和技术创新的独占性程度由于存在法律保护而比较强。相反，金融产品和信用服务的创新因没有法律保护（金融产品专利法尚未出台），其独占性非常有限，金融机构之间可以相互模仿、采用，从而缩短了产品的市场生命周期，加剧了竞争。所以，一家金融机构若要长期维持其产品和服务特色的优势，就需要不断创新。

三、金融服务产品的基本特征

结合服务营销的知识，总结出金融服务产品的如下基本特征。

1. 金融业提供的服务是非实体的服务

如银行在提供存款、贷款服务时，并没有提供一种有形产品，因而服务质量的评价一般用经验、信任、感受和安全等方面的语言来描述，十分抽象。

2. 金融服务是一种或一系列行为，而不是物品

比如，银行的产品是一种服务行为，而不是具有高新技术或专利的实物产品，因而很容易被同行竞争者模仿，产品的生命周期缩短。因此，金融机构只有根据不同细分市场的不同需求，不断推出新的服务，才能在市场竞争中保持市场领先地位。

3. 从某种程度上讲，金融服务的生产与消费是同时进行的

如银行在提供存款、贷款、租赁融资、信用卡业务、转账业务等服务时，基本上是与消费者同时进行的。

4. 顾客在一定程度上是参与生产的

顾客不是被动地接受服务，而是消费与生产同时进行，并参与服务生产。

由此可以得知服务和顾客对金融业的重要意义。这里的服务不仅仅包括反映在账面上的服务，还包括许多隐性服务，如票据处理、质量问题处理、服务补救、投诉处理、顾客培训、顾客咨询、电子邮件收发、对特殊问题的关照、信守承诺等。

清晰、准确、及时、有效地处理服务失误和顾客投诉，以及员工对顾客的重视和理解，都可以提高服务质量，也利于提高顾客对服务的满意度。另外，顾客所购买的不是产品或服务，而是由产品或服务所提供的利益。他们所购买的是由有形产品、服务、信息、关怀和其他因素组成的“服务产品组合”，而且正是这个“服务产品组合”，为顾客所感知的服务创造了价值。从这个角度来说，服务的提供过程也是顾客感知价值生成的过程，顾客在一定程度上参与了生产。若顾客感知价值越高，他对该金融机构越满意，就越愿意为所享用的服务付费；该金融机构也因此获得更多的利润。

金融业顾客的忠诚度和企业内部员工的满意度、忠诚度和生产力联系在一起，它们之间相互联系的机理是：企业的利润和增长基本上是由顾客的忠诚所激发、导致的；顾客的忠诚是顾客满意的一种直接结果；顾客的满意度很大程度也受企业所能提供给顾客的价值的影响；服务所提供的价值是由忠诚满意和有高度生产力的企业员工创造出来的；员工的忠诚满意和能力主要来源于企业内高质量的服务支持体系和使员工能向顾客提供有价值服务的公司政策。

根据服务利润链(见图 9-1)模型得知,驱动服务利润链的动力不是利润,而是为顾客创造价值,其基本要素是顾客和员工的忠诚。

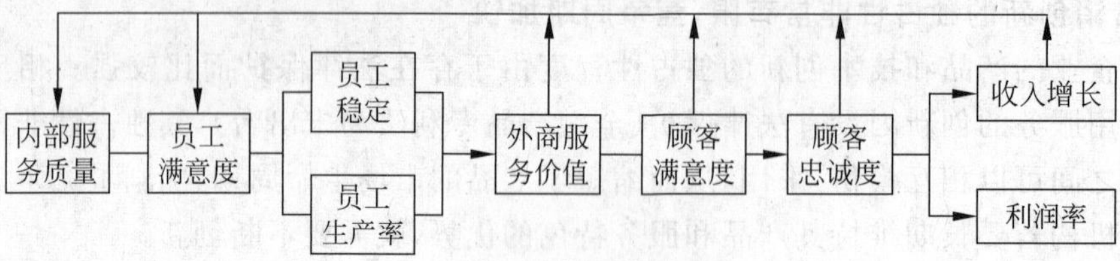

图 9-1　服务利润链

四、金融创新活动日新月异

随着金融服务模式的发展,金融业的营销也在不断发展。金融业独特的服务方式决定了其营销不能死搬硬套工商企业那一套,而应根据行业特点,创新一套适应其企业特色的别具一格的行业实务营销。

1. 创新服务观念,树立以"客户为中心"的创新意识

金融业面临的首要挑战是对优质客户的竞争。外资金融机构利用其跨国经营,创新能力,丰富的金融产品,服务水平以及严格的经营管理等方面的优势,与国内金融业正在进行着对优质客户的争夺,因为只有优质客户才是金融业效益的源泉,发展的基石。所以,我们应该保持清醒的头脑,认真思考并建立现代金融业"以客户为中心,市场为导向,效益为目标"的经营理念。

现代金融业总的经营目标是追求利润的最大化,这是金融业生存的基础。为了实现这一目标,金融业必须对自身经营的每一笔业务进行成本核算,预测盈亏。这就有必要对金融业客户群体质量进行分析、评价,根据客户需求和金融业双边利益制定服务策略,构建客户管理体系,对优质客户实行特殊服务,努力锁定一批优质客户,确保金融业实现利润最大化的经营目标。这是市场经济日臻完善的必然趋势,是现代金融业实现集约化经营的必然选择。

2. 创新服务手段,满足经营模式对服务能力的要求

金融业对客户提供的金融产品能不能使客户得到满足,这是衡量金融业服务水准的关键。优质客户只是其中的一部分,还有很大一部分客户的经济生活离不开金融业的服务。这就要求金融业在服务手段上不断创新,尤其要开发能为自身带来丰厚利润的金融产品,这样才能增强竞争实力,吸引新的客户,扩大服务群体。

为了在这种竞争中保持和扩大自身市场份额,各金融机构纷纷采取了一些特色鲜明的营销措施,用营销理念来创新金融产品和金融服务。现如今,增强营销创意,培养营销环境,整合营销队伍,优化营销策略以及合理引导金融企业的有序竞争,已成为每一位金融企业家面临的必须解决的问题。尤其对于中国这样一个金融业还不尽完善的国家来说,面临着来自海外经验丰富的金融企业的巨大竞争压力,只有熟练运用诸如金融营销这样的先进理念来"武装"自己,才能在愈演愈烈的市场竞争中占有一席之地。

3. 实现由为客户提供满意服务向培养客户忠诚度的转变

金融业客户是否持续地购买你的金融产品或者服务，决定着金融业是否能获得成功。然而，就像我们已经发现的，客户对金融业的金融产品满意度还远远不够。为了确保客户能够不断与金融业发生交易的频率，客户的忠诚度应该得到足够重视。忠诚是从客户满意概念中引出的概念，是指客户满意后而产生的对某种产品品牌维护和希望重复购买的一种心理倾向。

客户忠诚实际上是一种客户行为的持续性，客户忠诚度是指客户忠诚于企业的程度。客户忠诚表现为两种形式，一种是客户忠诚于企业的意愿；一种是客户忠诚于企业的行为。一般的企业往往容易将此两种形式混淆起来，其实这两者具有本质的区别。前者对于企业来说，本身并不产生直接的价值；后者则对企业来说，非常具有价值。道理很简单，客户只有意愿，却没有行动，对于企业来说没有意义。企业要做的，一是推动客户从意愿向行为的转化程度；二是通过服务创新等途径进一步提升客户与银行的交易频度。

4. 让服务成为金融产品的一部分

差异化、个性化的个人金融服务与产品，将成为金融业业务发展的主流。随着社会的发展，服务将逐步取代产品的质量和价格，成为市场竞争的新焦点。对于金融服务来说，要创出金融服务的名牌，将服务作为一种特殊的金融产品来营销。金融业向客户出售的是服务，服务质量是金融业求得生存与发展的关键。因此，金融业应在不断的竞争中形成一套成熟的服务理念和服务管理规范，使更多的客户愿意“购买”金融服务。

案例 9-2

生命人寿：以服务带动营销

自 2010 年 6 月 25 日开始，生命人寿第五届客服节在全国近 600 个大中城市同步拉开帷幕。

本着“以客户服务节为契机，进一步完善、提升自我”的宗旨，紧紧围绕“关爱与健康”的主题，生命人寿精心策划了“感动就在这一夏”、“生命摄影”、“品质监督员”、“生命有缘客户大回访”等活动，同期隆重推出“VIP 尊荣服务体验”活动，与 500 多万生命人寿客户共同度过了 2 个月的难忘暑期。

以客户服务节为契机，本着为客户服务的宗旨，围绕“关爱与健康”，在众多保险公司争抢客户的大环境下，突出重围，凸显生命人寿的品牌形象。

5. 利用信息化手段提高服务质量，效率和决策水平

新经济时代的信息技术与金融服务相互渗透，改变了金融服务的方式和信息技术服务的内涵。信息是决策的基础，金融业要扩大服务的深度和广度，更要重视客户信息的掌握和有效地利用客户信息。随着当今高科技日新月异的发展，金融服务质量的提高将更注重高科技的运用。如网上交易、全球电子交易系统、全球 24 小时不间断交易等形式的出现，都说明新兴技术将不断被用于金融交易活动中，促使金融企业的金融产品的形式及金融服务的方式发生重大变化，也使金融服务活动在更广阔的空间开展成为可能。

电子技术和远程通信系统在金融业的运作，不仅会提高金融企业的经营效率，极大地

降低企业运营成本和交易成本,也给客户带来更多的实惠。在金融竞争日益增强的今天,高科技金融服务也是一项最为有效的竞争手段。可以说,谁拥有高科技,谁就拥有强大的竞争优势,也就可能更多地拥有顾客和市场。

案例 9-3

低成本供应商的优势

约翰·博格,《长赢投资》作者,先锋基金(Vanguard Funds)的前主席,大声疾呼要减少共同基金的管理费。他非常明智地指出,费用结构应该与管理的资产挂钩:资产少的基金可能需要收取较高的费用去弥补成本,产生很少的利润。但是即使一些基金的资产增值两三倍,管理费用所占比例仍然保持同一水平,因而基金管理人赢得了两三倍的利润。只是在 2003—2004 年发生了"共同基金丑闻"后,作为回应,监管者才开始要求对基金费用增加更大的透明度。

对先锋集团而言,许多消费者没有对基金管理费给予关注的事实,为基金管理人作为超低成本供应商提供了产品有效差异化的机会。看来真的存在大量对费用敏感的消费者,结果使得先锋公司成长为美国排名第二的共同基金投资公司,仅次于富达投资集团(Fidelity Investments)。

案例 9-4

向嘉信理财学习营销课程

与许多金融公司不同,嘉信理财公司无论在产品创新还是营销技巧上,都是营销实践的领先者。在产品方面,嘉信理财公司建立了共同基金超市,成为第一个在市场上进行差异化运作的共同基金公司。传统上,共同基金的销售一直是建立在业绩的基础上。

通过为投资者提供多种共同基金品牌的一站式服务,嘉信理财保证了投资者们能够接触到每个类别中业绩一流的基金。嘉信理财还在其市场定位战略中采取了另一明智的方针,即自身的差异化不是针对其直接的竞争对手,而是针对全球的经纪型基金。通过提供只收取顾问费的金融顾问作为一项增值服务,嘉信理财确立了自身作为无偏见投资建议来源的品牌。

嘉信理财公司是首批系统地运用在线方法吸引、保留客户和对客户交叉销售(Cross-sell)的公司之一。它运用互联网的熟练程度,远远领先于绝大多数竞争对手。举个例子,很多金融公司谈论"一对一"的网上营销,但是通过发送电子邮件的方式进行沟通、交流并没有体现个性化。相反,嘉信理财每月向各个基金的持有者发送基金绩效比较报告。

金融服务营销商们不仅在现有客户中发展更忠实的客户,而且通过分支机构,利用月度账单报表、网上在线和服务热线,与这些客户进行稳定的交流。客户们也愿意查看来自为他们服务的金融机构的电子邮件,或回应这些金融机构的服务电话。

更有甚者,金融服务公司一般来说非常了解他们的客户,这就蕴藏着巨大的营销优势。事实上,信用卡产业就是最先在获利性分析的基础上进行市场细分的产业之一,因为它可以迅速掌握必要的评测数据,不仅能确定谁在使用这种产品,而且知道客户的用卡频率、付款速度以及花钱消费的对象。与大多数其他类型的营销商相比,银行和经纪公司掌握了更多的客户信息,比如客户住房的价值、年龄、收入、借款行为等。见多识广的消费品营销商,比如可口可乐公司,能够把上述信息转化为巨大的优势。

但是,金融服务公司是长久以来最不注重市场导向的行业之一。这些行业的市场细分和目标营销还在比较简单的低层次徘徊。例如,一些保险公司只是刚刚开始把妇女和少数民族等这些大的细分市场作为目标市场;几乎没有人像消费产品营销人员通常所追求的那样,把这本来就范围不大的人口细分市场再切分、细化。

第二节　金融服务人员策略

一、金融业员工忠诚管理

（一）忠诚管理的内涵

人文范畴中有着悠久历史的“忠诚”概念,这在当代管理界中日益成为一个关注的焦点。哈佛大学哲学系教授乔西亚·洛伊斯早在1908年《忠诚的哲学》一书中指出,“忠诚自有一个等级体系,也分档次级别:处于底层的是对个体的忠诚,而后是对团体,而位于顶端的是对一系列价值和原则的全身心奉献。”弗雷德里克继承并发展了这一观点。

他认为,所谓忠诚,并不仅仅是指经营思想和战略规划,因为它提出了一整套实用的测量指标,所以它还指导着实施战略策略的日常工作的操作。因此,他认为,忠诚管理并不仅仅是指面向个人或团体的忠诚,更重要的是忠于某个企业,据以长期服务于所有成员的各项原则。同时他提出了衡量忠诚管理的一个基本框架,赢得雇员的忠诚是其设计的框架中的八大要素之一。

小贴士

诺贝尔经济学奖获得者西蒙认为,组织目标的“内在化”使组织内各成员养成了对组织的依赖感和忠诚;而组织价值观确定其组织目标,只有当个人的价值观与组织的价值观和社会价值观相一致时,组织内的个体才会认同,从而产生群体的内聚力。

员工的忠诚分为主动忠诚和被动忠诚。前者是指员工主观上有强烈的忠诚于企业的愿望,这种愿望往往是由于组织与雇员目标的高度协调一致,组织帮助雇员发展自我和实现自我等因素造成的。后者是指员工本身并不愿意长期留在该企业,只是由于客观上的约束因素(如较高于同行的工资、良好的福利、交通条件、融洽的人际关系等)而不得不继续留在该企业,一旦约束因素消失,员工就可能不再对企业保持忠诚了。相比较而言,主动忠诚比较稳定。

从另一角度看,员工的忠诚有两种:一是员工在职期间勤勤恳恳、兢兢业业,能够为企业的兴旺尽职尽责;二是在企业不适合员工或员工不适合企业而离职后,在一定时期内能保守原企业的商业秘密,不从事有损原企业利益的行为。

（二）员工忠诚的作用与价值

员工对企业的忠诚度是企业管理好坏的重要指标，也是关系到企业能否顺利发展的大事。美国《管理评论》杂志指出，今天的企业面临两大挑战：一个是吸纳稳定性高的员工，另一个是留住能力强、位居关键的员工。没有一支稳定的员工队伍，企业的生存、发展、巩固是一句空话。同样，里奇·海德在《员工忠诚的效应》中一再强调，提高雇员对企业的忠诚度对企业经营大有裨益。

员工忠诚带来的益处是多方面的，其中包括降低员工培训支出，提高生产率，创造更多的利润，以及这些忠诚于企业的员工对客户和新员工产生正面影响等。据美国赫氏集团管理咨询公司估计，企业每解雇一个员工所损失的培训时间、生产率和其他因素相当于两个员工的时间，企业每损失一人所损失的成本相当于 5 万美元。

对于金融业来说，员工的忠诚能使其最大限度地发挥创造力和潜能，使他们在业务流程的各个环节中提高效率，从而降低成本。以银行为例，员工忠诚可以赢得优质的客户群体，一旦拥有了一批忠诚的客户，便会产生多米诺骨牌效应，赢得更多顾客，推动商业银行的业务不断向前发展。忠诚的剩余价值就是忠诚领先的银行，比一般银行能产生更有价值的经济效益，即忠诚的溢出效应，如图 9-2 所示。

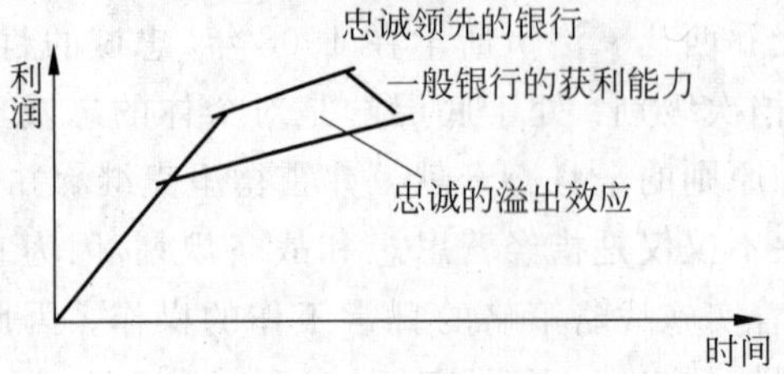

图 9-2　忠诚的溢出效应

这就要求所有的员工忠诚于自己的企业，最大潜能地发挥自己的创造力，团结敬业，勤奋上进，创造比竞争对手更有竞争优势的服务和产品。

二、我国金融业员工管理中存在的问题

人才是生产力中最宝贵的资源，是竞争的法宝。但在中国，作为服务利润链的最基本要素，员工的忠诚并没有得到应有的重视。目前金融业员工管理上存在着以下问题。

1. 对“资源”的认识不足

长期以来，对“资源”的理解仅停留于“物质、动力的天然来源”，没有认识到“人”也是资源的一部分，更没有认识到“人力资源”代表了能为企业带来高价值的“无形资产”。

2. 员工缺少共同远景

从国外的实践来看，企业的发展目标深刻地、不间断地与人力资源政策相结合，企业的每一位员工都清楚地知道企业的长期发展目标、部门的发展目标及个人工作职责，同时努力使自我素质与企业精神相符合，做到实现企业目标的同时实现自我价值。这样，员工就有了奋斗的动力。遗憾的是，我国金融机构大部分实行“高层任命制度”，每当一位新的领导上任，其企业发展战略方针就会随着个人思想的不同而发生变动，中、低层员工的思

想及行为方式也要相应调整。

3. 员工缺少忠诚度

目前国内金融机构没有建立起一套完善的员工激励制度，在薪酬制度上存在一定的缺陷，加上缺少对员工及工作的评价标准，员工因此而没有工作热情，更难培养出与企业荣辱与共的“主人”精神。

三、如何培育忠诚员工

培养员工的忠诚度，首先要提高员工的满意度。全面员工满意是指所有管理者都应从员工与组织的各个方面入手，分析影响员工满意的各种因素，并采取各种措施全面提高员工满意水平。

（一）影响员工满意水平的因素

1. 报酬结构

公平、合理的报酬制度是员工满意的关键因素。虽然人们在意报酬的绝对数量，但更看重报酬的公平性。

2. 工作内容

一般来说，员工喜欢具有挑战性的、自己感兴趣的工作，不喜欢单调乏味、不能发挥才能的工作。

3. 人际关系

友好、合作的同事是员工满意的重要因素之一。另外，如果与上司、下属相处和睦，也会令员工满意。

4. 事业发展

员工喜欢有机会晋升与发展的组织与工作。如果事业发展不顺利或晋升政策不公平，员工就会产生不满意。

5. 工作条件

良好的工作条件，如适宜的温度、湿度、通风、照明等，也是影响员工满意的重要因素。

6. 管理状况

组织的管理状况，如领导方式是否恰当、规章制度是否合理、责权是否清晰、沟通是否通达等，也是员工满意与否的关键变量。

7. 人格性格

有些员工性格开朗，即使是环境欠佳，也乐观向上；有些员工性格抑郁，即使是条件不错，也会不满意。

（二）提高员工满意水平的措施

管理人员从以上各个方面采取措施，可以做到让员工满意，为建立忠诚度做准备。除此之外，还必须做好以下三个方面，以培养员工的归属感，让员工觉得自己是企业不可或缺的一员，只有这样，员工才能忠于企业。

1. 营造团结、诚实、尊重、信任的企业文化

企业建立企业文化，目的是为了形成一种精神力量，以促进全体员工积极、奋发、向

上,形成良好的工作氛围。它对人有引导、约束和激励作用。管理心理学的研究表明,当一个人对组织没有归属感的时候,其所作所为只对自己负责。当个人利益与组织利益发生冲突时,他会优先保证个人利益。当员工有较强的归属感时,才会对组织负责,必要时甚至会为组织做出必要的牺牲。

企业建立起团结、诚实、尊重、信任的企业文化,公司信任其员工,授权员工代表公司做出决定,不需要任何批准,员工就会增强责任感,进而形成归属感。在工作中建立起团结、信任的道德规范体制,员工会在安全的工作氛围内发挥团队精神,友好合作,从而形成一支稳定的队伍。

2. 注重员工学习和培训

在知识经济时代,不断地学习变得越来越重要,掌握知识成了人们的追求。信息和知识的发展迅速倍增,若不持续地学习和及时掌握新知识,已有的优势将很快不复存在。人们需要终身学习,需要更多可以转换的技能。因此,企业应为员工提供更多的学习机会,重视培训和教育,提高员工的素质,充分挖掘和利用他们的潜能,实现其自身价值,提高工作满意度,从而促进生产的发展,提高企业的竞争力。

经过学习和培训,企业由于员工技能的提高而得到长足的发展,员工则从企业发展和自身努力中获得收益,这对员工的职业发展和个人价值实现有很大的帮助,使他们心存感激,逐步形成忠诚感。

3. 在管理机制中引入“员工满意度”管理项目

员工满意才有可能对企业忠诚,但员工是否满意,仅凭感觉和观察得出的结论都是相当局限和不准确的。对员工内心反应的科学考察,必须在管理机制中引入“员工满意度调查”管理项目。员工满意度调查可从上述介绍的影响因素入手,通常包括对工作本身、对工作回报、对工作背景、对工作群体和对企业整体的满意程度等。

员工满意度调查的关键在于不同企业在深刻了解企业文化的内涵、公司发展战略等的基础上,制定适合本企业风格的员工满意调查表。员工满意调查应定期进行,所获得的信息应在有效期内反馈给管理部门,以便调整管理举措。

案例 9-5

招商银行信用卡客户服务中心的员工忠诚度培养

招商银行信用卡中心客户服务中心以“服务领先同业,创造良好市场口碑”为追求目标。日常的营运中将招商银行“服务、创新、稳健”的核心价值观贯穿各项业务、日常管理之中。在服务理念、服务流程设计、服务渠道上,紧密围绕招商银行信用卡中心“以客户为中心”的理念。

24 小时 365 天主动和热情的服务,使招商银行信用卡中心客户服务中心在国内外同业中取得了良好的口碑。2008 年,招商银行信用卡在年初发卡突破两千万张。招行还陆续成功推出购汇、分期邮购、VISA 验证等国内首创业务功能;不断完善了 IVR、网银和申诉等作业平台;有效提高了客服中心的整体服务能力,强化了业务处理能力。在招行业务不断发展的同时,也得到客户的肯定,获得包括“全球最佳呼叫中心大奖”、“CCCS 客户联络中心标准五星钻石认证”等各项荣誉。

对于呼叫中心的客户服务专员来说，他们的工作有其特殊性，比如轮班，严格的上下线时间控制，高强度的情绪劳动等。这些特点，使得呼叫中心的高离职率成为行业内的共性难题，业内服务专员的平均离职率保持在30%左右。而同时，呼叫中心存在另一个共性问题，就是专员年龄结构的年轻化态势，特别是目前，各呼叫中心的人员主体构成为80后人员。这一群体的特点，集中体现出来的是个性自我，更追求新鲜感，也使得现在的员工管理工作面临着新时期的挑战。

在招商银行信用卡中心的客户服务中心，人员流失率在业内处于较低的水平。招商银行长期以来非常重视团队文化建设和员工激励工作，从人才的发现、培养、激励和维护各方面做好员工建设工作。从招聘环节开始，通过相关测试和面试，力求选择合适的人到合适的岗位。由于呼叫中心的特性，要适应、融合这样的工作氛围，选择合适的人要比选择优秀的人更为重要。

其次，招商银行信用卡中心有一套相对完善的员工职业生涯发展规划体系，员工上岗之后就设定清晰的个性化职业生涯发展规划；在客户服务中心内部建立了人才培养机制，力求公正、公平地选拔人才，拓宽员工的职场通道。再者，加强“尊重、关爱、分享”的人性化氛围建设，除了美化和完善客观职场环境外，更加重视员工内心对这个企业的认同，对企业文化和工作氛围的认同，这个因素，在员工忠诚度建设上，更为长久，也更为坚固。

四、员工忠诚与客户忠诚

企业只有在不断完善各项制度的过程中，才能逐步提高员工的满意度，提升员工忠诚度。而员工忠诚度的提升，会对提升客户满意度和忠诚度起着举足轻重的作用。

何谓客户满意和客户忠诚呢？不同的学者对于客户满意概念的界定基本是一致的。菲利普·科特勒认为，客户满意“是指一个人通过对一个产品的可感知效果（或结果）与他的期望值相比较后，所形成的愉悦或失望的感觉状态。”

与客户满意相比，不同的学者对于客户忠诚概念的界定存在较大的分歧。例如，有专家将客户忠诚定义为连续3次购买，有人则认为要连续4次购买，还有人把购买比例（而不是结果）作为对忠诚的行为性测算，并且把消费者忠诚分为对制造商品牌和销售商品牌的忠诚。总之，客户忠诚是由于价格、产品服务特性或其他要素引力的影响，客户长久地购买某一品牌产品或服务的行为。

客户满意才有可能实现客户忠诚，就银行而言，一个满意的、愿意与银行建立长期稳定关系的客户为银行带来相当客观的利润。同理，失去一个客户，银行遭受的远远不止“一个客户”的损失。那么，是什么会导致客户对银行不满意呢？以下是一份关于客户流失的研究调查结果，如图9-3所示。

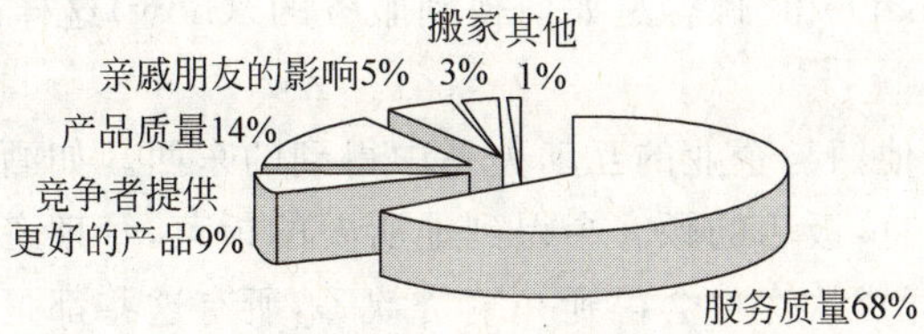

图9-3 银行客户流失的原因

从上述研究结果来看,客户对银行的要求是优质的服务。客户流失的原因主要也是因为服务质量达不到客户的要求。可见,服务是提高客户满意度和忠诚度的核心因素,而非银行平常认为的低价或礼物。从服务利润链得出的结论是:优质的服务是连接客户忠诚和员工忠诚的纽带,因此对于金融机构而言,要想有长期、稳定的利润,就要有高的客户忠诚度;要想有高的客户忠诚度,就要有高的客户满意度,而高的客户满意度是依靠高质量的服务达到的。

第三节　金融服务质量管理策略

一、服务质量的内涵及构成要素

(一) 服务质量的内涵

对服务质量的研究始于20世纪70年代后期,从那时起,服务质量问题引起了许多学者极大的研究兴趣。80年代初期,国外学者根据服务的特性,从客户价值的角度,将服务质量定义为:服务质量是组织的服务行为在客户眼中的独特性及其所感受到的价值,它取决于组织的行为及顾客根据其满足自身需求和期望的程度而对于这种行为的评价。这个定义可以从以下几个方面来分析。

1. 服务质量是顾客感知的服务质量

服务质量不是由管理者决定的,它是建立在顾客的需求、向往和期望的基础之上的。更重要的是,服务质量不是一种客观决定的质量,而是顾客对服务的主观感知。

2. 服务质量发生在服务生产和传递过程之中

服务生产过程的结果只是顾客感知服务质量的一个组成部分。顾客将其亲自参与的服务生产和传递过程纳入到感知服务质量之中。所以,对服务过程的感知,对顾客与服务提供者之间互动关系的感知也构成总的感知服务质量的重要组成部分。服务过程的质量与服务结果的质量具有相同的重要性。

3. 质量是由一系列的关键时刻和服务接触及互动关系累积而成的

由于服务过程的重要性,顾客与服务提供者的互动关系,包括一系列关键时刻和服务接触,对于顾客感知服务质量的水平起着决定性的作用。由此可见,服务或多或少是一种主观体验过程。在这个过程中,生产和消费是同步进行的。顾客和服务提供者之间存在着一个互动的过程,顾客对服务质量的感知即形成于这个互动过程中。

(二) 服务质量的构成要素

顾客感知服务质量包括两部分:结果要素和过程要素。这两个部分分别指的是“顾客得到了什么服务”(what)和“顾客是如何得到服务的”(how)这样两个问题。

1. 结果要素

结果要素指顾客从他们与企业的互动关系中得到的东西。如酒店的住宿者会得到一个房间和一张床用以休息,饭店的顾客会得到他所要的饭菜,管理咨询公司的顾客会得到一份企业发展规划,银行贷款客户会得到一笔贷款等,所有这些都是服务的结果。企业常常认为这就是服务,事实并非如此。这些只是服务质量的一部分,即服务生产过程的结果所形成的技术质量。在服务管理中，也被称为结果质量。结果质量就是顾客在服务过程结束后的“所得”，无疑是顾客服务体验的一个重要组成部分。

2. **过程要素**

除了服务结果外，顾客接受服务的方式及其在服务生产和服务消费过程中的体验，都会对顾客所感知的服务质量产生影响。这就是服务质量的另外一个构成要素，即服务过程的功能质量。例如，自动取款机是否易于使用，网站是否易于进入，饭店或管理咨询是否易于获得；饭店服务员、银行职员、旅行社职员和飞机乘务员等的行为、外貌和工作、言行方式，都会对顾客的服务体验产生影响。

此外，企业形象对于服务企业来说也是非常重要的。它在一定程度上影响了顾客感知服务质量的形成。如果企业形象良好，在顾客心目中是优秀的，那么即使企业的服务出现一些微小的失误，顾客的感知服务质量也不会受到很大的影响。反之，如果企业的形象很差，那么服务失误对顾客感知服务质量的影响就会很大。在服务质量形成过程中，可以将企业形象视为形成服务质量的“过滤器”，如图 9-4 所示。

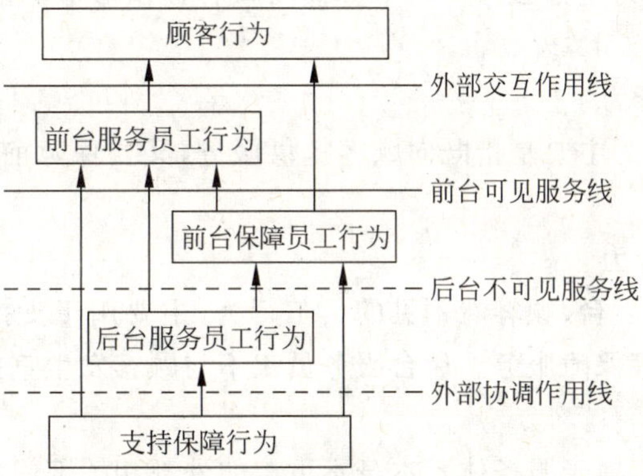

图 9-4　服务质量的两个构成要素

二、服务蓝图技术与内部质量控制链

服务蓝图技术是一种能够准确描述服务体系的工具。它借助于服务流程图，通过持续地描述服务过程、服务遭遇、员工和顾客的行为以及服务过程中的有形证据来直观地展示服务体系和服务流程，将复杂的、抽象的服务过程简单化、具体化。经过服务蓝图的描述，服务被合理地分解成服务过程的步骤、任务及完成任务的方法，使服务过程中涉及的企业内部员工、外部顾客都能客观地理解和处理它。

更重要的，借助于服务蓝图，可以清楚地识别顾客同服务人员的接触点，以及服务体系内部上、下游职能部门之间的内部服务接触点。通过对这些接触点的进一步分析，可以设计合理的服务评价指标体系，以达到控制和改进服务质量的目的。因此可以说，服务蓝图涵盖了从前台服务到后台服务的全过程，涉及服务传递过程中的各个方面，是进行服务体系描述和服务质量评价的基础。服务设计蓝图由四条横线划分成的五个行为区域组成，如图 9-5 所示。

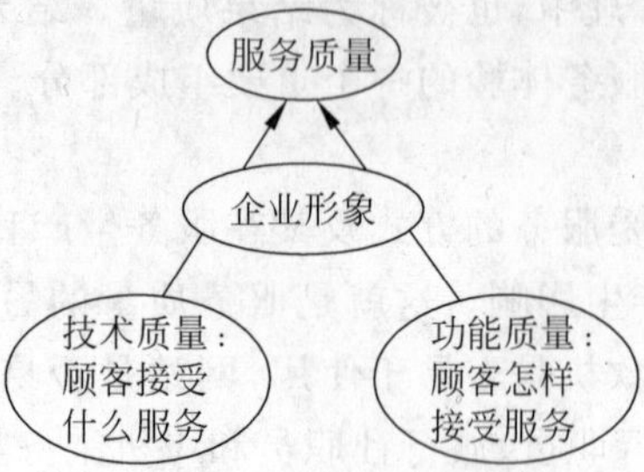

图 9-5　服务设计蓝图的组成

1. 顾客行为

顾客行为主要指顾客在消费和评价服务过程中采取的一系列步骤、所作的选择、表现的行为以及他们之间的相互作用和关系。

2. 前台服务员工行为

前台服务员工的行为是指服务体系中直接向顾客提供服务，并能被顾客看得见的员工行为。

3. 前台保障员工行为

前台保障员工的行为主要是指既向顾客提供服务，又要保障前台服务人员工作的员工行为。

4. 后台服务员工行为

发生在服务体系的后台、顾客看不见的员工行为，主要用于支持前台活动，为前台服务员工提供技术、知识等保障服务。后台服务员工不与顾客发生直接的接触。

5. 支持保障行为

与提供服务相关，但属于服务体系本身不可控的外部相关部门的行为。

分隔上述五个行为区域的四条直线表现了服务体系中各类成员之间相互作用的关系，统称为“服务作用线”。其中，“外部交互作用线”用于区分顾客活动和服务体系内部员工活动，一旦有垂直线与其相交，则产生一个直接的“服务质量点”；“前台可见服务线”用于区分服务体系中顾客可见与不可见部分的活动，与该线垂直相交的环节属于影响前台服务员工服务效率和服务水平的质量点。

“后台不可见服务线”用于区分前台员工与后台员工行为，相当于“内部顾客”与“内部服务人员”的区分线，主要用于识别影响服务体系运行的内部服务质量点。“外部协调作用线”用于区分服务体系与外部相关部门的活动。另外，服务蓝图最上部是有关服务证据方面的内容，它表示顾客在整个服务体验过程中所看到的或所接受到的服务的有形证据，通过分析单据必要性和传递单据的适当方式，可以为合理设计服务过程提供依据。在服务蓝图中，横向表示各种服务活动，它们是按照流程顺序安排的，纵向表示服务提供过程中涉及的职能部门及其相互关系。

通过服务蓝图，不但能够形成对整个服务过程的明确认识，而且可以凸现服务传递过程中影响服务质量的控制点，为服务评价打下基础。长期以来，国内许多银行并未将服务过程进行一体化管理，导致出现许多问题。例如，前台服务不热情，使得准确、快速的后台服务处于劣势，因为前台和后台是作为一个整体提供服务的；也有的银行在不同的部门建立处理核心业务的后台操作软件系统，各系统之间可能不会发生联系。

金融机构内部各部门之间彼此相互联系、相互依存并形成一个整体的服务过程，这个服务过程的绩效表现取决于各部门、各环节之间的协调运作。

在这里，引入“内部顾客”这一概念，是指企业内部的员工和部门。在服务行业中，内部顾客是非常重要的，对金融机构来说也是如此。在金融机构中，如果员工没有直接服务顾客，那他就在服务为顾客服务的人，因此是非常重要的。

如图 9-6 所示，整个服务过程由一系列内部服务职能组成，每个职能都以小方框的形式表示。每一职能都是前一内部服务职能的内部顾客，同时是后一内部服务职能的内部服务提供者。最后，在服务过程中，最终产品是被外部顾客接受并感知的外部服务。在网络组织或虚拟组织中，内部和外部的界限变得模糊起来。

但是，服务提供者与内部顾客的关系始终存在，各种组织必须以同样的顾客导向来管理它。在与外部顾客接触时，企业员工或部门之间需要彼此支持和协作，需要内部服务支持的部门所得到的内部服务在某种程度上会影响其外部绩效。简言之，如果内部服务很差，外部服务一定会受到损害。也就是说，提高服务质量并不仅仅是外部顾客可以看到的某个部门的专门责任，而应由整个企业的各个部门承担。

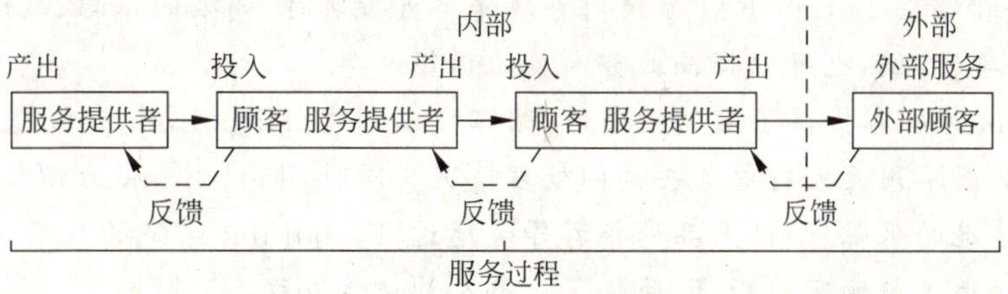

图 9-6　内部质量控制链

案例 9-6

中国平安保险公司北京分公司实施顾客关系管理案例

随着全球经济一体化的到来，国内保险市场的竞争日趋激烈。中国平安保险股份有限公司北京分公司的业务主管感到，要想提供更优质的保险产品与服务，提高顾客满意度，从而提高顾客续保率，需要克服业务人员的管理，顾客资料全面的收集、整理及统计分析，顾客需求的调研分析等几个难点。

为此，中国平安保险公司北京分公司采用了 TurboCRM 顾客关系管理系统，对其车辆保险业务进行市场、销售和服务业务的一体化管理。本文通过分析保险行业的特点，提出了基于 TurboDSS 分析软件基础之上的行业解决方案，并介绍了 TurboCRM 在平安保险财产险部分，以车险服务中心北京营业部为代表的应用案例。

1. 公司概况

中国平安保险股份有限公司北京分公司于 1993 年正式成立。公司经营各种本、外币财产保险、责任保险、信用保证保险、人身保险、再保险,代理保险检验、理赔追偿业务。公司奉行"信誉第一、效率第一、顾客至上、服务至上"的服务宗旨。经过多年的奋斗,在业务规模上取得了非常可观的发展。

2. 项目需求

随着我国加入WTO,更多的外资保险公司直接与本土的保险公司竞争。面对挑战,我国保险业对信息管理提出了更高的要求,不能仅满足于单纯的业务流程自动化,而要将战略重点放在顾客关系管理上,获得顾客的认知,巩固顾客关系并随时更新顾客信息,至关重要的是把这些信息用于提高自身竞争力。

3. 应用方案

在充分调研了保险行业面临的挑战和特性之后,公司采用了"三位一体"的解决方案。它包含三个层面:顾客应用层、业务管理层和决策支持层,为企业提供一体化的管理。

(1) 顾客应用层:顾客应用层为顾客提供了一个个性化的互动界面,包含顾客主页、交易平台、个性产品推荐、银行转账等功能模块。顾客可以利用互联网接入到保险企业为顾客提供的互动界面上,根据自己的需求情况查询到相关信息。如果不清楚投保的流程,还可以在系统中直接得到有效的帮助信息,由此帮助顾客熟悉投保流程。同时,TurboLink会记录下顾客访问的信息内容,以便为其提供个性信息。保险公司的业务人员将通过业务管理层TurboCRM系统对在线保单进行实时、高效的跟踪、确认,既让顾客感受到投保简单、方便,也可以提高业务人员的销售效率。

TurboLink为顾客提供了互动的条件,顾客可以利用TurboLink直接查询到信息的反馈处理情况,而不用天天打电话去询问处理情况。同时,TurboLink为顾客提供银行转账、自身投保情况的跟踪、个性产品的推荐等。通过TurboLink系统的应用,不但拓宽了销售渠道,也拉近了与顾客的距离,简化了业务人员销售流程。

(2) 业务管理层:业务管理层是一个以顾客为中心的顾客关系管理系统。TurboCRM包含了顾客管理、竞争对手、合作伙伴、员工管理、市场管理、销售管理、订单管理、服务管理等功能模块。TurboCRM为公司内部实现了工作协同,它不但衔接部门间的工作内容,也规范了部门内的工作流程。如顾客利用TurboLink投保,销售人员利用TurboCRM接到投保单后与顾客联系;得到顾客的正式确认后,销售人员就可以把在线保单直接转入到正式的保单管理中,并把联系的情况和处理的结果录入到系统中。如果需要服务部门支持,则反馈服务请求到服务部门。服务人员接到服务请求后,填写处理意见,并生成服务任务执行。这样一来,不但顾客能够及时了解投保的进行情况,销售员也能够及时跟踪到服务的进展情况,并准备好下一步的工作。TurboCRM还为公司实现了信息资源共享,管理人员也能够及时获取下属员工的工作内容和工作状况等。

(3) 决策支持层:决策支持层为公司的发展战略提供科学、量化的数据支持。TurboDSS为公司提供的系列软件都采用统一数据仓库,使得数据资源得到有效的整合和利用。TurboDSS系统包含销售分析、市场分析、服务分析、费用分析、顾客特征分析、伙伴特征分析、险种特征分析、竞争分析、丢单分析、员工分析等,在顾客—产品—顾客特征—产品特征等多种条件下进行多维度分析。

以车险为例,保险公司利用TurboDSS系统从不同的角度对出险率进行分析;从顾客本身出发，TurboDSS系统分析出何种性别、哪个年龄段的顾客出险率高；从险种出发，TurboDSS系统分析出哪种险种或不同险种的出险率高；从车辆本身出发，TurboDSS系统从哪种类型的车、是否有防盗系统等车辆特征来分析出险率的情况。同时，TurboDSS系统对以上信息进行综合性分析。利用TurboDSS系统找出持续投保不高的顾客，以便对这些顾客加强关怀来留住顾客；还可以发现哪种类型的顾客从潜在顾客向现实顾客转化过程中，花费的成本是最高的，哪类是最低的，是何种原因产生的，为开发新顾客成本进行有效的控制。该系统还可以为保险公司提供多种分析模型和多种分析角度，使数据资源的利用价值最大化。

本章小结

金融服务营销具有其特殊性。金融产品既有与普通产品相同的属性，又有和普通商品不同的属性；金融服务既有与服务相同的属性，又有与服务不同的属性。纵观世界各国的发展，服务和创新成为经济发展的重要主题，“他山之石可以攻玉”，国外金融营销的特色服务对我们有一定的借鉴意义。

复习思考题

1. 总体上讲，作为金融营销人才，应具有哪些特点？
2. 联系实际谈谈我国的金融营销人才存在哪些问题？如何发展我国的金融营销人才？
3. 什么是员工忠诚度？它对金融机构有何作用？
4. 影响金融企业员工忠诚度的主要因素有哪些？
5. 联系实际，谈谈我国金融机构员工忠诚的现状及存在的问题。

实训题

自从我国加入WTO后，随着外资金融机构大量进入，金融人才的争夺和竞争日趋激烈，员工离职与跳槽现象频频出现。有的人认为，金融机构员工流动比率偏高，说明金融机构缺乏稳定的员工队伍，表现出员工对企业缺乏忠诚度。于是，为了留住业务骨干，有些金融机构通过规章制度、劳动合同等手段来约束人才，阻止人员流失。也有人认为，人才流动对金融企业具有积极的意义，它能够为金融机构注入新的活力和力量，淘汰不合格和缺乏忠诚度的员工。因此，不必对这一现象进行干预。请谈谈你对这一现象的看法，并讨论应如何管理。

第十章

金融营销新发展

学习目标

[知识目标]

通过本章教学，使学生了解金融营销的新发展，正确理解金融企业 CIS、全方位客户满意金融服务和金融网络营销的重要作用及其基本营销策略。

[技能目标]

通过本章的教学，使学生能够在未来的工作中运用相关营销基本理念。

第一节　金融企业 CIS 的导入与实施

在这个瞬息万变的时代，竞争成为金融业随处可见的现象。金融企业之间的竞争，从最初的价格竞争、产品竞争，发展到现在金融企业的整体形象竞争。为了在市场中占据一席之地，金融机构必须树立良好的企业整体形象。

一、金融企业 CIS 概述

企业形象识别战略最早运用于企业，后来被引入到金融业，而这一理念的引入大大增强了金融机构的竞争力，具有重要的意义。

（一）CIS 与 CI

CIS 是"企业识别系统"，它在 CI 基础之上发展而成，是企业文化的形象体现和外化，也是企业文化中最活泼、最有影响力的部分。

CI 即企业识别，指从文化、形象、传播的角度对企业的经营理念、文化素质、经营方针、产品开发、商品流通等有关企业经营的所有因素进行筛选，找出企业中存在的具有潜在的、美的价值，加以整合，使它在信息社会环境中转换为有效的标志。

小贴士

CI 的起源

CI 的设计起源于德国和英国的工业设计。培特·贝汉斯是世界上第一个有意识地在企业导入 CI 的设计师。1907 年，德国 AEG 公司采用他设计的"AEG"三个字母作为公司徽标应用于系列产品和包装上,形成整体形象识别,开创了企业视觉识别系统的先河。

CI 正式应用开始于 20 世纪四五十年代的美国。在此期间,美国先后有三家企业采用了 CI 设计,它们分别是 CBS 公司、IBM 公司和西屋电气公司,其中以 IBM 公司的标志设计最为著名。因此,也有人将当时 IBM 公司导入 CI 计划视为 CI 创立的标志。

CIS 理论把企业形象作为一个整体进行建设和发展,一个好的 CIS 将成为协助企业长期开拓市场的利器。CIS 的导入使很多企业取得了良好的经营业绩,如克莱斯公司在 20 世纪 60 年代初,通过运用 CIS 战略,一下子把市场占有率提高了 18%;1970 年可口可乐公司导入了 CIS,改造了世界各地的可口可乐标志,结果在世界各地掀起了 CIS 的热潮。

日本紧随美国潮流,20 世纪 60—70 年代引入并发展了 CIS,它发展和强化了"理念识别"系统,不仅创造了具有自己特色的 CIS 实践,而且对 CIS 的理论作出了巨大贡献。

(二) CIS 在金融业的导入

在工商企业引入 CIS 之后,一般金融机构也参照其做法,积极导入 CIS 战略。从历史上看,CIS 进入金融业最初在日本。1971 年,日本第一银行和劝业银行借助合并,为日本第一劝业银行之机导入 CI。当时它的存款量占日本第一位,其社会心理导向的设计是用"心"。心形的标志给人"温暖"、"亲切"、"做事很周到"等感觉。以红色为标准色,更突出了这一效果。在第一劝业银行之后,三井银行紧随其后进行了 CIS 方面的努力,逐渐使 CIS 在金融业开展起来。

金融企业 CIS,就是各个金融机构从本行业的实际情况出发,把企业的形象策划理论系统,全方位导入其经营管理的全过程。根据市场经济的要求,金融机构进行设计,塑造企业在社会公众面前的新形象,建立良好的人际关系、和谐的人际氛围以及最佳的社会舆论,用以赢得社会各界的了解、信任、好感和合作,从而争取良好的市场地位。金融业的 CIS 系统如图 10-1 所示。虽然,CIS 是对所有企业而言的,但是,由于金融业的特殊性,它表现出区别于其他行业的一些特点。

(1) 金融业是以货币这种特殊商品与社会发生经济关系的,所以它的经营行为直接关系到客户的经济利益。基于这个原因,其形象应该是拥有雄厚的资金实力。

(2) 金融企业服务于社会公众,公众在金融企业进行的存款、投保、投资等各种行为,都希望得到稳定的回报。因此,金融企业应该树立起稳定、规范的企业形象。

(3) 金融业属于服务类行业,金融企业的各种理念会通过日常的各种行为和员工的表现反映给公众。因此,金融企业应该树立良好的服务形象。

(4) 金融企业服务不同于其他行业的有形产品,具有特殊性。因此,金融企业要树立起自身良好的社会形象,并且区别于其他同类企业,拥有自己独特的形象。

(三) CIS 对金融业的意义

1. 提高企业知名度,在激烈的竞争中取得优势

当前,国内外市场的竞争越来越激烈,并且随着市场经济的发展,商品和服务的品牌必然会更加多样化,划分更加细致,市场也由原来的"卖方市场"向"买方市场"转变。如今,消费者在选择商品和服务时,一般会将企业形象考虑在内。一个良好的企业形象,会

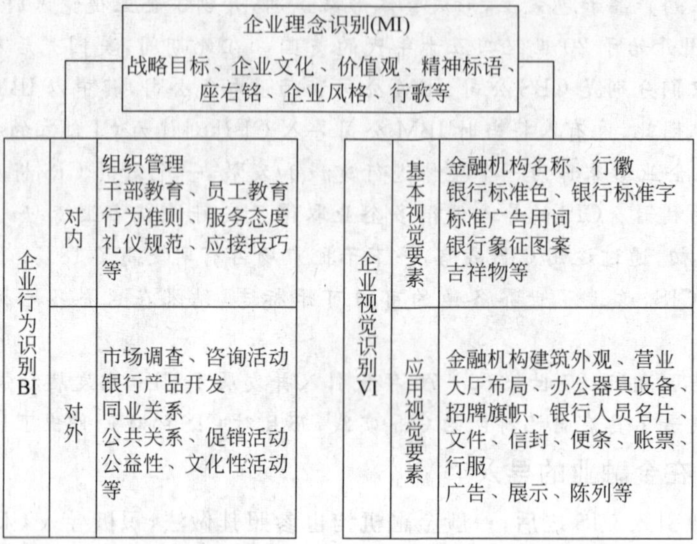

图 10-1　金融业的 CIS 系统

带给企业很多的收益。

近年来,无论是在世界还是在中国,各种最具价值品牌的评选就说明了这一点,请参看表 10-1。CIS 的作用就在于此,它将金融企业想要反映的群体意识,通过规范的行为识别和视觉识别,经过各种途径的综合整合,传达给社会公众,使公众得到有用的信息,并且深刻感受到企业形象战略。

表 10-1　2010 年全球品牌价值前十名排行榜

排行	品牌名称
1	Google 谷歌
2	Microsoft 微软
3	Coca-Cola 可口可乐
4	IBM
5	McDonald's 麦当劳
6	Apple 苹果
7	China Mobile 中国移动
8	GE 通用电气
9	Vodafone 沃达丰
10	Marlboro 万宝路

2. 展现企业个性,适应竞争

金融企业同样是企业,作为企业,就一定会存在竞争。那么,CIS 无疑为金融企业提供了一个强有力的武器。金融企业可以用 CIS 来展现自己的个性,将自己想要表达的含义传达给社会公众,其中一种方法就是银行口号。如花旗银行的口号是:“做一个生根的银行”;汇丰银行的口号是:“环球金融,地方智慧”。这些口号的提出,意味着银行的基本定位是什么,基本理念是什么。每个口号不同,展现出不同的个性。

3. 激励员工努力进取的精神

作为服务性行业,意味着金融企业不仅仅是提供各种金融产品,还有各种金融服务。金融服务范围很广泛,广义的金融服务是指整个金融业发挥其多种功能,以促进经济与社会的发展。各种服务都离不开金融企业员工的工作,也离不开 CIS 的作用。因为 CIS 作用的对象,不仅是消费者和社会大众,也是企业内部的员工。从内部作用看,CIS 对于企业内部的员工给予特定的行为指导,使其符合金融企业、服务企业的要求,使得员工从观念上认同企业文化,最大限度地调动员工的积极性,这对于现代金融企业来说是非常重要的。

二、金融企业 CIS 的内容

金融企业识别系统的构成要素主要包括三个：一是企业的理念识别(MI)；二是企业行为识别(BI)；三是企业视觉识别(VI)。

(一) 金融企业理念识别系统 MI

1. 金融企业理念识别的含义

金融企业理念识别是得到社会普遍认同,并且能够体现企业个性特征,促使并保持其正常运作和发展的经营意识的价值体系；也是由金融家积极倡导、全体员工自觉实践而形成的代表企业信念、激发企业活力、推动企业生产经营的团体精神和行为规范。金融企业的理念识别一般包括金融企业的经营信条、企业精神、座右铭、企业风格、经营战略策略、厂歌、员工的价值观等。

2. 金融企业理念识别分类

(1) 抽象目标型。这一类型通常浓缩目标管理意识,提纲挈领地反映金融机构追求的精神境界或经营战略目标。

(2) 团结创新型。这一类型提炼团结奋斗等传统思想精华或拼搏创新等群体意识。

(3) 产品质量、技术开发型。它强调金融企业立足于某种品牌的产品或质量技术。

(4) 市场经营型。这一类型注重外部环境,强调拓展市场、争创一流的经济效益。

(5) 文明服务型。这一类型优化为顾客、为社会服务的群体意识。

3. 金融企业理念识别的具体内容

一般来说,金融企业理念识别策略主要从以下几个方面入手。

(1) 金融企业的经营哲学。企业的经营思想也称为企业的经营哲学,是指企业在经营活动中对发生的各种关系的认识和态度的总和,是企业从事生产经营活动的基本指导思想。它是由一系列的观念组成的。

(2) 金融企业的精神文化和经营风格。每个金融企业在其自身的经营宗旨和经营理念的长期熏陶下,使得各自都有了不同的价值观念、道德规范和行为准则。正是由于这些理由,使得企业形成了自身的精神文化和经营风格。

(3) 金融企业的发展目标。这要求企业对未来的发展方向的规划有前瞻性、科学性以及可行性。

(4) 金融企业的经营战略。经营战略是基于前几者的基础上形成的,是用于指导企业行为的重要依据。经营战略必须具体、可行。下面的案例可以帮助读者对金融企业的经营战略有更切实的了解。

案例 10-1

国卫保险公司的经营战略与经营理念

澳大利亚国卫保险公司在香港成功的原因之一,便是制定了切合实际的好的经营战略。1992 年,国卫的研究人员发现,一段时期以来,人寿市场对儿童保险很关注,一些父母尤其希望能有比较高的储蓄成分的保单，为子女准备充足的资金去读书。尽管国卫已经有了一个儿童储蓄保险，但是由于它的保费偏高，在市场上不太受欢迎，因此需要推出一个新的险种去占领这块市场。

经过紧张地筹划后，国卫的“状元计划”被推向市场。这个计划适合从出生到11岁的儿童，分18岁供满和21岁供满两种。如果18岁供满，保费缴付至子女18岁为止，其子女除有终身寿险保障外，还享有每年的现金红利。当子女18岁时，国卫保险公司会一次性支付他们相当于保额50%的现金。这一计划的另一个特点就是可以随时把一笔款项加入特设的教育基金，该教育基金可作为缴保费之用，也可待其增值后随时提取用于子女教育或其他用途。

在香港这样一个注重子女教育的地方，国卫保险公司的“状元计划”无疑适合购买者的需求，因此一经推出便很畅销。经过几年的推销，它已成为国卫保险公司的“拳头产品”，提高了公司在香港公众心目中的地位。

另外，国卫良好的售后服务是其成功的重要一环。当客户向国卫购买了一张保单之后，就等于买了它的产品，国卫公司会把投保人的所有信息归档。寿险行政部门下属核保部、保单行政部、客户服务部、赔偿部等各负其责，目的是为客户提供完善的服务。每个部门都有专职人员，负责营业员、投保人的查询工作。同时，国卫保险的赔偿速度也令港人称道。

（二）金融企业行为识别系统BI

1. 行为识别系统的内容

金融企业行为识别的要旨是在金融企业对外交往中建立一套规范性的行为准则。这种准则具体体现在全体员工上下一致的日常行为中。也就是说，员工的行为举止都应该是一种企业行为，能反映出企业的经营理念和价值取向，而不再是独立的随心所欲的个人行为。

金融企业行为识别，需要金融企业的员工在真正理解企业经营理念的基础上，把它变为发自内心的自觉行动。这样做的好处是，当一种行动已经成为自身的所有，它会自觉或者不自觉地在日常的各种行为中表现出来，比如管理行为、销售行为、服务行为和公共关系行为等。

企业的行为识别几乎涵盖了整个企业的经营管理活动。不同企业的行为识别在内涵上又有所不同。比如，销售企业更重视外观形象和市场形象，而银行业更重视外观形象和社会形象。

在企业行为中，能直接作用到公众，形成公众的印象与评价的因素，可以分为7种形象，具体包括：

(1) 技术形象：技术优良，研究开发精力旺盛，对新产品的开发热心。

(2) 市场形象：认真考虑消费者问题，对顾客服务周到，善于广告宣传，销售网络完善，有很强的国际竞争力。

(3) 外观形象：信赖感稳定性高，企业规模大。

(4) 未来性形象：具有未来性，形象积极，合乎时代潮流。

(5) 公司风气形象：清洁，有现代感，有良好的风气，和蔼可亲。

(6) 经营者形象：经营者具有优秀的素质。

(7) 综合形象：一流的企业，想购买此企业股票，希望自己或者子女在其公司工作。

2. 金融企业行为识别系统的具体策略

行为识别同样具备 CIS 系统中的两个基本要素，即识别的统一性和差别性。

所谓统一性，即金融企业的一切营销管理行为，不管是哪个部门、哪个层次，也不管是企业员工，还是企业领导，都要在金融企业理念的统一指导下，围绕着企业的总体目标协调运作。所有员工都必须按照金融企业理念行动，做到步调一致，共同塑造出金融企业的美好形象。

所谓差异性(又称独特性)，是指金融企业活动的策划与运作必须显示出与非金融企业以及其他金融企业不同的个性，标识出本企业的独立精神和价值，在众多企业中显示出自身的独特之处。行为识别的差异性与其统一性一样重要，二者缺一不可。

金融企业行为识别包括金融企业的经营管理、业务活动等。在具体运用过程中的策略主要包括以下几个方面。

(1) 金融企业的对内行为识别：包括企业内部环境的营造、员工教育培训及其行为的规范等。企业形象的重要代表就是企业的员工，企业依靠员工将其形象传递给外界。如果员工素质低下，工作态度不好，势必使公众对于该企业的形象大打折扣。

在金融企业，如银行、保险公司和证券公司，每位员工的一言一行，一举一动都体现着整个企业的素养，关系到整个企业的形象；而每个员工的性格、教养、素质各不相同，要使每个员工的行为都有利于体现企业的整体素养，反映企业的良好形象，必须有一个人人都要遵守的行为规范，使员工成为体现企业整体形象的代表，展现出金融企业的风采。

(2) 金融企业的对外行为识别：包括市场调研、产品规划、公共关系、服务活动、广告活动和促销活动等内容。

金融企业对外行为识别系统主要包括以下策略。

(1) 金融商品和服务项目的开发和不断创新。如果说过去是价格和质量的竞争，那么现今无疑是设计的竞争。新产品开发是企业的战略任务，也是金融企业的必然要求。金融企业如果要持久地占领市场，必须注意金融产品的创新和金融服务的完善。

(2) 积极参加社会公益活动。具有远见的企业经营者都注意强化企业的社会形象，他们会积极关注所在地区的文化、体育、教育事业的发展，并投身于公益事业。这样做，能够有效提高金融企业的知名度。

(3) 做好对客户以及其他关系者的信息传递和协调工作。一个成功的企业不仅要得到客户的信赖，还要得到当地政府、股东、同业者和新闻媒体等的支持，因此必须重视开展公共关系和广告宣传活动，向本企业的客户和各类关系者不断输送企业形象信息。

(三) 金融企业视觉识别系统 VI

1. 视觉识别系统概述

金融企业的视觉识别(VI)在 CIS 所有活动中效果最直接，在短期内表现出的作用最明显。统一的VI设计可以在企业对外宣传和企业识别上获得最有效、最直接的具体效果。也正因为如此，很多人把视觉识别(VI)等同于 CIS，甚至把VI等同于“企业形象”。

一般而言，企业的视觉识别要素分为基本要素和应用要素两类。

金融企业视觉识别的基本要素主要包括：该金融企业的名称、企业造型、企业标志(标准字、标准色、象征图案及其组合)、宣传标语和口号等。

金融企业视觉识别的应用要素主要包括：办公用品系列(公文纸、文件夹、笔记本、钢笔、信封、名片、信纸、职员工作证等)；广告媒体系列(报纸、杂志、广播、电视、日历、礼品以及各类户外广告等)；交通工具系列(交通车、工具车、送货造型以及色彩广告等)；服饰系列(各类工作服、徽章和领带等)；办公室设计(办公设备以及空间设计、各种办公用品等)；包装系列(包装纸、包装袋等)；外部标语(招牌、旗帜和建筑物外观等)。

2. 视觉识别系统的要求

一个良好的视觉设计应该具有以下特点：

(1) 要能反映金融企业理念识别(MI)的基本特征。视觉识别不是简单的符号，它的存在应基于金融企业的理念识别。也就是说，视觉识别是对理念识别内涵的生动表述。

(2) 能反映金融企业基本经营性质。正是因为视觉识别反映金融企业理念识别，因此，金融企业的视觉识别应该设计成能多角度、全方位地反映企业的经营理念。

(3) 视觉设计必须容易辨认与记忆，具有系统性，并严格区别于其他同类金融企业。视觉设计的目的在于让公众对于该金融企业有深刻的印象，或者说，在看到标志后就知道是哪个企业。这首先要求设计的标志能够简单、易记；同时，要区别于其他同类金融企业，即标志具有特殊性。

(4) 视觉设计必须符合美感，赏心悦目，能被绝大多数人接受，并能引起他们的好感。视觉识别的标志对金融企业来说无疑是重要代表，在很多地方都需要用到它。因此，不能只为了追求特殊性，或者为了让公众印象深刻，而忽略了美感的要求。对于一个没有美感的标志，人们从心底有抵触情绪，怎么能让他们接受该金融企业呢？

3. 视觉识别系统中的企业标志

金融企业以信誉、形象为立身之本，有了良好的企业信誉和企业形象，才能赢得客户的青睐。

(1) 金融企业的徽志。金融企业在设计其标志时，要考虑如何将企业的理念传递给客户。徽志是人们的第一直观感觉。好的徽志，可以让人们马上联想起相应的企业。

(2) 金融企业的标准色。根据心理学家的研究调查，各种颜色对人们的感觉、注意力以及思维能力会产生不同的影响。因此，金融企业选择一定的标准色对企业的形象有很大的作用。

总的来说，金融企业视觉识别系统是一种静态的识别形式，是企业识别系统中最外在、最直观的部分。金融机构可以通过徽标的设计与运用，达到表现自身实力和服务功能完善的视觉效果。办公环境的整洁、员工仪表的端庄以及统一的金融产品、建筑风格、环境风格和宣传模式，都传递着金融企业的最佳视觉信息。

第二节　全方位客户满意金融服务

金融行业日益激烈的竞争缩小了金融机构的赢利空间，提高了经营成本，但给金融机构的发展带来了许多契机。目前，金融营销中强调全方位客户满意服务，使金融机构更好地抓住机遇,吸引客户。

一、全方位客户满意金融服务概述

客户满意是金融机构必须注重的一个环节。提供全方位客户满意金融服务包含有丰富的内容。

(一) 客户满意

1. 客户满意的含义

客户满意的概念最早起源于20世纪60年代的美国。当时美国有人提出,客户有四项基本的权利,即安全的权利、认知的权利、选择的权利和反馈的权利。因此,企业经营要站在客户立场考虑问题,把客户需要放在首位,成为许多金融机构营销管理的指导思想。

20世纪80年代后期,当金融机构引入CI战略后,新的管理理论——CS战略开始在企业界得到应用。之后,金融机构慢慢地领会到这一战略在营销中的重要作用。金融机构提供的产品与服务实际上都是有代价地提供给客户,其目的在于满足客户需要。因此,金融机构的客户同样享有保护资金安全的权利,有了解他们从金融机构获得的服务和产品的权利,有选择金融服务方式和产品的权利,以及对金融服务和产品提出意见的权利。客户市场是金融机构赖以生存的基础,只有金融机构顺应客户的需求,以"客户满意度"为方针,才能实现客户忠诚,取得利润和回报的增长。

在发达国家,客户满意已经在金融领域得到广泛运用,它是留住老客户,获得新客户的基本策略。金融机构也以此作为服务质量体系中用来维护它与客户关系的核心指标。

2. 金融服务的客户满意度取决于服务质量

客户满意是人类社会的一种基本愿望,是人类永无止境的自我追求。因此,满足客户的需求和愿望也是组织永恒追求的目标。进入21世纪,越来越多的金融机构关注"客户满意"的战略意义。"满足客户的要求和期望"取代了纯粹追求质量合格或服务达标,成为企业追求的最高目标。在这个竞争非常激烈的时代,只有把握住这种趋势和方向,正确确立"以客户为中心"的发展战略目标,才能在竞争中立于不败之地。

要实现客户满意战略,金融机构必须建立一套衡量、评价、提高客户满意度的科学指标体系。这套体系至少应该具有三个功能:①测量和评价企业目前的客户满意度;②提供提高客户满意度的思路;③寻求实现客户满意度的具体方法。

金融机构服务的满意度由其服务质量决定,而衡量金融机构服务质量的标准有两个:一是适时,二是适度,即通常所说的,要在客户最需要的时候提供最需要的服务。要达到以上两点,取决于以下四个因素:①金融机构提供服务的态度;②金融机构提供服务的工作效率;③金融机构提供服务的程序;④金融机构提供服务的环境。

3. 客户满意度测定标准的建立

客户满意度是一个难以量化的东西,不同行业有其不同的评价标准,也有很多市场营销专家或管理学者提出了很多大同小异的计量方法和标准。对金融机构而言,客户满意度主要包含七个变量:往来前的预期、往来后的感觉、差异程度、满意程度、抱怨行为、忠诚程度及抱怨处理。金融机构的"客户满意度"应从客户和客户行为的角度来考虑,并且可从以下几方面入手。

(1) 客户满意程度调查。

满意程度是一种对金融产品或服务的事前预期与感受到的实际表现的评估与比较的结果。当客户购买及使用了金融产品或接受了服务之后，如果感受到的实际表现能够符合或超过事前预期，客户会感到满意；反之，若未能达到事前预期，会产生不满意。

(2) 投诉和建议制度。

消费投诉是客户在接受金融服务和购买金融产品后，因一些因素而感到不满意，向金融机构抱怨和投诉的行为。金融机构如果没有及时处理和解决这些投诉和抱怨，消费者很有可能放弃选用该企业的服务和产品，而选择其他金融机构，有时甚至采用极端的"报复"方式来引起金融机构的注意。

案例 10-2

客户不满意导致的报复

2008 年 9 月 5 日，在北京海淀远大路某银行，一名客户李先生对银行实施报复，分 13 次汇款，耗时近 1 小时。然后，他特意新办了一张银行卡，并拿出手里的 99 张 1 元人民币，一张一张递进柜台，让窗口营业员往卡里存。3 个小时后，银行经理出面道歉，他才罢手。该客户坦言："这种做法不文明、不道德，但就是为了给银行一个教训。"

李先生称，前一天上午 9 点多，他到了银行，领的是 29 号，号码纸显示他前面有 24 名顾客在等待。当时银行开了 8 个窗口，其中 3 个办理对公业务，5 个办理个人业务，且其中有一个窗口只办理北京地区的个人存款、取款业务。李先生说，他原以为很快就能轮到自己，没想到有的顾客根本不按号排队，直接到窗口办业务，银行工作人员也不管。

另外，李先生发现有些顾客在办基金业务，往往办一笔业务就得半个多小时，普通个人客户只能眼巴巴等着……于是，有些气愤的李先生给银行服务热线打电话投诉，没得到任何反馈。随后，他找到银行一位值班经理反映情况，结果该经理扔下一句"不可能"，转身离开。李先生越想越窝火，才决定"报复"银行。

事件给金融机构的教训值得深思：金融机构的投诉和建议制度不应只流于形式，应及时处理客户的意见，给客户一个满意的答复，改进服务，才能提高客户的满意度。

(3) 再次购买率。

再次购买率也称回头客率。当客户第一次购买某金融机构的服务后，如果他从该企业获得的现实体验等于或大于他的期望，那么他将会再次购买该企业的服务。事实上，这些客户往往会成为金融机构的品牌忠诚者。

(4) 神秘客户评估。

神秘客户评估是指金融机构聘请专门人员以客户的身份对金融机构的服务进行实地考察，了解客户对企业服务的期望和意见，从而推动金融机构不断改善服务质量。该项工作与客户满意度调查有点类似，但侧重点和深度有很大不同。

神秘客户评估工作应从客户容易着手的方面进行，保证神秘客户通过观察以及与工作人员简单沟通后获得相应数据，评估项目通常包括营销场所的环境设施、服务人员的行为规范、服务人员的业务水平以及同业相比情况等。

(5) 客户保持率。

客户保持率是客户保持的定量表述,反映了客户忠诚的程度,也是金融企业经营与管理的重要体现。客户忠诚度是客户在对某一产品或服务的满意度不断提高的基础上,重复购买该产品或服务,以及向他人热情推荐该产品或服务的一种表现。

培育客户忠诚度是金融机构开展客户满意度测评活动的长远目标。客户是否属于忠诚型客户,一般从以下情况界定:对本企业有明显的情感倾向性(而非随意性);对本企业产品或服务在购买行为上有实际的重复反应(即购买的频次很高);对本企业及其产品或服务在长期内有偏爱;对本机构新的产品或服务几乎无顾虑地首先购买;受忠诚客户的影响所形成的一个客户群体(忠诚客户推荐)能承受本企业有限的涨价,也能抵制竞争对手的降价或倾销。

(6) 客户流失率。

客户流失率是客户流失的定量表述,是判断客户流失的主要指标,它直接反映了金融企业经营与管理的现状。如果客户对金融企业整体服务中的一项不满意,那么,他可能会否定企业的所有服务。而这些个别的不良反应慢慢会形成一种"蝴蝶效应",导致客户大量流失。因此,金融机构应该采用一些有效方法来衡量客户满意度,保证企业及时地更正自己的缺点和失误,提高自身的服务质量和产品质量。

(7) 客户推荐率。

客户推荐率是指客户消费金融产品或金融服务后介绍给他人消费的比例,它与客户流失率成反比,与客户保持率成正比。

(8) 品质认知度。

品质认知度是指消费者对某一品牌金融产品在其品质上的整体印象,是对其产品或服务质量的认可程度。

(二) 全方位客户满意金融服务的内容

1. 全方位客户满意金融服务的概念

全方位客户满意金融服务是全方位客户满意管理在金融领域的运用,强调金融机构将"客户满意"作为向客户提供的"产品"。然而,金融机构能否顺利卖出这一产品,取决于客户对金融服务的认同,以及该产品的质量。金融机构通过各种努力,使该"产品"被广大客户接受。

2. 全方位客户满意金融服务的关键——服务质量

与一般金融产品相比,服务质量对客户的去留有更重要的影响,因为金融产品不仅要满足客户对服务的现实需求,还要满足客户对服务的潜在需求。

当然,要使客户对金融服务满意,服务质量是关键。服务质量包括服务结果的质量和服务过程的质量,前者主要是技术性的,后者主要是技巧性的。

金融服务质量具有评价的单向性、要素的综合性、过程的完整性、测定的复杂性和标准的相对性等特点。

(1) 金融服务质量评价的单向性。

金融服务质量的好坏应由客户说了算。质量的改进与提高应该以客户的需要为开始,以客户的感受为终结。

(2) 金融服务质量要素的综合性。

金融服务质量的好坏是由多种要素共同作用的。换言之,服务质量不仅反映在产品上,还反映在金融机构的各项活动中。例如,兴业银行推出的网银外拨业务就包括了网银客户初装调查、网银客户中奖通知等相关活动。

(3) 金融服务质量过程的完整性。

金融服务质量过程的完整性,是指保证和提高服务质量的每一个环节,需要全体员工的支持和参与。只有金融机构的全体员工认识到质量的重要性,而且齐心协力地按照企业的要求去做,金融机构才能够给客户提供高质量的产品和服务。通过消除部门之间的隔阂,使员工成为一个紧密团结的团队,执行企业的核心业务流程,并创造出企业要求的结果——全方位客户满意。

(4) 金融服务质量测定的复杂性。

与有形商品比较,组成服务的元素在许多情况下都是无形无质的,具有抽象、不可感知的特性,对其测定也就具有一定的复杂性。因此,金融机构可以借助服务过程中的各种有形要素,把看不见、摸不着的服务尽可能地实体化、有形化,让金融服务产品的消费者感知到服务的存在,提高享用服务的利益。将无形产品有形化是现代服务业发展的重要走向,也是现代金融营销的重要策略。服务的有形化可以通过三个方面来实现。

① 服务产品有形化。金融机构通过服务设施等硬件技术,如 ATM、POS、HB、TB 等技术来实现服务自动化和规范化,保证服务行为的前后一致性和服务质量始终如一。通过能显示服务的某种证据,如各种票券、牌卡等代表消费者可能得到的服务利益,区分服务质量,变无形服务为有形服务,增强消费者对服务的感知能力。

② 服务环境的有形化。服务环境是金融机构提供服务和消费者享受服务的具体场所和氛围,它虽不构成服务产品的核心内容,但能给金融机构带来"先入为主"的效应,是服务产品存在的不可缺少的条件。

③ 服务提供者的"有形化"。服务提供者是直接与消费者接触的企业员工,其所具备的服务素质和性格、言行、仪表、举止以及与消费者接触的方式、方法和态度等,会直接影响到企业服务营销的实现。为了保证服务的有效性,金融机构应对员工进行服务标准化的培训,让他们了解企业提供服务的内容、特性和要求,掌握必备的技术和技巧,以保证他们所提供的服务与企业的服务目标相一致。

(5) 金融服务质量标准的相对性。

金融服务质量标准的相对性,是金融机构服务质量不断改进和发展的动态过程。当金融机构的竞争策略、经营环境有所改变,企业应随时评价指标体系的适用性,改进指标体系。如 20 世纪七八十年代,消费者对银行的要求比较简单,满足生活生产的存款、取款、贷款就可以了,那时银行只要保证工作正确、服务热情基本就可以了。进入 21 世纪,人们生活越来越富裕,我国金融市场也逐步完善,消费者开始注重理财、投资、信托和租赁等金融产品,对银行的服务质量要求更高。

同时,金融业竞争加剧,尤其是加入 WTO 后,国外金融组织进入中国市场,竞争全方位展开,各金融机构都需树立品牌意识,建立自己的品牌,以增强竞争力。因此,我国金融机构从简单的经营理念向全方位客户满意度转变,此时服务质量标准要求变高了。

对于金融机构来说，仅有高质量的服务还不够，提高质量是企业为了满足需求多样化的客户的必然要求。但同时，高质量并不能保证金融企业获得绝对的优势，特别是当竞争对手相应地提高了他们的产品与服务质量。所以，质量的高低只是一个相对的概念，企业若想长久地拥有优于竞争对手的竞争优势，就不得不坚持不懈地改进、提高服务质量，以便更好地满足客户。

“客户满意”的营销思想就是努力在客户面前提高自己的企业形象以及产品、服务等方面的可信度，这无疑会给金融企业注入长久不衰的活力。

3. 全方位客户满意金融服务的要点

金融机构全方位客户满意服务的要点包括以下几方面：①站在客户的立场研究市场和产品；②以客户为中心构建自己的企业形象；③最大限度地使客户感到金融机构的服务最使人安心、舒适；④请客户参与企业的经营决策和产品开发；⑤千方百计留住老客户；⑥使客户充分信任本企业和产品，在彼此之间建立忠诚、友好的氛围；⑦分级授权，以最快的速度完成客户的服务要求。

二、全方位客户满意金融服务的意义

在科技发达、资讯爆炸与竞争激烈的市场经济下，客户对金融企业的选择更趋理性、多样性，更注重企业能给他们带来什么、他们能从服务中获得什么。金融机构想要从众多竞争对手中脱颖而出，其整个经营活动要以客户满意度为目标，从客户的角度、用客户的观点来分析、考虑其需求。因此，全方位客户满意金融服务对金融机构有着重要的意义。

（一）以客户为中心的经营理念是金融机构生存发展的根本

现代金融机构处于科学技术、消费行为、家庭生命周期、市场被不断细化的环境中。细化了的金融市场有利于满足客户日益变化的金融需求，导致专业的不断分化。金融机构间的竞争，已经从最初的产品竞争及价格竞争逐步向服务竞争转变。服务优劣对市场开发成败起关键作用，也是实现企业资产收益递增的重要基础。

（二）以客户满意为目标，获取客户的长期价值

金融机构在“以客户为中心”的经营理念下，把注意力从资金转向客户。根据客户的生命阶段，在不同的时点，确立不同的价值主张。金融机构通过全面把握客户不同时期的需求，将企业价值主张同客户对价值的理解相关联，并且同相关产品匹配，使客户持续被吸引，形成忠诚客户群。

但是，世界上不存在永久忠实的客户群，服务跟不上，客户很容易流失。因此，金融机构与客户签订合作协议后，必须加强服务流程管理，提高服务质量，提升品牌美誉度。

（三）以客户满意为中心，获取竞争优势

客户是金融机构的重要资源，是金融机构的利润源泉。金融机构如果能广泛地赢得客户信赖，获得公众支持，其信誉和形象便是它在市场竞争中的一柄利剑。

第三节 金融业网络营销

目前,计算机和网络走进千家万户,网络的用途凸显,网络营销成为金融营销不可忽视的一个方面。

一、金融业网络营销概述

随着现代生产力水平的不断提高和商品经济的发展,营销理论在金融营销实践中不断得到检验和完善。同时,随着消费者收入日益增长,个性化需求的意识日趋强烈,金融企业之间的竞争日趋激烈,陈旧的营销模式已无法满足金融企业的发展。网络营销便是网络新技术在金融营销领域的重要应用。

(一)金融业网络营销的概念

传统的市场营销方式是以有形交易市场作为基础,为实现个人和组织的交易活动而规划和实施的创意、产品、服务观念、定价、促销和分销的过程。而网络营销以互联网为媒介,打破传统的时间和空间的观念,以全新的方式、方法和理念实施交易活动,更加有效地促成个人和组织交易活动的实现。对于金融业来说也是如此。金融企业在如今的社会里需要在传统的营销方式之外进行互联网上的营销;同时,金融业的日常经营活动也已完全离不开互联网。

金融网络营销是指金融机构借助互联网这一信息传递手段,以金融市场为导向,通过创造令客户满意的产品和价值,并同人们进行交换,以获取预期的营销目的。网络营销中的金融企业营销活动必须追求以客户满意为中心,通过满足客户的需要,实现金融企业的经济效益和社会效益。金融企业的网络营销活动包括市场调研、产品设计和技术准备等环节。

网络营销是现代知识经济和信息时代的产物,是今后金融营销的重要形式。所以,金融机构要积极利用网络营销这一营销方式。

(二)金融业网络营销的特点

金融业网络营销作为现代企业网络营销中的一种,有其自身的特点。

1. 虚拟无形性

在网络世界里,一切实物的东西都在网络上被虚拟化了,简单来说,就是你看得到而摸不着。

2. 形式标准化

金融企业在网络上进行营销活动的速度快,效率高,交易时间比较短,因此要求网络上的交易形式比传统的营销方式更加标准化。

3. 营销个性化

由于金融企业的网络营销可以做到对客户一对一的个性化营销,也就是说,金融企业通过收集相关客户的资料数据,基于客户的年龄、现实状况等制定出满足客户需求的服务,并且能够使客户很好地查询自己想要的相关信息,那么这个网站就是成功的。

互动是金融业网络营销很重要的一环,客户通过访问网站,应该能够得到金融企业提供的互动内容,联系电话和电子邮件地址是其中的两个方法。互动还包括对于网站上推出的每个项目的具体介绍,公众想要获得这些信息,要先注册,成为金融企业真正的客户。

4. 金融业网络营销可以提供优质服务

对于客户来说,肯定经历过与人打交道时受到"白眼"的待遇,即使在"客户是上帝"的年代,此情况也无法避免。相比而言,网络营销能够解决这个问题。在客户咨询以及购买金融产品的过程中,被提供的金融服务都是优质的服务。同时,金融机构通过这个过程获得相关信息,为客户提供更加个性化的产品和服务。

5. 金融业网络营销可以运用多媒体手段

在网络上,金融企业可以用更加多样化的手段来吸引客户,特别是运用声音、图像、动画等方式,使内容更加吸引客户,并且更加具体地解释各种金融产品和服务。

案例 10-3

个性化的"我的美洲银行"

2001 年 11 月,全美领先的网上金融服务供应商美洲银行宣布,发布其一对一个性化平台的站点——"我的美洲银行"。这是该银行提供的一项新服务,为客户提供综合的访问账户信息的功能和相关工具、客户需要的内容和信息,以便客户更好地理财。

这项针对网上银行个人和企业用户的免费服务,有利于账户信息的综合,即保证客户用同一个用户名和密码就可以安全地访问网上账户,还可以根据自己的特别需要对站点进行客户化设计。

美洲银行作为领先的网上金融服务供应商,拥有 2500 万长期网上用户。美洲银行在保护客户隐私和信息安全的同时,为客户提供了创新的在线解决方案。

"我的美洲银行"不仅仅局限于提供个性化的特性和功能,而且让客户有全新的体验,使客户放心地将所有金融业务搬到安全、可靠、简单易用的网上。用户一旦登记注册,"我的美洲银行"就自动地将该用户现有的网上银行账户与美洲银行的账户进行集成,使客户把上百个不同机构的银行账户、投资账户、信用卡账户、贷款、抵押贷款集中在一起,访问集成的网上信息和金融规划工具,并根据自己的需求和兴趣对站点定制,获取根据个人情况定制的股票行情、市场数据和企业研究报告等。

在网络上,安全是非常重要的,更何况是与金钱有关的金融企业。因此,在这个过程中,网络安全需要得到足够的重视。

二、金融业网络营销策略

金融业的网络营销是网络营销的一种。由于其行业特殊性,具有不同于一般网络营销的特点。下面从各种营销手段来考察其营销策略。

（一）金融企业网络营销的定价策略

1. 提供免费服务

尽管金融企业的目的也在于获取利润，但是，在一些新兴服务推出的最初阶段，提供免费服务来吸引客户，是非常必要的一种营销手段。

比如，在一些金融企业的网站上，客户能够得到免费的信息分析以及咨询服务，或者在一定时间内得到免费的金融服务。这两种免费服务各有作用。前者是吸引客户经常关注本金融企业的网站，使得企业的其他业务能获得更大的受众面；后者则让客户体验到方便、快捷的服务，为将来此类服务能够收取一定的费用做准备。

2. 提供低价或者折扣价的产品和服务

借助于网络，可以比在真实世界中节约更多的管理费用和运营成本。因此，相应地可以采用低价或者折扣价的产品和服务来吸引客户。据统计，在电子商务市场上，全部销售额的94%来自于回头客，其中低价以及折扣价是吸引客户回头的首要因素。但是相比于国外在网络平台上的延展，国内金融企业目前的网络产品更多的只是传统柜台服务的延伸。因此，国内要实现低价或者折扣价产品和服务的定价策略，还需要进一步完善市场环境。

3. 提供一揽子产品的定价

一揽子产品也可以认为是捆绑式服务，即将经济上互补的产品集中到一起，实现共同销售。无论是将传统金融企业的业务延展到网络，还是在网络上创造全新意义的金融产品，本质上都是对现有金融产品的一种补充。这种捆绑以两种形式存在：一是捆绑金融类产品，比如，一种存款与一种投资或者保险共同销售；二是捆绑非金融类产品，如玩具、电话卡以及各种宣传用的日用品，甚至可能是一次旅游。

以上定价策略不能比较哪个更加有效，定价策略也不局限于此。金融企业应根据自身金融产品和服务的特性以及网上市场发展的状况来选择定价策略。无论采用何种策略，金融企业的定价策略都应与其他策略配合使用，以保证企业总体营销策略的实施。

（二）金融企业网络营销的产品策略

传统的金融企业产品和服务营销区别于其他行业的特点有以下几种：

一是金融产品的非差异性。由于一种金融产品推出之后，其他金融企业可以很容易地模仿，所以，金融企业很难保持独树一帜的特性。

二是通常金融产品和金融服务具有不可分割的特性。因为作为金融业这一特殊的行业，在提供了金融产品之后，金融服务是必不可少的，甚至可以说，金融产品的销售就是为了提供金融服务。

三是金融产品具有增值的特性。当客户购买某一种金融产品时，他的目的就是为了增值。

基于金融产品的这些特性，网络营销的产品策略具有自己的侧重点。

1. 查询以及信息服务

这是金融企业在网络平台上提供的最基本的服务，也是与传统营销区别最明显的服务。在网络营销中，金融产品不再局限于单纯意义上的各种金融产品，还可以借助互联网，将这些金融服务延展开来，为客户提供综合、统一、安全、实时的服务，使客户在需要了解各种信息、办理各种业务时，可以方便、快捷地得到，同时进行投资理财咨询，即时了解最新经济动态。

2. 与客户的交流服务

现在的网络不再只是信息传播渠道，它还是与客户交流的平台。通过与客户的交流，金融企业能够知道本企业应该在哪些方面提高，同时提供更好的金融产品，这包括提供相关联系方式、查询服务以及客户资料的定时更新。比如，客户通过银行网络登录账户，查询个人账户的余额明细、账户交易历史记录、投资记录等。查询系统使金融企业了解客户在哪些方面存有疑惑，为信息发布提供参考。

3. 具体的交易服务

传统的金融服务也可以在网络上进行，当然在此过程中，安全是非常重要的。比如证券的买卖，现在主要通过网络进行，使得众多客户不用天天待在证券公司，可以在家或者任何有网络的地方随时了解市场动态。

案例 10-4

中国工商银行信用卡非接支付

优化银行卡受理网络，利用新兴科技改善支付环境，已成为中国工商银行关注民生改善，服务实体经济的重要举措，也是工商银行践行“便民惠民”理念的重要体现。工商银行认真落实国家发展现代金融服务业的决策部署，响应人民银行加快金融 IC 卡在公共服务领域应用的号召，在国内率先推出了金融 IC 卡非接支付应用。

非接支付是基于金融 IC 卡的一项快速支付技术，减少了传统信用卡的刷卡、输密、签单程序，只需将卡片在读卡器前轻轻一挥，即可完成非接触式消费。因其快速、便捷的操作特点，这项新技术深受持卡人喜爱，并在很多领域得到了广泛应用。

目前，工商银行具有非接功能的银联芯片卡发卡量、消费额稳居国内第一。截至 2011 年末，工商银行发行具有非接功能的银联芯片卡逾 400 万张，使用范围覆盖了广大持卡人的衣食住行各个方面。

（三）金融业网络营销的分销渠道策略

1. 金融业网络营销渠道策略的功能

与传统营销渠道一样，以互联网作为支持的网络营销渠道也应具备传统营销渠道的功能。营销渠道是指与提供产品或服务供使用或消费这一过程有关的一整套相互依存的机构，它涉及信息沟通、资金转移和事物转移等。对于金融企业来说，一个完善的网上销售渠道应有以下功能。

(1) 购买功能。

金融产品不同于其他实物产品，许多都是虚拟产品，因此不可能有实物形态存在。所以，通过网络，客户能够了解到各种金融产品的相关信息，比较之后，决定购买何者，不用再去传统的柜台操作，而通过互联网购买和投资。这样，对于客户以及金融企业来说，都节约了时间和金钱。

(2) 结算功能。

在客户购买或者投资之后,有多种付款方式,互联网无疑提供了一种便捷的方式,如现在流行的信用卡、电子货币和网上划款等。金融企业利用网络进行的结算,功能非常强大,因为其本身就是资金转移的中介。对于客户而言,一种方便、快捷的结算方式,也是吸引其购买金融产品的重要因素。

2. 金融业网络营销渠道策略的特点

在传统营销渠道中,中间商是其重要的组成部分。利用中间商,能够在广泛提供产品和进入目标市场方面发挥最大的效益。在金融业中我们经常可以看到,银行代理一些保险公司的产品,它通常凭借其业务往来关系、经验、专业化和规模经营获取利润。

但互联网的发展和商业应用,使得传统营销中间商凭借地缘原因获取的优势被互联网的虚拟性取代;同时,互联网高效率的信息交换,改变了过去传统营销渠道的诸多环节,将错综复杂的关系简化为单一关系。

互联网的发展改变了营销渠道的结构。利用互联网的信息交互特点,网上营销得到大力发展。网络营销渠道分为以下两大类。

(1) 网上直销。

这是通过互联网实现的从金融产品提供者到客户的网络直接营销的渠道,这时传统中间商的职能发生了改变,由过去的中间力量变为直销渠道提供服务的中介机构,如提供货款网上结算服务的网上银行。网上直销渠道的建立,使得两者之间直接连接和沟通。

(2) 网上间接营销。

这是通过融入互联网技术后的中间商机构提供网络间接营销渠道。传统中间商由于融合了互联网技术,大大提高了中间商的交易效率、专业化程度和规模经济效益。同时,新兴的中间商对传统中间商产生了冲击。基于互联网的新型网络间接营销渠道与传统间接分销渠道有很大不同,传统间接分销渠道可能有多个中间环节,而网络营销通常最多只需要一个中间商。

(四) 金融业网络营销的促销策略

在金融企业进行网络营销时,对网上营销活动的整体策划过程中,网上促销是极为重要的一项内容。网上促销是指利用互联网等电子手段来组织促销活动,以辅助和促进客户对于金融产品或服务的购买和使用。

网上促销主要有以下形式。

1. 网上折价促销

网上折价促销就是打折销售,以此来吸引客户购买。在网上可以进行打折销售的原因在于网络降低了相关费用,如管理费和经营费等;或者有时采用变相网上折价促销,比如,在价格不变的情况下,获得更多的金融产品。利用增加商品附加值的促销方法更为客户喜爱。

2. 网上赠品促销

网上赠品促销是现在非常流行的一种方式。比如,购买某种金融产品,送一些纪念品。一般情况下,在新产品推出试用、产品更新、对抗竞争品牌、开辟新市场等情况下,利用赠品促销可以达到比较好的促销效果。赠品促销的优点是：①提升品牌和网站的知名度；②鼓励人们经常访问网站，以获得更多的优惠信息；③根据消费者索取赠品的热情程度，总结、分析营销效果和产品本身的情况等。

3. 网上抽奖促销

抽奖促销是网上应用较广泛的促销形式之一，也是大部分金融企业乐于采用的促销方式。抽奖促销是以一个人或数人获得超出参加活动成本的奖品为手段，进行商品或服务促销。客户以各种方式参与抽奖活动，达到其关注企业的目的。

4. 积分促销

积分促销与平时消费量有很大关系。金融企业通过对一年中使用的相关金融产品进行评价。比如，将信用卡的使用金额折算成相应积分，按照积分数兑换奖品，一定程度上激励客户使用金融产品，客户既可以提高自己的信用度，又可以获得纪念品。

5. 品牌促销

在非网络的实物世界里，金融业的各种品牌在概念上相当于“金字招牌”。而在网络世界里，金融业的品牌成为一种企业无形资产，它代表金融企业的商誉，由金融企业的产品品质、商标、企业标志、广告口号和公共关系等混合交织形成。

本章小结

本章主要介绍了金融企业 CIS 的基本概念和重要内容；全方位客户满意金融服务对现代金融企业的重要意义与作用；金融业网络营销中有关定价、产品、渠道和促销的基本策略。

复习思考题

1. 与其他企业相比，金融机构的 CIS 有何不同之处？
2. 请联系实际，分析金融企业识别系统的构成要素。
3. 请联系实际，分析金融机构开展网络营销的策略。
4. 良好的金融机构视觉识别系统有哪几个特点？
5. 金融机构如何从客户角度来考虑“客户满意度”？
6. 金融服务质量是全方位客户满意金融服务的关键，它具有哪些特点？
7. 请联系实际，分析金融机构如何实现全方位客户满意金融服务。
8. 金融机构如何进行服务的全面质量管理？

实训题

为监督和促进银行等金融机构改善服务，上海于 2008 年开始实行金融服务质量监测制度，依托于“金融服务质量监测体系”，结合银行网点监测和对市民的问卷调查，对金融机构服务进行全方位评价，反映银行服务存在的主要问题，研究提高银行服务质量的有效途径。根据 2008 年 4 月份的监测结果显示，市民普遍反映上海金融机构服务的共性问题是：营业网点排队时间较长、自助服务设备机具故障多、网上银行“响应速度慢”等。请结合本章有关知识，分析金融机构服务质量管理的意义，提出改进服务质量管理的建议。

第十一章

金融产品销售技术

学习目标

[知识目标]

通过本章的教学，培训业务人员成为解决问题的专家，使业务人员提升抓住销售机会的能力，对业务人员提高销售成功率大有帮助。

[技能目标]

通过本章的教学，使学生了解并掌握金融产品销售中的常用技术和关键技巧。

小贴士

尊重的力量是伟大的

在一条干净的大街上，一个衣衫褴褛的铅笔推销员正在兜售廉价的铅笔，一个商人路过时顿生怜悯之情。他不假思索地将10元钱塞到卖铅笔的人手中，然后头也不回地走开了。走了没几步，他忽然觉得这样做不妥，于是连忙返回来，并抱歉地解释说自己忘了取笔，希望不要介意。最后，他郑重其事地说："您和我一样，都是商人。"

一年之后，在一个商贾云集、热闹隆重的社交场合，一位西装革履、风度翩翩的推销商迎上这位商人，不无感激地自我介绍说："您可能早已忘记我了，而我也不知道您的名字，但我永远不会忘记您。您就是那位重新给了我自尊和自信的人。我一直觉得自己是个推销铅笔的乞丐，直到您亲口对我说，我和您一样都是商人为止。"

没想到商人这么简简单单的一句话，竟使一个不无自卑的人顿然树立起了自尊，使一个处境窘困的人重新找回了自信。正是有了这种自尊与自信，才使他看到了自己的价值和优势，终于通过努力获得了成功。不难想象，倘若当初没有那么一句尊重、鼓励的话，纵然给他几千元也无济于事，也不会出现从自认乞丐到自信、自强的巨变。这就是尊重，这就是尊重的力量。

第一节　业务成功学

本节的主题是如何把规划好的金融产品成功地销售出去，即金融产品的销售技术。在进入主题之前，先通过一个生活小常识来把我们的观念从一个金融专业人员的转变为销售人员的。

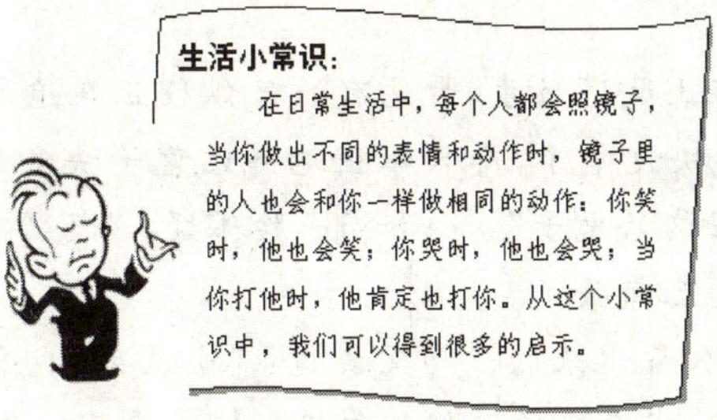

其实，销售与人际沟通一样，同样体现了照镜子原理，这个原理告诉销售人员：销售是一个互动性很强的活动，要既能鼓励自己，又能激励别人；用热情、激情和真诚去打动客户；用专业的销售技巧去实践每一次销售过程。

以下素质和能力是使你成为优秀销售人员的必备条件：

① 思想家，必须在观念上领先客户，用观念来指导客户。

② 教育家，要能够引导客户的动机，指导客户的行为。

③ 宣传家，要对自己推销的产品有信心，要培养推销自己和产品的勇气和习惯。

④ 沟通高手，销售是个互动的过程，也是一个冲突的消解过程，要有能力去说服客户，取得他对你和产品的认可，甚至赞同，直至购买行为发生。

一、使自己成为金牌业务员

作为金融产品销售人员，要想使自己成为金融专家，要了解整个环境是在改变的，就像我们谈到市场营销竞争策略一样，要认识到在营销环境中存在着永无止境的机会和威胁。所以，既要很灵敏地了解市场、经济、科技、政治、法律、文化、社会以及 WTO 等因素的变化，还要对同行以及非同行竞争因素的变化有所了解。

在这样一个高度竞争的时代，消费者很容易得到竞争对手的咨询服务；通过网络或者银行的促销活动，消费者将不同银行的产品做比较变得更为容易。因此，你必须了解工作环境，了解竞争对手的动态，在此基础上，才可以为客户提供完善的比较和分析，突出自己产品的优势。

金牌业务员具备很多的条件，要有攻击性、有感染力、有说服力。所以，要成为金牌营业员，你的言行举止必须能够主动、积极、热诚、开放。作为金牌营业员，身体的每一个部分都能够散发出个人魅力，体现出专业的销售技巧。

一般来说，银行营销人员基本上是理性的，也就是说，有一定的说服能力，但是在与客户互动时，更主要的是发挥感染力，即充分展现自身感性的魅力。因为只有先让客户接受你，才有机会推销理财观念，才可能向客户说明购买金融产品的利益和好处，所以理性说服之前，先发挥人际关系的感染力是十分必要的。感性的因素有很多，最重要的在于你的人格特色。因此我们常讲，推销一定要先推销自己，推销你的魅力、自信、专业知识以及你的热情。

案例 11-1

一天，师父带小和尚在山脚下散步，看见有一只狐狸正在追赶一只兔子，小和尚就着急地对师父说："这只兔子快没命了，那只狐狸跑得比兔子快多了。"只听师父说道："我看不会的，这只狐狸追不上这只兔子"。小和尚一脸狐疑："怎么不会呢?"没多久，那只兔子真的逃脱了，狐狸夹着尾巴回头了。

小和尚就问师父是怎么看出来的。师父说道："小徒弟，我看那只狐狸虽然天分好，跑得快，但是在它跑的时候，我看它的动作不积极。这主要是因为它在追兔子的时候动机不强烈，缺少企图心，它只是肚子饿想找东西吃。你想想看，一天有好几餐要吃啊，一个月有多少天，而每一年又有多少天呢？说来说去，这一餐只是每一天的一小部分工作而已，况且只是为了吃。因此，今天这只兔子吃不到了没关系，就当顺便减肥了，也就算了。但是这只兔子不一样，跑慢一步，它就一命呜呼了，它只有一次选择。所以它的企图心非常强，只要不认真，这条命就没有了。它跑的动机是为了逃命。一个是为了一顿饭，有无并不太重要；一个是为了逃命，生死自然很重要。所以说，兔子最终肯定能逃脱。"

请问：(1)作为金融产品的销售人员，你能从上述资料中得到什么有益的启示？

(2) 为什么兔子最终会逃脱，狐狸会以失败告终？试分析其理由。

1. 目标动力学

要想把业绩做得更好，营销人员应该在自身具备条件的情况下勇敢地确定更远大的目标。这种目标产生的动力将造就你的成就。业务员必须不断设计目标，而且要把目标设计得远一点。

案例 11-2

有一匹马在河边喝水，有人说这匹马挺不错，让它这样毫无目标的活着真是糟蹋生命。于是，把它抓来绑上马鞍、缰绳，钉上马掌，开始培训它。慢慢地，这匹马可以跑得很快了，但还是没成就，因为它只是绕着草场跑，测不出速度来。此时，我们把它的目标定为十里，很快，它就跑回来了。那么，这匹马的绰号可以被改作"十里马"。但是对于一匹精心训练的好马来说，这样的成就太小了。于是我们不断抬高目标，它都能不断跑回来，直至定到一千里的时候，这匹马终于变成了千里马。

从这个案例可以看出，在千里马的成长过程中，第一个因素是它本身具有的条件，另外一个更重要的成长因素就是目标不断抬高，使其潜力得到了更充分的发挥，才取得了最出色的成就。

2. 潜意识的力量

积极的潜意识力量会给业务员正面的暗示，不要听到客户的一个负面挑衅或是抱怨，就立刻丧失信心。其实，客户的抱怨和拒绝是正常的，总是会有挑剔的客户，会高度要求，甚至于过度要求。这时候，要能够接受和包容他，然后设法解决问题。

遇到这样的情况，你一定要想："为客户提供更好的服务是我的责任，客户需要价廉物美的产品，这是人之常情。"作为销售人员，应当设法让客户理解我们产品贵的道理。用这样的态度加上耐心，慢慢与客户合作。然后不断暗示自己“再多体谅客户一点儿，我的销售技术完全发挥之后，他就会接受我了，我相信他会接受。”这样，就不会产生排斥心理，不会产生负面的暗示，就能产生正面激励的力量，还能减少挫折感。

二、营销导向的组织管理

在金融机构里，要以营销为导向的理念来组织和管理一个业务团队，主要是对业务的管理，而不是传统的行政作业管理方式。建立一个以营销为导向的业务团队的策略包括以下六个方面：具有竞争力的营销策略、专业分工的业务团队、擅长激励的领导统御、高度专业的销售人才、高吸引力的奖励制度、卓越的服务与客户管理。

业务团队绩效的大小，很大程度上取决于管理水平的高低。管理的技术有很多种，针对以营销为导向的组织，其重点内容如下所述。

1. 实行目标管理

管理大师德鲁克说过：“企业的使命和任务必须转化为目标。如果一个领域没有目标，这个领域的工作必然被忽视。”因此，管理者应该通过目标对下级进行管理，即当组织最高层管理者确定了组织目标后，必须对其有效分解，转变成各个部门以及各个人的分目标；管理者根据分目标的完成情况，对下级进行考核、评价和奖惩。

从成功学的角度讲，只有想成功的人才会成功，要成功的人才会成功。对于销售人员来讲，要想在有限的人生中创造更高成就，目标必不可少，这也是激励自己的动力。

2. 落实执行力

落实执行力，就要将目标、时间进度以及销售技术完美结合，充分将自身水平发挥出来，达到最优绩效。

3. 银行组织的动员——全员营销，全面服务

人脉就是钱脉！银行未来的业绩不是靠负责业务的银行人员去推动，而是靠全员的合力，充分调动全行人员的人脉关系。对于很多银行来说，营销失败的主要原因就是在业务方面压力不够，要求不够，只是为了完成业务而开展作业。

在银行发展中，要把业务做好，从管理的角度讲，要从无序管理向有序管理过渡，直至自主管理；同时，附以一定的高压管理，即把目标定高，然后按照进度去要求。所以，要把业绩做好，在整个业务管理程序上的精准度要比过去更高，不可以马马虎虎、差不多即可，业务主管必须改变观念，调动全员的主动性、积极性和公关能力。

三、如何成为业务高手

（一）业务计划能力

业务计划就是针对现有工作内容所作的规划和执行的顺序、标准。业务计划能力的强弱影响到业务人员的业绩。假如业务人员的工作没有计划性，杂乱无章，就无法按部就班地工作。所以，业务人员必须要做好业务计划。

1. 业务计划书的内容

业务计划书的内容主要包括：市场分析、竞争对策、额度管理、人力配置、销售技术、通路管理、达标技巧、服务策略、账款安全、绩效评估等十个方面。这十个方面的展开就构

成了一个完善的业务计划书，详细内容如表 11-1 所示。

表 11-1 业务计划书详细内容构成表

核心内容	内容展开
市场分析	(1) 所负责地区的特性；(2) 市场的潜能；(3) 产品业绩和潜能预测；(4) 服务进入市场的成功机会
竞争对策	以竞争为导向开展业务计划；针对不同的客户群制定相应的竞争对策，与竞争对手进行竞争
额度管理	要将业绩额度合理地分配到具体的产品、对应的区域和客户群上
人力配置	主要是人员优势与责任额的细分计划的结合。作为主管，要将业务人员的优势充分发挥出来
销售技术	对于具有不同优势（如人脉网络好、能说会道等）的业务人员进行销售技能培训，使其更适合不同的业务工作
通路管理	主要是对业务拓展所借助方式的管理，主要有直销、邮寄、电话等不同通路，也可以从客户名单中寻找，进行陌生拜访等
达标技巧	对于业务主管而言，要能够追踪业务员，进行追踪管理，包括对自己的追踪管理，检查和激励目标的达成过程。可以借助目标管理和会议管理，建立报告系统，并不断激励业务人员
服务策略	主要是制定一个客户满意的实施计划。对于已订货或已签订合同的客户，要细化后续的服务措施，完善服务，以吸引和留住客户
账款安全	主要包括账款的安全管理和对客户的信用管理，业务人员要做到及时、精准
绩效评估	主要是考察目标的完成情况，要附以相应的考核办法

2. 业务计划书的撰写技巧

业务计划的撰写主要有以下两方面的技巧。

(1) 销售计划的 AQW 要素，包括以下几个方面内容：

① A-Active，就是要在整个计划里面充满拓展性、攻击性、延伸性，能够主动、积极地提出挑战性目标。

② Q-Quality，就是品质化，对于服务要达到的程度以及自身的业务素质要有质和量的分析。

③ Q-Quantity，就是数值计量，也称为数字管理，可以更科学地分析出达标的百分比。

④ W-Workable，就是可行性，制定的目标要合理可行，是通过努力可以达到的。

(2) 分析市场营销环境。对市场营销环境的了解是撰写业务计划书的基础，主要包括以下几个方面：

① 金融产业的演进过程，包括已有法规的改变和新法规的颁布。

② 目前金融产业的状态，主要看是否有新的市场产生。

③ 外商银行的创新能力，由此产生了新的竞争压力。

④ 客户理财方式的发展趋势，要明确是否有新的理财方式出现。

⑤ 客户消费习惯的改变。电子货币的出现给了客户更多的选择，要注意其消费习惯的转变。

（二）目标管理能力

1. 目标意识

有了好的业务计划后，接下来就要进行目标管理。有目标才有动力，目标越远大，意味着成就越高。因此，目标管理首先要有目标意识。

2. 目视管理

什么是“目视管理”？

在业务单位里，为了营造争先恐后的竞争局面，可以对业务人员进行业绩排名。面对这个排名榜，业务人员就会产生压力，领先的不能落后，落后的不甘心再落后。他们会继续力，尽量提高自己的排名。于是业务单位里的良性竞争局面就形成了，这就叫做目视管理。

没有目视管理，很容易忽略要追求的目标。运用目视管理，可以帮业务人员聚焦目标，明确任务，不断地提醒自己、激励自己，从而更好地把握每一次机会。

3. 目标管理

目标管理能力的内容主要包括以下几点。

（1）目标管理（MBO）的重要性。

目标管理作为一种管理工具，得到广泛使用。它可以达成工作的革新、改善以及绩效的提高，而且可以有效地辅导经销商以及客户网，帮助业务人员把业绩做得更好。

（2）数字管理。

所谓数字管理，就是制定一个可以度量的考核标准，可以计值、计量。如果没有计量，就不能进行科学、精确的管理。对于业务人员来说，一定要采取数字管理，有助于解读目标管理的绩效，也就是考核、评价的标准。

（3）达标管理表。

业务人员要给自己确定明确的目标，同时明确完成的期限，在期限快到时用来提醒自己，告诉自己要怎样付出，没有付出就不可能有回报。这样，既能让自己明白努力的方向，也可以激励自己尽最大努力地付出；最后，要清楚成功后可能会有的报酬，在面对困难时作为激励自己的动力。用这种方法，能够很好地管理自己的想法，取得成功。

4. 目标卡

除了达标管理表外，业务人员还可以用目标卡来进行管理，分为业绩管理卡和服务管理卡两部分。这样，既有计划又有管理，才能把计划落到实处。

（三）金融商品专家

要成为金融商品专家，一定要记住“知识就是力量”。那么，怎样让自己不断地充电，变成金融专家呢？

随着经济全球化不断发展，我国的金融市场逐渐与世界先进金融市场接轨，金融市场终将会变成一个世界金融，国与国之间、洲与洲间的相近度、相识度会很高，所以业务人员一定要接受新的观念；然后，要熟知直接金融与间接金融商品；最终才能成为财富管理专家。

（四）业务拓展能力

1. 市场开发能力

业务员在发展自身的业务拓展能力时，首先要增强市场开发能力，即寻求客户开发的管道和方法。

2. 人际沟通专家

要成为人际沟通专家，必须了解客户的人际风格，擅长沟通协作、人脉推广。要知道客户的人际风格，必须要让客户感觉到交谈得挺投机。面对不同类型的客户，都要能够与其沟通得很融洽。另外，还要学会倾听，让客户表达出他的意见，让他觉得得到了尊重。最终，让渡不同产品的选择权给客户，这样才能把自己逐渐培养为人际沟通的专家。业务人员对于不同类型的客户（见图 11-1）应当采取不同的推销策略。

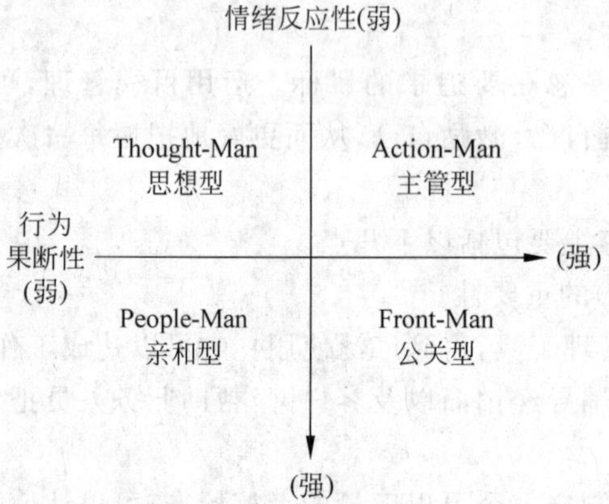

图 11-1　不同类型客户人际风格图

（1）主管型客户的特点及对策。

对于主管型的客户，分析其情绪的反应很重要。因为这种客户通常喜怒不形于色，业务人员可能说了很多，他都无动于衷，并且其行为很果断，可能还在与他交谈时，他已经暗中决定了是否买你的产品。因为他自己的意见很坚决，所以不要去决定他的意愿，否则，你与他的沟通就不会融洽。在这种情况下，要给他选择的机会，让他自己选择最符合其利益的产品，并且尊重他的决定。

（2）思想型客户的特点及对策。

对于思想型的客户，其性格特征主要是喜欢比较分析，不会表现出太大热情，个性优柔寡断。与这样的客户打交道，应当由他来做选择。作为业务人员，要有很强的组织力和逻辑性，做好充分准备，在适当的时候促使客户做出决定。

（3）亲和型客户的特点及对策。

亲和型的客户可能会表现得很热情，但是不会直接向业务人员表达自己的想法，不轻易得罪人，所以业务人员很难了解他的内心世界。这种情况下，业务人员应当主动向客户提出优惠条件，并且向他保证你是公平合理的，引导客户说出内心想法，这样就可以继续深谈，直至获得成功。所以，对于这类客户，业务人员主要应当采取鼓励的方式，才有成功的机会。

(4) 公关型客户的特点及对策。

公关型的客户也会表现得很热情，但是这种客户比较善变，常常不会遵守自己的诺言，不会轻易同业务人员合作。在同这类客户做生意的时候，要让他白纸黑字地确定承诺，或者是让其在公众场合给出承诺，这样他就不会轻易反悔了，业务人员的成功机会就增加了。

3. 说服谈判高手

在掌握了客户的人际风格，成为沟通高手后，还要培养自己成为说服谈判高手。作为业务人员，必须要有较强的说服能力，才能应对不同类型的客户。

四、公关能力与沟通能力

业务人员的公关能力和沟通能力在整个销售的过程中起着举足轻重的作用。

（一）深化销售的发展

在商谈展开策略中，深化销售的发展包括以下 6 个内容。

1. 建立信任关系

业务人员要想取得客户的信任，首先要推销自己，取得客户对自己业务水平的认可；然后，用热情去感染客户，以金融产品专家的身份去引导客户、推销产品；最后，给客户提供完善的服务，提升产品价值，在此基础上，再推销产品的价格、手续费、利率以及还款方法、周期等附加产品，从而完成销售，建立良好的合作关系。

当然，在这个过程中，业务人员的肢体语言也是很重要的，配以优雅的谈吐，将有助于业务人员更快取得客户的信任。

2. 合作共创利益

建立初步信任后，业务人员还要擅长宣传，要让客户清楚知道你的动机和目的，使客户感到跟你合作能够取得共赢。

3. 探测需求与预算

探测客户的需求与预算就是要了解客户的理财需求和利益目标，再结合他的预算和所需的额度来确定可用的金融产品类型，以弥补客户的资金缺口。这样，将更有针对性地达成目标。

4. 信用评级

在了解客户的自身条件后，要对其信用评价分等级，再推荐与客户的条件相匹配的金融产品。

5. 了解投资习性

通过对客户投资习性的了解，可以帮助业务人员分析客户的投资偏好，核准客户的投资额度，从而降低金融产品的销售风险。

6. 专家建议

在总结以上几个步骤结果的基础上，给客户提出专家建议书，讲解方案，让客户了解你的服务方式和内容。

对于业务人员而言，要想成为受欢迎的金融产品专家，还要将上述步骤和技巧深化到思维中，通过和客户沟通，展示出来。另外，礼仪形象也很重要。比如，在过去，我们常会看到餐厅的服务员随意地站在角落，彼此聊天，这在大多数客户看来都是缺乏服务素质的。现在，这些现象在多数有实力的企业里已经很难看到。这个例子提醒业务人员，观念是要不断改变的。

换一句话说，要在金融产品的销售技巧和服务能力方面与国际水平挂钩，要求业务人员不要活在过去的时代，要能够迎头赶上，不断地进行思维创新，在不断变动的环境中突破自我、快速成长；再加上诚恳的态度和专业的应对，就能够成为受欢迎的业务人员。图 11-2 所示就是一个受欢迎的业务人员应具备的条件。

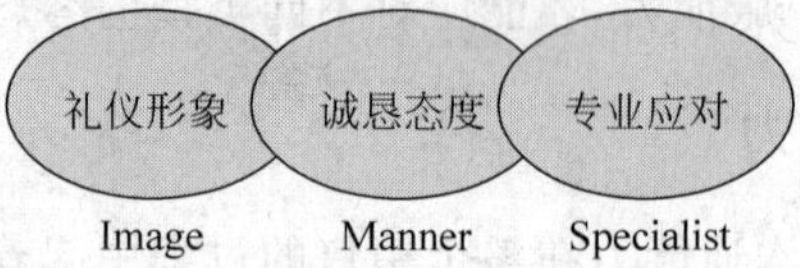

图 11-2　成为受欢迎的业务人员应具备的条件

案例 11-3

在火车刚发明的时候，很少有人去乘坐，因为人们以为自己的心脏很难负荷火车的速度。其实，那个时候火车的时速才 30 公里，现在高速列车的时速已经达到几百公里。所以说，人类的智慧或者经验常常会受到限制。要想成为优秀的银行员工，成功的业务高手，一定要突破很多自我限制。

接下来的这个例子是一个关于跳蚤试验的故事。据报道，跳蚤可以跃起的高度是它身长的 133 倍。有一个动物实验家就抓了一只跳蚤做试验，他把跳蚤放在透明的玻璃橱里，在跳蚤身长 100 倍高的位置放个透明玻璃盖住。刚开始的时候，跳蚤每次跳起来都会碰着头，但是慢慢地，跳蚤调整了它的跃起高度，基本不会碰着自己。这一阶段的试验表明，跳蚤也会从挫折中学习，在学习中成长，不断适应环境。经过一段很长时间的试验后，动物学家去掉盖在上面的玻璃继续观察。这个时候，跳蚤再也不会跳过身长的 100 倍以上了，没办法发挥出它的潜能。这说明，长时间待在一定的环境中，会产生对环境的依赖性。

作为业务人员，要想得到客户的认同，就要不断改变自己去适应环境的变化；不要总是活在过去，而要勇敢迎接明天，面对整个变动的环境，这样才能摆脱各种环境的束缚，充分发挥自己的潜能。

业务人员要想说服客户，还应了解在日常交往中人们对什么样的人容易认可，据此对这些人进行分类。针对不同性格特点的客户，业务人员可以扮演他心理偏好的人选，来博得信任；同样，通过这种方式，可以同客户建立亲密的关系，对于销售的深化有很大的帮助。

总结起来，在日常生活中，每个人都会与不同类型的人打交道。当然，不同类型的人会有不同的分量，影响力也会不同，这就需要业务人员有很好的洞察力，尽快区分对目标客户影响最大的人群类型，然后投其所好，尽量扮演相应的角色，尽快取得客户信任，建立合作。

小贴士

销售沟通时间管理

在销售的过程中，对沟通时间可以这样安排：假设业务人员同客户有30分钟的沟通时间，在开场阶段，首先去除客户的陌生感，排斥警戒心理，应安排5分钟的时间；然后，在商谈前段要给客户提供金融产品投资理财机会，设法引起客户的购买欲望，这就是销售商品阶段，大约需要5分钟；接下来，就是异议处理阶段，也就是真正销售的开始，此时就要同客户商谈，消除异议，抓住销售成交机会，这大概需要10分钟的时间；最后，留10分钟来收拾残局，比如向客户提出保证，承诺售后服务等细节，当然，也可以挪出这一阶段5分钟的时间到商谈前段，用来详细地介绍产品。这样，时间管理就会很有效，帮助你提升业绩。

在与客户交谈的时候，业务人员还要具备全方位的业务口才，一是单向表达，要有很流利的口才，讲话要精简，要言之有物，见解独到，让客户觉得很有吸引力；二是双向沟通，要尊重客户意见；三是推销，就是要尽量说服客户；四是谈判，在无法说服客户的情况下，谈判是个很好的选择，可以给客户预留较大的协商空间，以利于完成销售。

（二）人际沟通技巧

关于人际沟通，从心理学的角度看有三方面能力。这三项能力可以衡量出你是否擅长从事业务工作。

(1) 第一个是认知能力，主要指你是否有认知问题的能力，让客户拥有与你一样的理财投资、财务管理的理念，然后让客户认知与你的银行合作会有什么好处和方便。

(2) 第二项是语言能力，就是有与客户顺畅沟通的能力。

(3) 第三项是社会能力，就是无论面对什么类型的客户，你都能够接受的能力。社会能力其实就是与人相处的能力。

这三大能力互相交融。社会能力强，必然有很强的人际沟通技巧，这样才能充分发挥你的认知能力、语言能力和思维能力。这三大能力你都具备了，就能形成一块较大的交集，表示你是沟通高手，如图11-3所示。

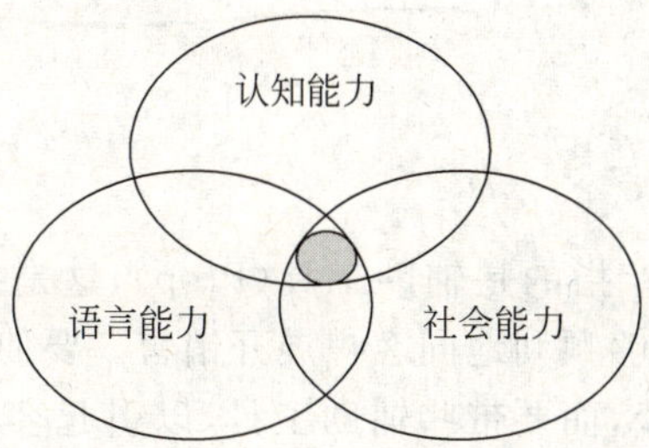

图11-3　人际沟通能力图

案例 11-4

沟通的视线和距离

在与客户的沟通过程中，视线和距离要适当。当业务人员开始与客户接近的时候，可以利用看资料的机会在桌面上同客户进行视线交流，也可以用身体语言来带动对方、引导对方，此时的距离应当是很近的。然后，当大家共同参阅资料时，通过手中的笔来引导客户的视线；当笔离开资料时，应当与客户保持平行的视线，这些都是很好的身体语言技巧。

当然，在同客户面对面就座时，可以把资料放在两人中间；当说到对方感兴趣的问题时；他可能会把资料收走，说明此时你可以加强攻势，利用其他技巧来推销产品。在交谈的过程中，也可以一点点将资料推前，你的整个动作对客户而言都是积极的，对销售的发展有很大帮助。

第二节　销售技术

业务人员要取得销售的成功，就要非常清楚地了解消费者购买的心理发展阶段。比如，客户在购买产品时，引起他注意的产品将会是其购买的首选对象。当然，注意了不一定就会买，客户可能会在仔细打听后觉得有兴趣，然后展开联想的过程，觉得应该拥有它。当产生这样的欲望后，理性的客户还会与同类的产品相比较；比较过后，客户对产品的介绍、功能等产生信任，才会最终下定决心购买。

一、推销“4P”技巧

推销的“4P”技巧，即业务人员如何去激起消费者心里的采购欲望，主要内容如下所述。

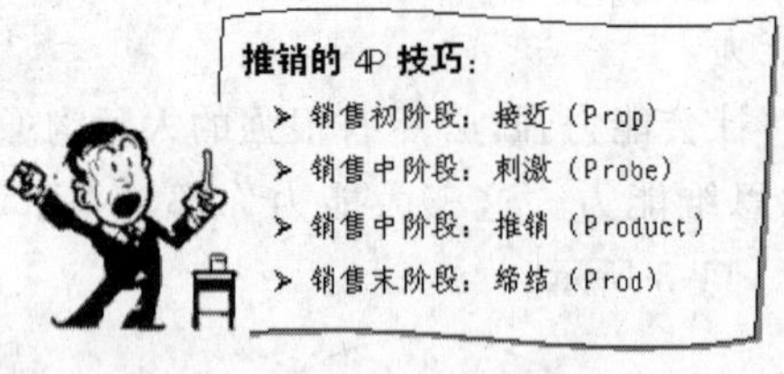

1. 辅助工具引导技巧

推销的“4P”中，第一个“P”指的是辅助工具（Prop），这是接近客户的工具，也就是一把开门的钥匙，让业务人员能够顺利地同客户展开销售。要使销售成功，不要只是孤零零地一个人坐在那里和客户对谈，而要带些辅助工具，以引起客户的注意和兴趣，然后才能使其产生联想、欲望。基本的辅助工具有简介、投资分析表等。针对不同的金融产品，有不同的辅助工具，业务人员应当学会创造有特色的辅助工具来帮助自己。

准备辅助工具时要利用“五觉法”，可以从几方面考虑：客户的眼睛会看到；耳朵听得到；鼻子闻得到；嘴巴尝得到；手能摸得到。这需要针对不同的产品进行选择，这“五觉”会带动客户的“心觉”，促使客户下决心购买产品。

2. 询问

第二个是询问(Probe)。业务员不是去作报告的报告员，业务员必须是询问高手，提问题的高手，打破砂锅问到底，用问句来刺激客户思考，主要有三种创造需求的询问技巧：

(1) 开放型问句，多用于开场的交流，主动询问客户在理财方面的困难等。

(2) 质疑型问句，一般是肯定反问法，对意志力薄弱的客户比较管用，比如，“你不会不想增加财富吧？”

(3) 封闭型问句，一般都是选择性问句，表现出业务人员较强的意志力。比如，“请问你是选择开放性基金，还是封闭性基金？”

案例 11-5

卖卤蛋的启示

这一天，卖阳春面的老王听取别人的意见决定加卖卤蛋，有客户来吃面的时候，老王就会问：“您要不要加个卤蛋啊？”。然而，基本上没人要。第一天的卤蛋基本没卖出去。有人就给老王说：“你的销售技巧有问题，你要用肯定的反问法，这样，意志力薄弱的人一般都不会反对的，而且你还不失礼貌。”

于是第二天，老王就对吃面的客户说：“给您加个卤蛋吧！”不幸的是，老王的卤蛋还是没卖出几个。这下老王急了，这时一位销售高手就对他讲：“你要如此这般才可以。”第三天，有客户来面摊吃面时，老王就会问：“您要加一个卤蛋还是两个啊？”奇怪了，今天老王的卤蛋竟然供不应求。这下老王终于明白了，询问的技巧也会这么重要。

以上案例对于业务人员而言可能会深有感触，不同的询问方式得到的结果是截然不同的。因此，在不同的阶段，业务人员应当掌握不同的询问方法。

3. 商品销售技巧

第三个是商品的销售技巧(Product)。拥有这样的技巧，对于一个成功的业务人员来说至关重要，具体的内容会在推销商品的 FDB 技巧中详细阐述。

4. 缔结

第四个技巧就是缔结(Prod)，也叫针戳，这是业务人员的一种功力，就像踢足球的临门一脚一样。你可能很会踢球，能盘带、短传、长传快攻等，却无法破门，这是不可能取得胜利的，最重要的还是要射门得分。在缔结部分，针戳的技巧很重要，就是要不断地刺激客户，从不同的侧面去说服客户，直至得到客户的认可。

二、推销商品——FDB 基本技术

1. 什么是 FDB 技术

推销商品的 FDB 技术是指推销商品的特性与一般利益。

所谓 FDB，就是指特性(Feature)、差异性(Difference)、利益(Benefit)。在实际的推

销过程中，业务人员必须熟知产品的特性，包括产品本身的历史条件、借贷周期、手续费用以及还款方式等。要想成为金牌业务员，必须彻底了解产品的特性，才能成为产品专家，讲话才有说服力；在谈判的时候，才会拥有更多的筹码，才能帮助客户寻找差异性，追求利益。

2. 应用技巧

举例来讲，对于 A 商品，业务员必须彻底了解，彻底了解才会变成专家，才会使客户信赖，才会产生说服力。差异性有特殊之处，就会产生说服力；利益有独特的价值，也会产生说服力，客户怎会不动心？服务也可以作为特性，成为产品属性的一部分。业务人员要彻底了解服务的制度、作业程序以及满意的保证。差异性和利益与产品一样，都会产生说服力。当然，推销商品的 PDB 基本技术也可以用来分析客户。

在彻底了解产品特性的基础上，业务人员要注意在同竞争对手产品的比较中，强化自身的强项，弱化弱点，充分利用产品的特性和各种技巧。

三、切身利益推销法

切身利益推销法就是要使客户动心，让客户对产品从没兴趣到有兴趣。其实，最本质的原因就在于切身利益决定了他的取向，如图 11-4 所示。

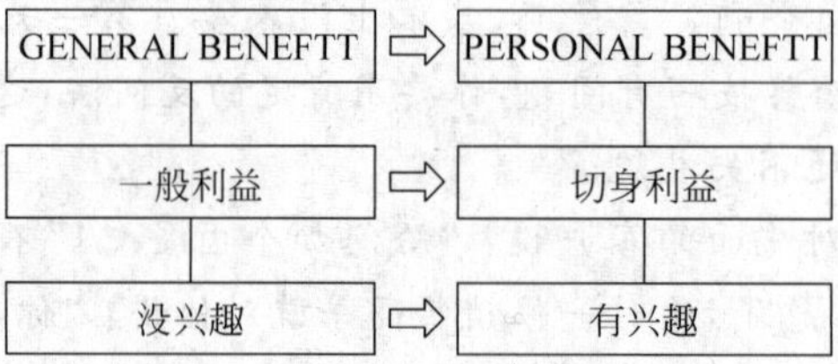

图 11-4　切身利益推销法

业务人员在向客户介绍完产品特性、差异性以及一般利益后，要赶快转换到客户的切身利益上，提供对他有价值的信息，才会激起他的购买欲望。

案例 11-6

A 君购买保单的演示

A 君作为家里的支柱，常年工作在外，工作很繁重，但薪资不高，而且父母年老，孩子还小。对于这样的客户，业务人员在向他销售人寿保险的时候，应如何与其切身利益挂钩呢？可以借助切身利益推销法，从客户的切身利益分析。可以看出，在向他推销保险的同时就是在向他推销一种责任，一种对家庭、对自己的责任，应将产品特性与 A 君的家庭问题相结合，而不是盲目地推销。一味地强调自己的产品多好、多有保障、保费多便宜等一般利益，是不能引起 A 君的欲望的，只有结合其切身利益，才能引起他的购买欲望。

四、扩大利益推销法

在上述例子中，仅对 A 君进行切身利益的推销，引起他的购买欲望是不够的，要想成功销售产品，还应当继续扩大利益推销，这就进入下一阶段，如图 11-5 所示。

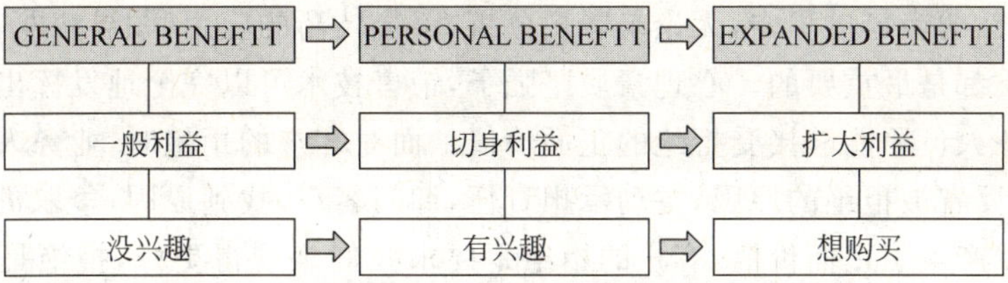

图 11-5　扩大利益推销法

业务人员在进行扩大利益推销时，应当以客户的切身利益为出发点，在此基础上充分发挥沟通、说服能力。在上述案例中，由 A 君的切身利益出发，向他推销一种责任；接下来，就应当从养家糊口、孝顺父母，甚至孩子的教育成长、光宗耀祖的角度来进行扩大推销。

对于业务人员而言，要能够带动客户一起探讨、一起追求他的利益，然后满足其需求。对于客户而言，可能很清楚自己的状况和需求，但是没人去提醒，他是被动的，此时你必须是一个推动者，去提醒他注意，让他去注意产品优势，注意产品的特色，这就是高级销售技术的技巧。

案例 11-7

业务人员要销售给客户一张无限卡和信用卡。无限卡就是指刷卡没有金额的限制，但是这种卡有很高的年费。对于客户来说，这就是负面的影响。此时，作为业务人员，可以通过扩大利益推销法来说服客户。

因为无限卡有很多的便利和好处。当拥有无限卡后，在招待朋友、购物的时候，能衬托出客户的身份。人要衣装，佛要金装，无限卡可以极大地拓展客户的影响力，它所带来的这种身份、地位的象征是无法用金钱去衡量的。通过扩大无限卡能为客户带来的利益去推销它，更容易让客户接受。这就是扩大利益推销法。

第三节　金融产品销售实务

一、客户拒绝处理技巧

客户拒绝处理技巧也称客户异议处理或抱怨处理技巧，是销售技巧里面非常重要的一部分，是销售技巧里面的“临门一脚”，也就是足球进入球门前，不小心踢到门柱反弹了，前面有一群后卫，此时，你如何乘虚而入，怎样排除这些抗拒，将球攻进门。

销售也是一样，无论前面如何口若悬河地宣传、感性诉求、理性说明，只有这临门一脚才是最为关键的，才是业务销售的真功夫。所以说，作为业务人员，不仅要成为一个思想家、宣传家、教育家、沟通家和谈判高手，还要成为一个解决问题的专家，这就要求你抓住那些不是机会的机会。

（一）正面的心理素质

在金融产品的销售过程中，无论是客户分析、销售技巧的应用、领导统驭、管理等各个方面，心理素质都是最重要的。心理素质坚强了，销售技术可以完全地发挥出来。

所以，业务人员要能够接受拒绝的正面价值。面对客户的拒绝时，业务人员的态度要谦虚、诚恳，要反省被拒绝的原因，主动承担责任，询问客户，找到原因，争取机会完成再次推销。这时，就产生了正面价值，客户的拒绝是要求我们表现得更好，拒绝是告诉我们还没有充分了解客户的需求，应该重新布局，展开推销。客户的拒绝并不代表永远不购买你的产品。

（二）面对拒绝的心态

面对客户拒绝时，业务人员不要总是抱着灰色的、负面的想法，而应当抱有正面的想法。比如，当客户拒绝你的时候，可能你讲了十点内容，他只是拒绝了其中两点而已，如果这两点能够解决的话，也就能让客户百分之百满意了。

那么，针对这两点来与客户合作，解决问题。要解决问题，一定要让对方参与进来共同思考，共同分工合作。所以，在面对拒绝时，业务人员的心态应该乐观积极，应检查自己的布局有什么错误，及时调整，然后重新展开销售策略。

（三）探讨客户为什么拒绝

客户拒绝的原因有很多，既有人为因素，也有产品、竞争性以及服务等的因素，具体内容如表 11-2 所示。

表 11-2　客户拒绝原因分析表

拒绝来源	状况分析
营业员因素	关系弱，专业度不够，不被信任
商品因素	商品并非客户想要，缺乏附加价值
价格因素	客户心里认为商品贵，并且没有奖励措施
时机未成熟	不到购买时刻，产品市场未成熟
经济能力限制	已超出客户预算范围，并且客户已有多项投资
个性因素	客户行为保守，优柔寡断
竞争压力	想寻找更适合或更好的商品
服务品质	服务质量不满意（说明不清楚）

（四）敏于观察

在商谈过程中，业务人员要做到敏于观察。

当与客户交谈中遇到障碍、产生敌对状态时，要引导客户进入分工合作阶段，这是销售中很重要的转机。引导客户进入分工合作是异议处理中很重要的技巧，业务人员要勇于开口要求客户承担起他的责任。接下来，就会进入互助合作的阶段，问题就容易解决了。

当业务人员碰到客户有异议时，一个基本的策略就是要以客为尊，也叫做情绪舒缓，要表示尊重客户的立场、感受和需求，还要尊重客户的想法，这样客户才会愉快，才会给你反馈。业务人员要学会使用疏洪法，同客户打交道时，应先顺着他，后面再控制他；遇到客户拒绝时要有气度，能够包容对方，不要受到对方拒绝，就马上脸红脖子粗，总是想反击客户，去抗争、辩论，这不是金牌业务员应该做的，一定要先逆来顺受，等客户情绪被安抚好了，再提出你的反对意见。业务人员一定要善用人性，从而得到客户的支持，最终建立良好的关系。

案例 11-8

心因性说服

作为西方的快餐食品，麦当劳、肯德基还有必胜客都大受孩子们的欢迎，一个重要的原因就是吃外来的食品更加时尚，更多的是一种从众行为。作为家长而言，为了能让孩子尝个新鲜，可能都有排队很长时间买比萨饼的经历。这些食品比起馒头、包子等食品不知要贵多少倍，父母为什么还愿意花时间来购买呢？其实还是心理因素作祟。现在一般家庭都是一个孩子，父母都希望孩子过得快乐，只要是孩子想要的，即使再贵、再花时间，父母们也会觉得值得，这就是品位法在生活中的一个实例。

另一个品位法在生活中的有趣现象是关于“贫中富”和“富中贫”的理解。有些富人很有钱，已是百万富翁，可是他总觉得自己不够有钱，觉得很穷，比起人家千万、上亿的资产真是太穷了，所以不敢乱花钱，很节俭，这就叫富中贫；有些人虽然身上钱不多，可是他认为只要能买碗面吃，买瓶酒喝就是很自在的生活了，他享受的是蓝天白云，碧绿的草荫，漂亮的鲜花，非常新鲜的空气，这些都是他的财富，这就是贫中富。

其实，这些都是心理因素在起作用。作为业务人员，一定要懂得包装所销售的产品，塑造产品的价值，然后把握不同客户的心理因素，对症下药，制定相应的销售策略。

“围魏救赵”是帮助业务员脱离困境的一个好方法，特别是在条件的谈判上，销售沟通到最后会进入销售谈判阶段，此时的“给”和“取”是很讲究艺术的。怎样才能立于不败之地呢？围魏救赵是一个不错的方法，如图 11-6 所示。

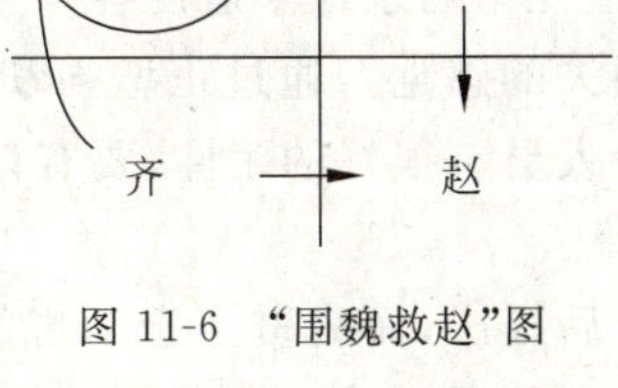

图 11-6　“围魏救赵”图

案例 11-9

战国时代七国并存，比较强大的有秦国和齐国。各国为了更好地保护自己，都结成了自己的盟国。那时，秦、魏结盟，齐、赵一家。一天，秦国派兵来攻打赵国，照理说，齐国应当赶快派兵来帮助赵国防御，因为同盟国就是他的利益。

可是这样的话,两强相争会损失很多兵力、财力。于是,齐国用了一个最省成本的方法,来解除赵国即将被秦国灭亡的困境。它派兵把魏国包围起来,因为魏国是秦国的同盟国,无奈之下,秦国只有赶快派兵去帮助魏国防御,消灭赵国的计划也就破产了。最终赵国得以保存,这就是史书上的齐国围魏救赵的策略。

那么,在营销实践中如何运用围魏救赵的策略呢?我们通过一个案例来简单说明。齐国围魏救赵的策略之所以能成功,就是通过攻击秦国的利益来保护自身的利益。举例来说,齐国是一个销售二手车的汽车业务员,秦国是他的客户,秦国想买车,齐国开价五万元,秦国就派兵来杀价,这五万块钱的价格就是赵国,双方就价格开始争执。秦国只出到四万八千元,而齐国少于五万元就不卖,但又不能同客户过分争执;这时,业务员就去围魏,攻击秦国的利益来保护他的价格,他说:"四万八我可以卖,但是不含四个车轮和空调。"从客户的角度考虑,这肯定不划算,那还不如五万元买下一辆完整的车,于是双方顺利成交。

通过上述案例可以看出,在金融产品的销售实务中,业务人员要巧用围魏救赵策略,通过其他相关的条件来同客户交换利益,而不是强行防御或直接攻击客户的切身利益,只有这样,才不至于失去客户,同时保护了自身的利益。

二、销售缔结技巧

在足球比赛中,从后场起球、中场配合、前场的助攻,到将球攻进球门,是一个层层推进的过程。同样,在金融产品的销售过程中,所谓的将球打进球门就是销售的缔结,即通过一系列前期处理后,让客户签下订单。这主要包含以下几个方面的内容。

(一)缔结理论

要发挥好缔结的技巧,业务人员要掌握缔结理论。

1. 行为改变学

(1) 正增强:人类行为的改变是渐次增强的。在行为的逐渐改变过程中,业务人员要善用正增强促进客户的渐次增强,缩短改变的周期。所谓正增强,就是通过奖励来鼓舞、激励客户。

(2) 负增强:也可以利用负增强向客户施加压力,加速客户决定。负增强就是在同客户交谈的过程中,通过取消已经允诺的条件来迫使客户尽快作出购买决定,要给客户造成不早点同你合作就会有很大损失的感觉。通过正增强和负增强方法的运用,尽可能缩短渐次增强的周期。这需要业务人员有很好的耐性,要有计划地逐步引导客户进行合作。

2. 缔结策略

缔结并不是只能在交谈的最后提出,而应贯穿于销售的整个过程。对于金牌业务员来说,会在第一句话就开始缔结了,即开门见山地说:"今天来拜访你,主要目的就是希望你能够使用我们银行的服务,采购我们的产品,让我们帮你投资理财。"作为业务人员,要勇于开口缔结,要有很强的企图心和意志,不要怕拒绝。拒绝多,表示提供的服务不够好,应当加强服务,继续向客户提供服务,直到客户被说服为止。

所以,业务人员可以随时同客户缔结,但要有一定的层次性,应当在完成一个段落交谈后,适时提出缔结;而且要累积小缔结为最终的缔结,同客户的交往不是一次就结束的，就算客户这次不签合同，也要留下好印象，以备下次再来。所以，即使当时没有成交，也要让客户知道今天的商谈获得哪些结论，求大同，存小异，有异议的地方改天再来，这也算缔结。业务人员要能够从比较宽广的角度来看缔结的价值和应用。

3. 缔结技巧

其实，缔结的过程就是看谁有更强的说服力、谁的意志力更强，即坚持者赢。只要你的意志力比客户坚决，大概会有一半以上的客户在你的意志力之下妥协。这种体会在我们的日常购物中有所体现。比如买衣服，你会发现常常最后购买的衣服和初始的设想完全不一样。其实，一个重要的原因就是购买衣服的时候，售货员的坚持起到了决定性作用，可能当你还在考虑要选什么颜色的时候，售货员就会中肯地建议："我认为这件才适合你，你自己可能有个人的偏好，但是站在客观的角度，我认为你需要让自己变化一下，衣服颜色的搭配应更多元化一些，人生应当是多彩多姿啊！这件不错，颜色挺时尚、料子不错、价格也合理，样式也挺好的，而且还很好洗涤。买下了吧，我就帮你包了。你是刷卡还是付现呢？"经过这一番交流，你多半就会被他牵着走。所以，意志力非常重要，当然条件是至少这件衣服客户还能够接受。所以说，坚持者赢，业务人员的能力就在最后一分钟的坚持，而且是反复地坚持。坚持是一种伟大的力量，能助你取得好的成绩。常用的缔结技巧如下所示。

(1) 重复法(Always Be Closing，ABC)：让客户不断地被缔结，即重复缔结。对于固定的客户群，要不断地提出承诺，进行合作。

(2) 累积法(Always Say Yes，ASY)：从字面意思来理解，就是将同客户的重复缔结和不断地说"Yes"相结合。推销的一个原则就是永远不要客户说"No"，也就是不要让客户拒绝你，而让他不断说"Yes"，就是不断地肯定。这样，就可以累积小缔结到最终的缔结。

案例 11-10

小孩子买糖果

有一个简单的例子可以作为累积法在日常生活中的应用。小时候，大家可能都有缠着父母买糖果的经历，来看看这个小孩子是如何说服父亲给他买糖果的。

这天是周末，父亲休假在家，小孩很想吃糖果，但是知道直接要糖果的话，父亲肯定不会给买，于是他就想了个方法，对爸爸说："爸爸，今天是礼拜天吧？"爸爸回答："是啊。"又问："今天天气真好，太阳都照进咱家客厅了。"答："对啊。"接着问："那么，爸爸，你常说小孩子要多运动，我想到外面去骑脚踏车，和其他小朋友一起玩耍，好吗？"爸爸高兴地答道："好啊！""那你帮我把脚踏车推到院子里，好吗？""没问题。"

于是爸爸放下正在看的报纸，去帮儿子推车。到了院子里以后，儿子又说道："爸爸，这个地方太小了，没法骑，干脆帮我推到巷口的公园那里，我们在那里玩吧，你还可以顺便买包香烟，好吗？"父亲一想，难得在家陪儿子，就出去吧，于是答道："好啊，爸爸也想好好陪你玩呢！"这一来，就到了巷子口的小商店了，父亲说道："老板，来包香烟。""爸爸，顺便给我买包糖果吧，好吗？""老板，再给我儿子来包糖果。"于是，小孩儿高兴地吃到了糖果，还没有被父亲责骂。父子俩是多么的其乐融融啊！

我们来分析一下小孩的成功原因，重要的一点就是不断累积“Yes”。父亲毫无戒心地就陪儿子出门了，出门后再结合共同利益一起到了小卖部，顺水推舟自然地就得到了糖果。当累积了六个“Yes”后，父亲很难再说不给孩子买糖果，会有蛀牙的话了。六个小小的“Yes”，累积了一个大大的“Yes”。

(3) 选择法(Choice)：当经过一系列前期处理后，客户已经认同你的产品时，给客户两个以上方案供其选择，会造成一种不买还不行的想法，就达到缔结的目标了。

(4) 二次努力(Second Effort)：这就相当于当你射门时，球被后卫挡了出来，这时不要放弃，优秀的前锋是要不懈努力的，直到把球攻进门为止。产品销售也一样，不要遇到客户拒绝时就投降，还要做第二次努力。只有不断努力，才会获得更好的成果。

(5) 假设成交(Rush Close)：假设成交是指当客户表现出一定的购买意愿时，要及时做好各种准备工作，督促客户提早成交。

（二）正增强缔结法

在销售过程中，业务人员要不断激励客户购买你的产品。行销的过程是一个不断推动客户、增强他购买动机的过程，有如下正增强缔结法可供选择。

1. 发出信号与客户沟通

主要包括如下内容：

(1) 声音信号，要音量明朗，足以推动对方，准备缔结成交。

(2) 言语信号，要善用语言文字，多运用各种修辞手法，较好地引导客户；采用询问谈话法，使对方容易理解，愿意同你互动。

(3) 表情信号，诚恳真挚地微笑，更容易让对方说“Yes”。

(4) 专业信号，使客户感觉自己善于处理公司商品，给客户留下一流推销员的印象。

(5) 视线信号，灵活运用眼神，使它像嘴巴一样会说话。

(6) 动作信号，随时发出肯定信号，运用身体各个部位参与商谈。

(7) 精力信号，唯有不断发出愿意向客户推销产品的信号，才能引动客户的购买欲望。

2. 肯定暗示法

就是不断让客户相信他选择的正确性，可采用如下的说法：“您买了理财型保险之后，将能兼顾获利与安全保障的双重利益，一般的寿险保单是无法兼顾双重保障的，所以，我相信您已经能够预见到这么好的收益，相信您一定会考虑购买了吧！”，这就是肯定的暗示法。

（三）负增强缔结法

除了正面的激励外，还可以通过施压来促使客户做出购买决定，这就是负增强缔结法。该方法就是将如果不决定购买可能会产生的不良后果告诉客户，让客户有一种压迫感，然后再正面推销。这些方法需要业务人员结合实际情况加以使用。

这是一种不得已而为之的方法。假如已经与客户讨论多次还没有成果，就需要使用这种方法来敦促客户作决定。但是该方法一定要在有把握的情况下使用,否则,只会弄得自己灰头土脸。

(四) 避免签约失败技巧

当客户表达签约意向后,并不代表缔结成功了。客户未在订单上签字,业务人员就不应放松。这时,应当掌握一些避免签约失败的技巧,内容如下:

(1) 神色不慌张,要保持镇定。

(2) 不要说多余的话,避免失态。

(3) 话不可过多,免得客户厌烦。

(4) 不可静默不语,不要让客户觉得你似乎不乐于服务。

(5) 签约的前一天不可和客户争论。

(6) 不要使用否定用语。

(7) 主导权不可落在客户手中。

(8) 谈条件时,态度不可怯懦。

(9) 不可有乞求的态度。

(10) 不可临时提出新的条款。

(11) 不做不必要的逗留。

本章小结

本章主要介绍金融销售技巧,从一个成功的业务人员成为金牌业务人员的心理建设和目标动力;再到如何因人而异展开对客户的营销,提出适当的对策;然后如何成功地接近客户、销售产品、解决对方的异议;直到最后,如何成功地缔结。对于想成为金牌业务的从业员工,应当从整体上把握这套体系,善用各种技巧。

复习思考题

1. 什么是FDB技术?

2. 成为金牌销售员,应该具备什么样的条件?

3. 客户拒绝处理技巧也称客户异议处理或抱怨处理技巧,是销售技巧里面非常重要的一部分。请分组模拟不同角色,熟练掌握这一技术。

4. 课后进一步拓展公关和沟通的相关知识内容。

实训题

分析下面的案例,分组讨论口才在金融产品营销中的重要性。

不断努力的口才应用

当你向客户推销一份理财产品时,可以选择的说法有:“请您抽空了解一下这份理财投资建议书。如果今天不能决定,我明天再来。”或者“您印象中认为A银行的商品比较好,我能理解,因为您还没有给我机会作比较,明天听完对您有利的分析报告,我相信您会有新的看法。”在交谈中,不要给客户太武断的印象。例如,在后一句话中,就不要说会改变客户的看法,这样的话,客户的心理比较容易接纳。

在缔结谈话阶段,应至少表示三到五次“请购买吧!其实可以决定了!我帮您填妥表格吧。你选择房贷季缴吧……”等缔结要求。

中国银监会关于进一步做好小微企业金融服务工作的指导意见

银监发〔2013〕37 号

各银监局，各政策性银行、国有商业银行、股份制商业银行，邮政储蓄银行，各省级农村信用联社：

为贯彻落实《国务院办公厅关于金融支持小微企业发展的实施意见》(国办发〔2013〕87 号)，进一步推进银行业小微企业金融服务工作，现提出如下意见：

一、银行业金融机构应坚持商业可持续原则，深入落实利率风险定价、独立核算、贷款审批、激励约束、人员培训、违约信息通报等“六项机制”，重点支持符合国家产业和环保政策、有利于扩大就业、有偿还意愿和偿还能力小微企业的融资需求。

二、银行业金融机构应在商业可持续和有效控制风险的前提下，主动调整信贷结构，单列年度小微企业信贷计划，并将任务合理分解到各分支机构，优化绩效考核机制，由主要负责人层层推动落实。同时，银行业金融机构应充分发挥信贷资产流转、证券化对小微企业融资的支持作用，将盘活的资金主要用于小微企业贷款。

各银监局应于每年一季度末汇总辖内法人银行业金融机构当年的小微企业信贷计划，报送银监会。各政策性银行、国有商业银行及中信银行、光大银行、邮政储蓄银行应于每年一季度末将当年全行的小微企业信贷计划报送银监会，同时抄送相关机构监管部门。

三、银行业金融机构应根据自身的市场定位和发展战略，在风险可控的前提下，切实加大对小微企业的信贷资源投入和考核力度，力争实现“两个不低于”目标，即小微企业贷款增速不低于各项贷款平均增速，增量不低于上年同期。

各银监局应对辖内小微企业贷款增长情况(含法人银行业金融机构、分支机构和总行营业部)实行按月监测、按季考核，并针对辖内银行业金融机构细化考核要求，确保全辖实现“两个不低于”目标。

四、进一步完善小微企业金融服务监测指标体系。将小微企业贷款覆盖率、小微企业综合金融服务覆盖率和小微企业申贷获得率 3 项指标纳入监测指标体系，按月进行监测、考核和通报。具体填报要求见附件。

小微企业贷款覆盖率和小微企业综合金融服务覆盖率主要考察小微企业从银行获得贷款及其他金融服务的比例。小微企业申贷获得率主要考察银行业金融机构对小微企业有效贷款需求的满足情况。银行业金融机构要进一步改进内部机制体制，增强服务意识，切实提高小微企业贷款可获得性，拓宽小微企业金融服务覆盖面。

五、继续强化对小微企业金融服务的正向激励。各银行业金融机构必须在全年实现“两个不低于”目标，且当年全行小微企业申贷获得率不低于上年水平的前提下，下一年度才能享受《关于支持商业银行进一步改进小企业金融服务的通知》(银监发〔2011〕59号)、《关于支持商业银行进一步改进小型微型企业金融服务的补充通知》(银监发〔2011〕94号)、《关于深化小微企业金融服务的意见》(银监发〔2011〕7号)等文件规定的优惠政策。

各银监局要在银行业金融机构的市场准入、风险资产权重、存贷比考核等方面进一步落实差异化监管政策和正向激励措施。

六、各银监局应指导银行业金融机构有序开展小微企业专项金融债的申报工作，拓宽小微企业信贷资金来源。

获准发行此类专项金融债的银行业金融机构，该债项所对应的小微企业贷款在计算“小型微型企业调整后存贷比”时，可在分子项中予以扣除。

七、银行业金融机构要牢固树立以客户为中心的经营理念，持续丰富和创新小微企业金融服务方式。要针对不同类型、不同发展阶段小微企业的特点，为其量身定做特色产品，并全面提供开户、结算、贷款、理财、咨询等基础性、综合性金融服务。大力发展产业链融资、商业圈融资和企业群融资。要在提升风险管理水平的基础上，积极创新还款方式和抵质押方式，建立针对小微企业的信用评审机制，探索发放小微企业信用贷款。有序开办商业保理、金融租赁和定向信托等融资服务。同时，充分利用互联网等新技术、新工具，研究发展网络融资平台，不断创新网络金融服务模式。

各银监局要进一步引导辖内银行业金融机构增强支小助微的服务理念，鼓励开展金融创新，在做好风险防范和管理的基础上，按照“先试先行”的指导思想，稳步探索小微企业金融服务的新模式、新产品、新渠道。

八、银行业金融机构要进一步推进小微企业金融服务网点和渠道建设，增加对小微企业的有效金融供给。大中型银行要继续以“四单原则”为指导，把小微企业专营机构做精、做深、做出特色，并进一步向下延伸服务和网点，提高小微企业金融服务的批量化、规模化、标准化水平。地方法人银行业金融机构要坚持立足当地、服务小微的市场定位，向县域和乡镇等小微企业集中的地区延伸网点和业务。

各银监局要引导辖内银行业金融机构合理布局，支持在小微企业集中的地区设立村镇银行、贷款公司等小型金融机构，促进竞争，进一步做深、做实小微企业金融服务。

九、进一步规范小微企业金融服务收费。银行业金融机构要在建立科学合理的小微企业信贷风险定价机制的基础上，严格执行《关于支持商业银行进一步改进小型微型企业金融服务的补充通知》(银监发〔2011〕94号)有关规定，除银团贷款外，不得对小微企业贷款收取承诺费、资金管理费，严格限制对小微企业及其增信机构收取财务顾问费、咨询费等费用。严禁在发放贷款时附加不合理的贷款条件。

各银监局应加强对辖内银行业金融机构的督导，提高小微企业金融服务收费的透明度，并于2013年11月30日前对辖内银行业金融机构落实小微企业金融服务收费政策的情况开展专项检查，将检查结果纳入小微企业金融服务的年度总结。

十、银行业金融机构应根据自身风险状况和内控水平，适度提高对小微企业不良贷款的容忍度，并制定相应的小微企业金融服务从业人员尽职免责办法。

各银监局应在监管工作中落实提高小微企业不良贷款容忍度的具体措施。银行业金融机构小微企业贷款不良率高出全辖各项贷款不良率2个百分点以内的，该项指标不作为当年监管评级的扣分因素。

十一、银行业金融机构应加强风险管理和内控机制建设，完善小微企业信贷风险管理体系，提升小微企业信贷风险识别、预警和处置能力。

各银监局应加强对小微企业风险状况的监测和提示，指导辖内银行业金融机构主动防范和化解风险。

十二、各银监局、各银行业金融机构应主动加强与地方政府和相关部门的沟通，进一步密切合作，争取在财政补贴、税收优惠、信息共享平台、信用征集体系、风险分担和补偿机制等方面获得更大支持，优化小微企业金融服务的外部环境；充分发挥融资性担保机构为小微企业融资增信的作用，规范融资性担保贷款管理和收费定价行为，引导和督促融资性担保机构利用财政补贴和风险补偿等方式合理降低担保费率。各银行业金融机构应用足、用好财政、税收各项优惠政策，加大对小微企业不良贷款的核销力度。

十三、进一步做好小微企业金融服务宣传工作。各银监局、各银行业金融机构要主动、持续宣传和推广小微企业金融服务的政策、经验和成效，普及小微企业金融服务知识，营造良好的社会舆论氛围。

十四、加强对小微企业金融服务工作的督导与总结。各银监局要将对小微企业金融服务的督导检查纳入日常监管工作内容。对于当年未能实现“两个不低于”目标的银监局和相关银行业金融机构，银监会将进行重点督导。

各银监局、各政策性银行、国有商业银行、中信银行、光大银行、邮政储蓄银行应将上一年度全辖或全行的小微企业金融服务年度总结，于每年1月10日前报送银监会，前述各行应同时将总结抄送相关的机构监管部门。总结内容包括当年小微企业金融服务情况、成效、面临的问题、下一步工作安排及对有关部门的政策建议。

十五、自本意见印发之日起，《中国银监会办公厅关于按季报送小微企业金融服务有关数据的通知》（银监办发〔2013〕94号）中有关各银监局报送小微企业金融服务客户覆盖情况的规定不再执行，其余规定不变。

请各银监局将本意见转发辖内银监分局和银行业金融机构（不含外国银行分行）。

中国银监会

2013年8月29日

中国银监会关于印发银行业消费者权益保护工作指引的通知

银监发〔2013〕38号

各银监局，各政策性银行、国有商业银行、股份制商业银行、金融资产管理公司，邮政储蓄银行，银监会直接监管的信托公司、企业集团财务公司、金融租赁公司，中国银行业协会、中国信托业协会、中国财务公司协会：

现将《银行业消费者权益保护工作指引》印发给你们，请遵照执行。

银行业消费者权益保护工作指引

第一章　总　则

第一条　为保护银行业消费者合法权益，维护公平、公正的市场环境，增强公众对银行业的市场信心，促进银行业健康发展，保持金融体系稳定，根据《中华人民共和国银行业监督管理法》、《中华人民共和国商业银行法》等法律法规，制定本指引。

第二条　在中国境内依法设立的银行业金融机构适用本指引。

第三条　本指引所称银行业消费者是指购买或使用银行业产品和接受银行业服务的自然人。

第四条　本指引所称银行业消费者权益保护，是指银行业通过适当的程序和措施，推动实现银行业消费者在与银行业金融机构发生业务往来的各个阶段始终得到公平、公正和诚信的对待。

第五条　银行业消费者权益保护工作应当坚持以人为本，坚持服务至上，坚持社会责任，践行向银行业消费者公开信息的义务，履行公正对待银行业消费者的责任，遵从公平交易的原则，依法维护银行业消费者的合法权益。

第六条　中国银监会及其派出机构依法对银行业金融机构消费者权益保护工作实施监督管理。

第七条　银行业金融机构是实施银行业消费者权益保护的工作主体。

银行业金融机构应当遵循依法合规和内部自律原则，构建落实银行业消费者权益保护工作的体制机制，履行保护银行业消费者合法权益的义务。

第八条　银行业消费者有权依法主张自身合法权益不受侵害，并对银行业金融机构消费者权益保护工作进行监督，提出批评和建议，对侵害自身合法权益的行为和相关人员进行检举和控告。

第二章 行为准则

第九条 银行业金融机构应当尊重银行业消费者的知情权和自主选择权，履行告知义务，不得在营销产品和服务过程中以任何方式隐瞒风险、夸大收益，或者进行强制性交易。

第十条 银行业金融机构应当尊重银行业消费者的公平交易权，公平、公正制定格式合同和协议文本，不得出现误导、欺诈等侵害银行业消费者合法权益的条款。

第十一条 银行业金融机构应当了解银行业消费者的风险偏好和风险承受能力，提供相应的产品和服务，不得主动提供与银行业消费者风险承受能力不相符合的产品和服务。

第十二条 银行业金融机构应当尊重银行业消费者的个人金融信息安全权，采取有效措施加强对个人金融信息的保护，不得篡改、违法使用银行业消费者个人金融信息，不得在未经银行业消费者授权或同意的情况下向第三方提供个人金融信息。

第十三条 银行业金融机构应当在产品销售过程中，严格区分自有产品和代销产品，不得混淆、模糊两者性质，向银行业消费者误导销售金融产品。

第十四条 银行业金融机构应当严格遵守国家关于金融服务收费的各项规定，披露收费项目和标准，不得随意增加收费项目或提高收费标准。

第十五条 银行业金融机构应当坚持服务便利性原则，合理安排柜面窗口，缩减等候时间，不得无故拒绝银行业消费者合理的服务需求。

第十六条 银行业金融机构应当尊重银行业消费者，照顾残疾人等特殊消费者的实际需要，尽量提供便利化服务，不得有歧视性行为。

第三章 制度保障

第十七条 银行业金融机构应当加强银行业消费者权益保护工作的体制机制建设。

(一) 银行业金融机构应当积极主动开展银行业消费者权益保护工作，明确将其纳入公司治理和企业文化建设，并体现在发展战略之中。

(二) 银行业金融机构董(理)事会承担银行业消费者权益保护工作的最终责任。

银行业金融机构董(理)事会负责制定银行业消费者权益保护工作的战略、政策和目标，督促高管层有效执行和落实相关工作，定期听取高管层关于银行业消费者权益保护工作开展情况的专题报告，并将相关工作作为信息披露的重要内容。

银行业金融机构董(理)事会负责监督、评价银行业消费者权益保护工作的全面性、及时性、有效性以及高管层相关履职情况。

银行业金融机构董(理)事会可以授权下设的专门委员会履行以上部分职能。获得授权的委员会应当定期向董(理)事会提交有关报告。

(三) 银行业金融机构高管层负责制定、定期审查和监督落实银行业消费者权益保护工作的措施、程序以及具体的操作规程，及时了解相关工作状况，并确保提供必要的资源支持，推动银行业消费者权益保护工作积极、有序开展。

银行业金融机构可以结合自身实际，设立由相关高级管理人员和有关部门主要负责人组成的银行业消费者权益保护工作委员会，统一规划、统筹部署整个机构的银行业消费者权益保护工作。

（四）银行业金融机构应当设立或指定专门部门负责银行业消费者权益保护工作。银行业消费者权益保护职能部门应当具备开展相关工作的独立性、权威性和专业能力，并享有向董（理）事会、行长（主任）会议直接报告的途径。

（五）银行业金融机构消费者权益保护职能部门负责牵头组织、协调、督促、指导本级机构其他部门及下级机构开展银行业消费者权益保护工作。

第十八条　银行业金融机构应当建立健全银行业消费者权益保护工作制度体系，包括但不局限于如下内容：

（一）银行业消费者权益保护工作组织架构和运行机制；

（二）银行业消费者权益保护工作内部控制体系；

（三）银行业产品和服务的信息披露规定；

（四）银行业消费者投诉受理流程及处理程序；

（五）银行业消费者金融知识宣传教育框架安排；

（六）银行业消费者权益保护工作报告体系；

（七）银行业消费者权益保护工作监督考评制度；

（八）银行业消费者权益保护工作重大突发事件应急预案；

第十九条　银行业金融机构应当建立健全涉及银行业消费者权益保护工作的事前协调和管控机制，在产品和服务的设计开发、定价管理、协议制定、审批准入、营销推介及售后管理等各个业务环节，落实有关银行业消费者权益保护的内部规章和监管要求，使银行业消费者权益保护的措施在产品和服务进入市场前得以实施。

第二十条　银行业金融机构应当加强产品和服务信息的披露，并在产品和服务推介过程中主动向银行业消费者真实说明产品和服务的性质、收费情况、合同主要条款等内容，禁止欺诈性、误导性宣传，提高信息真实性和透明度，合理揭示产品风险，以便银行业消费者根据相关信息做出合理判断。

第二十一条　银行业金融机构应当积极开展员工教育和培训，帮助员工强化银行业消费者权益保护意识，理解本机构的银行业消费者权益保护工作政策和程序，提高服务技能，丰富专业知识，提升银行业消费者权益保护能力。

第二十二条　银行业金融机构应当积极主动开展银行业金融知识宣传教育活动，通过提升公众的金融意识和金融素质，主动预防和化解潜在矛盾。

第二十三条　银行业金融机构应当为银行业消费者投诉提供必要的便利，实现各类投诉管理的统一化、规范化和系统化，确保投诉渠道畅通。

（一）银行业金融机构应当在营业网点和门户网站醒目位置公布投诉方式和投诉流程。

（二）银行业金融机构应当做好投诉登记工作，并通过有效方式告知投诉者受理情况、处理时限和联系方式。

第二十四条　银行业金融机构应当完善银行业消费者投诉处置工作机制，在规定时限内调查核实并及时处理银行业消费者投诉。对于确实存在问题的银行业产品和服务，应当采取措施进行补救或纠正；造成损失的，可以通过和解、调解、仲裁、诉讼等方式，根据有关法律法规或合同约定向银行业消费者进行赔偿或补偿。

银行业金融机构应当确保公平处理对同一产品和服务的投诉。

第二十五条 银行业金融机构应当加强对投诉处理结果的跟踪管理，定期汇总分析客户建议、集中投诉问题等信息，认真查找产品和服务的薄弱环节和风险隐患，督促有关部门从管理制度、运营机制、操作流程、协议文本等层面予以改进，切实维护银行业消费者合法权益。

第二十六条 银行业金融机构应当制定银行业消费者权益保护工作考核评价体系，并将考评结果纳入机构内部综合考核评价指标体系当中。

银行业金融机构可以委托社会中介机构对其银行业消费者权益保护工作情况进行定期评估，提高银行业消费者权益保护工作的有效性。

第二十七条 银行业金融机构内部审计职能部门应当定期对银行业消费者权益保护工作制度建设及执行情况进行独立的审查和评价。

第二十八条 银行业金融机构应当完善银行业消费者权益保护工作的内部监督约束机制，强化对银行业消费者权益保护工作的内部规章和外部监管要求落实不力的责任追究，根据对银行业消费者合法权益造成侵害的严重程度或危害程度，采取必要的处罚措施，确保银行业消费者权益保护工作各项规定得以落实。

第二十九条 银行业金融机构应当建立银行业消费者权益保护工作的应急响应机制，主动监测并处理涉及银行业消费者权益保护问题的重大负面舆情和突发事件，并及时报告银监会或其派出机构。

第三十条 银行业金融机构应当定期总结本机构银行业消费者权益保护工作的开展情况，将工作计划及工作开展情况按照监管职责划分报送银监会及其派出机构。同时，应当通过适当方式，将银行业消费者权益保护工作开展情况定期向社会披露。

第四章 监督管理

第三十一条 银监会及其派出机构应当按照预防为先、教育为主、依法维权、协调处置的原则，在深入研究国内外金融领域消费者权益保护的良好实践，合理评估我国银行业消费者权益保护实施情况的基础上，制定银行业消费者权益保护工作的总体战略和制度规范，持续完善和健全相关监管体系。

第三十二条 银行业消费者权益保护工作是银行业监管工作的重要组成部分。银监会及其派出机构应当在市场准入、非现场监管、现场检查等各个监管环节充分体现、落实银行业消费者权益保护工作的理念和要求。

第三十三条 银监会及其派出机构承担对银行业消费者权益保护工作的监管职责，通过采取风险监管与行为监管并重的措施和手段，督促银行业金融机构落实银行业消费者权益保护工作的各项要求。

第三十四条 银监会及其派出机构应当组织搭建银行业消费者保护工作的沟通交流平台，调动社会各界力量，利用现有机制和资源，推动构建银行业消费者权益保护的社会化网络，提高银行业消费者权益保护工作的有效性和时效性。

第三十五条 银监会及其派出机构应当充分了解、核实银行业金融机构消费者权益保护体制机制建设情况、工作开展情况及实际效果；建立健全银行业金融机构消费者权益保护工作评估体系，并将考评结果纳入监管综合考评体系，与市场准入、非现场监管、现场检查等监管措施形成联动，督促银行业金融机构履行银行业消费者权益保护工作的主体责任。

第三十六条　银监会及其派出机构应当对银行业金融机构消费者权益保护工作中存在的问题进行风险提示或提出监管意见。

第三十七条　银监会及其派出机构应当督促银行业金融机构对侵害银行业消费者合法权益的行为予以整改和问责。

第三十八条　银监会及其派出机构应当对经查实的侵害银行业消费者合法权益的银行业金融机构采取必要的监管措施，督促其纠正。

第三十九条　银监会及其派出机构应当根据需要对银行业金融机构侵害银行业消费者合法权益的违规行为以及纠正、处理情况予以通报。

第四十条　银监会及其派出机构应当督促银行业金融机构妥善解决与银行业消费者之间的纠纷，并依法受理银行业消费者认为未得到银行业金融机构妥善处理的投诉，进行协调处理。

第四十一条　银监会及其派出机构应当制定银行业消费者教育工作目标和方案，督促银行业金融机构将银行业知识宣传与消费者教育工作制度化。

第五章　附　则

第四十二条　本指引由银监会负责解释。

第四十三条　本指引自公布之日起施行。

二〇一三年八月三十日

参考文献

[1] 万后芬.金融营销学[M].北京：中国金融出版社，2003.

[2] 王方华，彭娟.金融营销[M].上海：上海交通大学出版社，2004.

[3] 庄毓敏.商业银行业务与经营[M].北京：中国人民大学出版社，2005.

[4] 王政霞.国际金融实务[M].北京：科学出版社，2006.

[5] 许鑫辉.商业银行表外业务及风险管理实务手册[M].北京：中国知识出版社，2006.

[6] 王成.专业投资者选股策略、方法和工具[M].海口：海南出版社，2007.

[7] 张晋光，黄国辉.市场营销[M].北京：机械工业出版社，2007.

[8] 戴国强.货币金融学.2版[M].上海：上海财经大学出版社，2008.

[9] 范江京.实战买卖点[M].北京：中国宇航出版社，2008.

[10] 郭国庆.市场营销学概论[M].北京：高等教育出版社，2008.

[11] 邢天才.证券投资理论与实务[M].北京：中国人民大学出版社，2009.

[12] 贾芳林.商业银行信贷实务[M].北京：中国财政经济出版社，2009.

[13] 满玉华.金融创新[M].北京：中国人民大学出版社，2009.

[14] 叶伟春.金融营销[M].北京：首都经济贸易大学出版社，2009.

[15] 黎贤强.商业银行综合柜台业务[M].北京：清华大学出版社，2010.

[16] 曹龙骐.金融学[M].北京：高等教育出版社，2010.

[17] 苏剑.宏观经济学(中国版)[M].北京：北京大学出版社，2010.

[18] 中国证券协会编.证券投资分析[M].北京：中国财政经济出版社，2010.

[19] 杨米沙，张丽拉.金融营销[M].北京：中国人民大学出版社，2011.

[20] 龚维新.现代金融企业营销[M].北京：立信会计出版社，2011.

推荐网站：

1. 中国人民银行网：http://www.pbc.gov.cn/
2. 国家外汇管理局：http://www.safe.gov.cn
3. 中国银行业监督管理委员会：http://www.cbrc.gov.cn
4. 中国证券监督管理委员会：http://www.csrc.gov.cn
5. 中国保险监督管理委员会：http://www.circ.gov.cn/web/site0/
6. 各大商业银行网站
7. 中国金融营销网 www.reason.com.cn
8. 中国营销传播网 www.emkt.com.cn
9. 中国市场营销网 www.ecm.com.cn